跨媒介旅行

融合传播、创意联动与全域旅游

白晓晴 著

中国出版集团公司
华文出版社

图书在版编目（CIP）数据

跨媒介旅行：融合传播、创意联动与全域旅游 / 白晓晴著. -- 北京：华文出版社，2022.12
（中华文化传承与创新研究智库丛书 / 彭锋主编）
ISBN 978-7-5075-5553-0

Ⅰ.①跨… Ⅱ.①白… Ⅲ.①文化产业－产业发展－研究－抚州②旅游业－产业发展－研究－抚州 Ⅳ.①G127.563②F592.756.3

中国版本图书馆CIP数据核字(2022)第198546号

跨媒介旅行：融合传播、创意联动与全域旅游

著　　者：白晓晴
责任编辑：杨艳丽　郭俊萍
出版发行：华文出版社
地　　址：北京市西城区广安门外大街305号8区2号楼
邮政编码：100055
网　　址：http://www.hwcbs.cn
电　　话：总 编 室 010-58336210　发 行 部 010-58336267　010-58336202
　　　　　责任编辑 010-58336191
经　　销：新华书店
印　　刷：三河市龙大印装有限公司
开　　本：710mm×1000mm　1/16
印　　张：15.5
字　　数：330千字
版　　次：2022年12月第1版
印　　次：2022年12月第1次印刷
标准书号：ISBN 978-7-5075-5553-0
定　　价：69.00元

版权所有，侵权必究

中华文化传承与创新研究智库丛书

编委会

主　　编　彭　锋
副 主 编　向　勇　赵冬梅
执行主编　杨玉娟　芦秋婉

专家委员会（按姓氏笔画排序）

吴必虎（北京大学）

吴建发（抚州市政协）

张晓崧（万源企业）

陈　勇（中共抚州市委宣传部）

陈云斐（抚州市政协）

康　涛（北京大学）

强世功（北京大学）

谭玉英（抚州市文化广电新闻出版旅游局）

编委（按姓氏笔画排序）

上官民哲　乐伟欢　曲文鹏　刘　欢　刘文政
闫小青　　李耀宗　邹彦宇　宋　亮　项　玥
傅艺玮　　谢周莹　靳凌志　熊君玥

《中华文化传承与创新研究智库丛书》总序

文化兴国运兴，文化强民族强。五千年中华传统文明的历史长河，涌现出了许多珍贵的思想理论。这些灿若明珠般的思想理论哺育了一代又一代华夏儿女，铸就了中华民族之魂，为中华民族克服困难、生生不息提供了强大的精神支撑，也是推进社会主义文化强国建设、提高国家文化软实力的重要内容。在新时代背景下，不忘本来，开辟未来，中华优秀传统文化展现着独特魅力和时代风采。

文化传承创新与思想发展相辅相成，当今中国正面临百年未有之大变局，对思想理论的需求也是空前的。习近平总书记强调："一切有理想、有抱负的哲学社会科学工作者都应该立时代之潮头、通古今之变化、发思想之先声，积极为党和人民述学立论、建言献策，担负起历史赋予的光荣使命。"北京大学作为新文化运动的中心、五四运动的策源地、中国传播马克思主义和民主科学思想的最初基地，有责任肩负起传承发展中华优秀传统文化的重要历史使命，不断守正创新，焕发强大的时代生命力。

作为优秀传统文化传播和新思想发展的重要高地，将现代教育与中华优秀传统文化相融合是高校工作者的责任与担当。智库作为人才的聚集地，思想的汇集地，无疑是符合时代需要的创新理念。近年来，国家高度重视智库建设，提出了一系列智库建设新理念新思想新战略，中国智库发展迅速，整体实力不断上升。大力推进智库建设，是时代要求与形势所趋，也是新时代中国特色社会主义现代化发展战略和政府公共理性的内在诉求。

作为人才培养的基地和智库建设的主力军，高校为智库输送大量学术人才，助力智库发展。与此同时，智库的发展也促进学术研究走出象牙塔殿堂，与生动鲜活的现实相结合，扎根城市，迈上为地方政府决策提供咨询服务的道路。北京大学历史悠久，有着深厚的学术积淀，在社会科学领域的前沿硕果累累。北京大学文化传承与创新研究院（抚州）紧密依托北京大学的学术优势和抚州地方的资源优势，不仅是二者积极合作的重要成果，更是北京大学服务地方经济社会发展的生动展示。

北大抚州创新研究院作为服务于抚州市委、市政府的地方性特色智库机构，以宏观政策为导向，以传承中华传统文化与引领高科技创新发展为己任，于 2021 年 8 月 16 日向国内外三十余所一流高校发出了成立中华文化传承与创新智库联盟的号召。依托北大抚州创新研究院搭建的中华文化传承与科技创新的智库平台，整合国内外智库资源，建立中华文化传承与科技创新重大选题库，推动中华优秀传统文化的创造性转化和创新性发展，积极对接各级政府的政策决策和企业的创新发展。智库联盟坚持资源共享，全体成员精诚合作，共同努力，积极发挥各自单位的学科优势、专业优势、人才优势和资源优势，致力于为推动我国社会经济繁荣发展、为实现中华民族伟大复兴做出新的更大的贡献。

《中华文化传承与创新研究智库丛书》是全国顶级的学术机构、文化资源深厚的地方政府合作共创的重要成果，坚持需求导向，围绕抚州经济转型、社会发展、产业振兴、生态文明建设等有关地方发展的重大议题，积极开展务实有效的应用研究和成果转化，致力于发掘抚州文化亮点、彰显抚州产业特色、全面展示抚州文化与科技创新的成果。该系列丛书植根于抚州的发展背景，始终以抚州文化的发展传承和经济社会的进步为研究目标，以多重角度解读分析抚州的人文环境和发展道路，助力抚州实现高质量跨越式发展，为服务地方发展的新型城市智库打造优秀范式。

编委会

目 录

绪论 ... 1

第一章 文旅融合视域下的全域旅游 ... 4
第一节 后疫情时代下全域旅游战略发展定位 ... 5
一、全域旅游的发展历程 ... 5
二、全域旅游的理论基础 ... 9
三、全域旅游的概念解读 ... 11
四、全域旅游的发展特征 ... 14
第二节 新文旅视域下全域旅游产业融合模式 ... 18
一、全域旅游的文化驱动 ... 18
二、全域旅游的产业延伸 ... 21
三、全域旅游的数字趋势 ... 24
第三节 跨媒介形态下全域旅游文化空间建构 ... 26
一、重构全域旅游展示场所 ... 26
二、建设全域旅游融媒场域 ... 27
三、打造全域旅游消费场景 ... 30
第四节 抚州市全域旅游发展规划与升级策略 ... 32
一、抚州全域旅游发展阶段规划 ... 32
二、抚州全域旅游媒介整合营销 ... 35

第二章 旅游文化资源的创造性转化 ... 37
第一节 旅游文化资源的数字化开发 ... 39

一、文化资源的数字化表征	39
二、文化资源的数字化传播	44
三、文旅产业的数字化发展	49

第二节　旅游文化资源的提炼与重构　53
　　一、旅游文化资源的层次　53
　　二、文化资源的提炼策略　55
　　三、文化资源的故事重构　60

第三节　旅游文化产品的系统化开发　64
　　一、景区形象系统设计　64
　　二、旅游文创产品开发　66
　　三、文旅产品科技赋能　74

第四节　给抚州文旅资源创造性转化的建议　77
　　一、抚州横向产业文化化　78
　　二、抚州龙头产业旅游化　79
　　三、抚州实体产业数字化　80

第三章　旅游文化传播的全媒体创新　81

第一节　文本的跨媒介叙事与传播　81
　　一、景区文本的跨媒介叙事　81
　　二、媒体文本的跨媒介叙事　85
　　三、用户生产文本的共创叙事　90
　　四、融合文本的跨媒介传播　93

第二节　视听产品的融媒体表达　97
　　一、视频的融媒体形态与创新　98
　　二、音频的融媒体形态与创新　112
　　三、媒体技术的应用创新　116
　　四、产品创作的流程创新　123

第三节　物理空间与实用物的融媒体表达　126
　　一、旅游空间的文化基建　126

二、旅游空间的交互场景　　128
　　三、媒介产品的融合创新　　135
第四节　旅游文化传播的矩阵建设　　142
　　一、旅游空间的融合式传播　　143
　　二、网络空间的社群化传播　　147
　　三、融合媒体的引导式传播　　152
第五节　给抚州文旅全媒体传播的建议　　155
　　一、挖掘内涵：强化文化符号传播　　156
　　二、文化引领：强调媒体议程设置　　156
　　三、技术依托：重构参与沉浸场景　　157

第四章　文化旅游的体验价值提升策略　　158
　第一节　文旅融合视域下的体验价值理论　　158
　　一、从服务经济到体验经济　　159
　　二、从展示价值到体验价值　　161
　第二节　文旅融合视域下的体验类型　　164
　　一、回归真实的自然体验　　165
　　二、着眼创新的原创体验　　166
　　三、突出个性的独特体验　　167
　　四、认同附加的延伸体验　　169
　　五、价值引领的观念体验　　172
　第三节　体验经济视角下的空间升级　　174
　　一、景区空间的设施优化　　175
　　二、媒介科技的创新融入　　176
　　三、智慧管理的信息系统　　177
　　四、文旅产业的管理统筹　　179
　第四节　给抚州旅游体验价值升级的建议　　180
　　一、打造多层次体验消费格局　　180
　　二、构建文化旅游产业新基建　　184

第五章　文旅 IP 的建构与传播　　　　　　　　　　188
第一节　文旅 IP 的认知框架与类型　　　　　　　　188
　　一、空间资源型 IP　　　　　　　　　　　　　　190
　　二、情感创生型 IP　　　　　　　　　　　　　　191
　　三、双维融合型 IP　　　　　　　　　　　　　　191

第二节　文旅 IP 的作用机制　　　　　　　　　　　192
　　一、以象征吸引催生体验期待　　　　　　　　　192
　　二、以文化景深拓展体验层次　　　　　　　　　193
　　三、以社交动力激发体验共享　　　　　　　　　194

第三节　文旅 IP 的体验置景策略　　　　　　　　　194
　　一、文旅资源系统化　　　　　　　　　　　　　195
　　二、空间规划整合化　　　　　　　　　　　　　197
　　三、文创设计关系化　　　　　　　　　　　　　198
　　四、传播场景参与化　　　　　　　　　　　　　199
　　五、体验经济界面化　　　　　　　　　　　　　200

第四节　文旅 IP 的融合场景建制　　　　　　　　　201
　　一、文旅 IP 场景的双重性　　　　　　　　　　204
　　二、融合机制：双重场景的价值流动　　　　　　207

第五节　给抚州文旅 IP 建构的建议　　　　　　　　210
　　一、明确特色化文旅 IP　　　　　　　　　　　210
　　二、抚州文旅的 IP 升级路径　　　　　　　　　214

总结　　　　　　　　　　　　　　　　　　　　　　222
参考文献　　　　　　　　　　　　　　　　　　　　230
后记　　　　　　　　　　　　　　　　　　　　　　237

绪　　论

全域旅游，指的是划定一个完整的旅游区域，以旅游业为引领和契机，带动区域多方位、多产业、多层面的开发和优化，以提升当地的社会经济效益。从 2008 年进行区域性发展尝试，到 2018 年国务院办公厅提出《关于促进全域旅游发展的指导意见》，全域旅游作为产业转型升级与文旅融合趋势下的有效实践，以及应对数字化、媒介化、智能化、商业化等技术—社会语境变迁的重要举措，成为文旅产业连同区域经济向更高质量发展的新焦点、新契机与新方向。2021 年，文化和旅游部在《"十四五"文化和旅游科技创新规划》中指出，面向文化和旅游科技前沿，面向文化产业和旅游业发展主战场，面向人民群众美好生活新期待，以高质量发展为主题，通过科技促进文化和旅游生产方式、体验方式、服务方式、管理模式的创新，提升文化产业和旅游业的供给质量，为建设文化强国与推动文化和旅游现代化做出积极贡献。实施全域旅游，需要宏观完善的顶层设计、强有力的科技支撑，也要挖掘旅游文化资源，聚焦用户旅游体验，鼓励全域居民积极参与，实现旅游产业的全景化、全覆盖，为游客提供全过程、全时空的文化旅游体验。

抚州拥有底蕴深厚、风格独特的地方文化资源，在文旅融合发展方面拥有广阔的前景。本书试图从抚州市的地方文化入手，结合国际与国内前沿全域旅游与文旅融合发展经验，研究当地文旅产业与文创产品的开发模式，并探索当地文化符号与旅游配套设施的结合方式，进而通过对文旅融合理论、融媒营销创新、文旅体验升级、文旅 IP 开发、文旅服务优化、文旅符号传播、文旅产业架构等问题的深度探讨，推动抚州的全域旅游发展。

从理论框架上看，本书将空间与媒介置于文化创意带动全域旅游模式的一体两翼，创新性地提出设计与传播全程统一的文旅融合生产观，通过整合创意素材，创造和改变空间素材来为产品添加意义；而传播是通过场景设置、语境创造及故事驱动，也就是通过创造和改变时间素材来为产品赋予意义。随着时间的推移，传播策略可依据信息反馈进行阶段性调整。传播对文旅生产的意义在于，一方面照亮了承载于产品的文化创意，使之被更多的受众了解；另一方面通过传播营销，使文旅产品走进人民大众的日常生活。因此，设计与传播共同实现了文旅价值的创造与创新。

本书根据发展语境、创意生成、融合传播、体验建构和IP打造的价值链逻辑，将全书划分为五个板块，具体如下。

第一章为文旅融合视域下的全域旅游。该章作为研究总领，系统全面地梳理了全域旅游发展的历史脉络、理论基础与前沿发展趋势，揭示了全域旅游从区域规划到国家示范的演变历程，以及全域旅游作为常态化产业升级方向与应急式风险管理方案的双重功能。在系统论、产业链论、可持续发展论支撑的多元化理论视野中，全域旅游概念呈现出全景、全链、全时、全业、全民五个维度，涉及产业融合模式创新、旅游文化空间建构及区域特色发展规划三个宏观议题。基于对上述议题的观照和探索，本章从空间与媒介两个角度，为抚州全域旅游产业发展提出规划。其中，空间策略包括横向产业文化化、龙头产业旅游化及实体产业数字化；媒介策略包括全品牌营销、全覆盖营销、全媒体营销、全关系营销。本章所勾勒的知识图谱，既为文旅产业发展实践提供丰富的理论资源，又为抚州全域旅游的顶层设计提供方向参考。

第二章为旅游文化资源的创造性转化。本章聚焦于数字化进程形塑下文旅产业的转型升级与创意驱动，从而实现文旅资源在虚拟与现实、时间与空间、机构与大众、理念与实践间的边界跨越与影响力延伸。文旅资源的创造性转化主要包含三个维度：一是文旅资源的数字化开发，即超越传统文旅资源的实在属性，开辟全新的资源存续和产业发展空间；二是文旅资源的创意化创作，即基于主体资源创新表达方式，更新游客或用户的文旅消费体验；三是旅游文化产品的设计与开发，即着眼于景区形象系统设计、旅游文化产品开发、文旅产品技术赋能等实践维度，探索文旅资源的创意转化方案。

第三章为旅游文化传播的全媒体创新。该章致力于在媒介视野中解决文化创意的载体创新问题。在融媒体的环境下，文创设计中文化创意的载体已经不仅仅是实体化的媒介或材料，而是可以跨越多种媒介，实现文化创意与功能性产品的多维结合。伴随媒介渠道多元化与内容传播分众化趋势，跨媒介叙事、融媒体表达与矩阵化建设成为文旅资源进行有效传播的重要策略；关乎文旅资源的载体适应性、文旅叙事的内容吸引力及文旅传播的组织方式，三者共同推动当前文旅资源的可及性与能见度建设。在载体层面利用技术赋能机遇，在叙事层面注重文化符号挖掘与传播手段创新，在组织层面重构文化引领模式，是提升用户文旅体验，以及实现文旅资源影响力立体化塑造的主要路径。

第四章为文化旅游的体验价值提升策略。对于文化旅游业而言，消费者在旅游的过程中经历了怎样的行程、收获了怎样的体验，直接决定了消费者的满意程度和再付费意愿。此外，消费者还会通过社交网络让这种体验感受进一步影响到其他消费者。当前，文旅产业发展正在经历从服务经济到体验经济、从膜拜价值到体验价值的过渡。本章一方面厘清了体验价值的开发层次，即自然体验、原创体验、独特体验、延伸体验、观念体验；另一方面从物理设计、科技手段、信息系统与人员统筹等多维度出发提供体验价值建构策略，并基于抚州多样化文旅资源，提出文旅体验价值提升的建议。

第五章为文旅IP的建构与传播。IP代表了一种集价值观、形象、故事、多元演绎和商业变现等要素于一体的无形资产。不同于一般的文创IP系统，文旅IP的再现对象不仅仅是角色或故事，还包含了某一个地区的旅游文化空间。本章阐释了文旅IP的概念认知与类型划分，揭示了象征吸引、文化景深与社交动力驱动的文旅IP作用机制，并提出资源处理精准化、空间规划整合化、场景打造体验化三个主要路径，以完善文旅IP的体验置景，从而提升文旅IP对于文旅产业及区域经济的拉动作用。

第一章　文旅融合视域下的全域旅游

自 2018 年国务院办公厅提出《关于促进全域旅游发展的指导意见》以来，全域旅游作为新时期的旅游发展战略，受到了国家及政府部门的高度重视。十九届四中全会提出"完善文化和旅游融合发展体制机制"，明确了全域旅游产业发展的重要方向。全域旅游自 2008 年被首次提出和实践以来，经历了从区域规划到国家示范、从试点工程到总体布局的发展成熟过程。从产业规划视角出发，全域旅游意味着文旅产业的全区域、全要素、全产业链联动，以及全域共建、全域共融、全域共享的发展模式；从产业升级视角出发，全域旅游意味着旅游业的现代化、集约化、品质化、国际化转型。此外，面对后疫情时代文旅产业的供需关系调整与消费方式转变，全域旅游作为风险管理方案，成为提升产业发展质量与可持续发展能力的重要引擎。

全域旅游的发展需要产业融合模式的全面升级，即通过文化创意提升产业附加价值，实现产业链条的纵横延伸，且要顺应当前数字时代的产业发展趋势，从而实现"宜融则融，能融尽融，以文促旅，以旅彰文"的转型目标。实现这一目标需要丰富多元的理论视野作为引导支撑，从宏观维度出发，系统论、产业链论、可持续发展论为全域旅游提供了全局化、远景化视角；从微观层面出发，场所精神、媒介场域、场景理论等都为全域旅游时间中的空间建构提供了方向借鉴。

本章将梳理全域旅游的发展历程、相关概念、理论基础与发展特征，探索全域旅游的产业融合模式，并基于抚州的在地化资源与语境，提出全域旅游的规划方案，以推动抚州市旅游产业在媒介融合与文旅融合的背景下实现高质量发展。

第一节　后疫情时代下全域旅游战略发展定位

一、全域旅游的发展历程

（一）区域规划：概念提出探索阶段

2008年，浙江绍兴市委市政府提出"全域旅游"发展战略，启动全域旅游区总体规划招标。2009年，江苏《昆山市旅游发展总体规划（修编）》提出"全域旅游，全景昆山"。2010年，四川大邑县提出发展全域旅游的高端形态，启动全域旅游休闲度假战略规划。2011年，杭州在《杭州市"十二五"旅游休闲业发展规划》中创新性地提出了旅游全域化战略。随后，浙江、四川、山东、湖南纷纷将"全域旅游"确立为发展方向，推进旅游业由"区域旅游"向"全域旅游"转变。

2013年，宁夏回族自治区明确提出要"发展全域旅游，创建全域旅游示范区（省），把全区作为一个旅游目的地打造"；浙江桐庐成为浙江省全域旅游专项改革试点县，诸城市被列为山东省全域旅游试点市；重庆渝中区启动《全域旅游规划》。2014年，山东省五莲县、临沂市、莱芜市、滕州市、沂水县成为山东省全域化旅游改革试点；河南郑州市人民政府发布《关于加快全域旅游发展的意见》。[①]

（二）国家示范：产业全面推进阶段

2015年，"全域旅游"进入国家层面的新阶段。当年8月，国家旅游局《关于开展"国家全域旅游示范区"创建工作的通知》（旅发〔2015〕182号）提出"全域旅游"创建考核指标。自此，"全域旅游"发展进入快车道。

2016年2月5日，国家旅游局公布262个市县成为首批国家全域旅游示范区创建单位。同年7月，习近平总书记在宁夏全域旅游示范区视察时做出"发展全域旅游，路子是对的，要坚持走下去"的重要指示，坚定了在全国发

---

① http://m.Sohu.com/a/13155698=361205.

展全域旅游的信心和决心。

2017年8月，国家旅游局发布《2017全域旅游发展报告》，对全域旅游发展取得的成效做了阶段性的汇总，对全域旅游发展的成果给予积极的肯定。该报告精准判断了全域旅游的诞生形势，指出在经济新常态下，我国旅游业进入深度调整和变革期。一是景点旅游的边际效益下降，旅游产业在新的时期亟须拓展全域发展空间，形成新的产能；二是在出游方式上，散客化趋势显著，游客自助游超过85%，自驾游超过60%，旅游空间行为出现全域化特征，导致旅游供给的全域化；三是游客散客化趋势导致旅行社和导游核心业务被削弱，使旅游主营业务发生了质的变化；四是旅游核心竞争力由景点竞争转向旅游目的地的综合竞争。因此，全域旅游是应对全面小康社会大众旅游规模化需求增长，对接和服务国家战略体系的新理念、新模式和新战略。同年，《全域旅游示范区创建工作导则》出台，对深入推进全域旅游示范区创新发展进行指导。

2018年3月，国务院办公厅印发《关于促进全域旅游发展的指导意见》，就加快推动旅游业转型升级、提质增效，全面优化旅游发展环境，走全域旅游发展的新路子做出部署。

2019年3月，文化和旅游部制定了《国家全域旅游示范区验收、认定和管理实施办法（试行）》（以下简称《办法》）、《国家全域旅游示范区验收标准（试行）》（以下简称《标准》）等文件，决定开展首批国家全域旅游示范区验收认定工作，下发关于开展首批国家全域旅游示范区验收认定工作的通知。2019年，在河南省信阳市新县举行的全国全域旅游工作推进会上，文旅部公布了首批71家全域旅游示范区。第二批97家全域旅游示范区也于2020年12月公示。

除了以上文件，各省市也根据自身旅游发展优势和旅游业发展的布局规划出台相关政策，推动辖区内旅游业转型升级和全域旅游融合发展。在国家全域旅游示范区创建名录中，江西省首批入选11家，第二批入选7家。2019年，江西省在《省政府工作报告》中提出，要大力发展全域旅游，推动向莆经济带发展升级，培育文化旅游、乡村旅游、生态旅游，实施文化和旅游融合发展三年行动计划，推进旅游资源大整合、景区大提升、品牌大塑造、市场大开拓，加快庐山、庐山西海等重点景区管理体制改革，启动"一部手机游江西省"项目建设，促进旅游运营集团化、一体化，拉长入境游短板，提升优质旅游、全域旅游发展水平。

（三）风险管理：疫情挑战应对阶段

2020年新型冠状病毒肺炎疫情暴发以来，人员聚集性强、流动性大的传统旅游业受到重创。从需求侧来看，国家统计局发布的最新数据显示，受疫情影响，2020年度国内旅游人数28.79亿人次，比上年同期减少30.22亿人次，下降52.1%。分季度看，呈现降幅收窄趋势，其中一季度国内旅游人数2.95亿人次，同比下降83.4%；二季度国内旅游人数6.37亿人次，同比下降51.0%；三季度国内旅游人数10.01亿人次，同比下降34.3%；四季度国内旅游人数9.46亿人次，同比下降32.9%[①]。

从供给侧看，疫情防控期间国内旅游市场的全面停摆，反映我国旅游业快速发展的过程也存在供需错配、产品结构失衡和重复低效投资的问题，难以应对居民多元化的现代旅游需求。此外，当我国进入疫情防控常态化阶段，在本地、跨省旅游逐渐恢复的同时，各国旅游市场回暖时间不同，出境游形势尚不明朗，这意味着全球旅游业的竞争格局将会发生重大转变。因此，国内旅游企业应调整国内市场供给，整合存量旅游资产，加速旅游产品创新，助推我国培育具有国际影响力和竞争力的旅游市场主体，从根本上提高我国旅游发展质量和可持续发展能力，加快我国步入世界旅游强国行列的进程。

为了应对疫情对全国旅游业带来的巨大冲击，文化和旅游部在2020年1月发布《关于全力做好新型冠状病毒感染的肺炎疫情防控工作 暂停旅游企业经营活动的紧急通知》，提出暂停经营团队旅游及"机票+酒店"旅游产品，指导辖区内旅游企业服从服务大局，妥善处理好游客行程调整和退团退费等合理诉求。结合不同时期疫情防控总体形势，文化和旅游部多次发布《公共图书馆、文化馆（站）恢复开放工作指南》《旅游景区恢复开放疫情防控措施指南》《剧院等演出场所恢复开放疫情防控措施指南》《旅行社有序恢复经营疫情防控措施指南》《文化和旅游部办公厅关于进一步加强秋冬季疫情防控工作的通知》等文件及修订版，宏观调控各类文化和旅游场所开放程度，并在《关于做

---

① 文化和旅游部财务司.2020年国内旅游数据情况［EB/OL］.2021［2021-05-20］.http://zwgk.mct.gov.cn/zfxxgkml/tjxx/202102/t20210218_921658.html.

好旅游景区疫情防控和安全有序开放工作的通知》中强调要"坚持防控为先，实行限量开放；强化流量管理，严防人员聚集"，对提升全域旅游景区服务水平做出重要指示。

进入 2020 年下半年，我国新冠肺炎疫情防控形势进一步向好，防控工作已从应急状态转为常态化，文化和旅游部在 7 月推出的《关于推进旅游企业扩大复工复业有关事项的通知》中正式恢复跨省（区、市）团队旅游，并将接待游客承载量由最大承载量的 30% 调整至 50%，要求旅游景区继续贯彻落实"限量、预约、错峰"要求，为全域旅游精细化管理指明了方向。《关于统筹做好乡村旅游常态化疫情防控和加快市场复苏有关工作的通知》则强调乡村旅游在推动复工复产复市、稳定村民就业、带动当地经济社会发展中起到的重要作用，要求在乡村旅游领域全面贯彻"外防输入、内防反弹"的总体防控策略，应提供对接政策服务，加快基建进度，推出新产品新路线，加大宣传推介，拓宽增收渠道，规范卫生服务，保障旅游安全，做好示范带头工作，将乡村旅游作为全域旅游发展的重点模式。

在旅游市场不断恢复、旅游消费日益升温的过程中，疫情防控常态化的总体要求也为旅游业的改革发展带来了新的机遇。2020 年 3 月，国家发展改革委等 23 部门联合印发的《关于促进消费扩容提质 加快形成强大国内市场的实施意见》中明确指出应构建文旅多产业多领域融合互通的休闲消费体系，通过培育非遗旅游、博物馆游、科技旅游、民俗游等新型文化和旅游业态，发展近海旅游、乡村旅游、冰雪游、历史古都文化游等特色旅游，提升"智慧景区"服务水平，利用互联网、大数据、云计算、人工智能等新技术做好客流疏导和景区服务，促进全域旅游发展，提升国家级旅游度假区的品质和品牌影响力。2020 年 11 月，文化和旅游部等 10 个部门在《关于深化"互联网＋旅游" 推动旅游业高质量发展的意见》中明确指出应以"互联网＋"为手段，在坚持常态化疫情防控的基础上，推动旅游生产方式、服务方式、管理模式创新，丰富旅游产品业态，拓展旅游消费空间，培育适应大众旅游消费新特征的核心竞争力，推动我国旅游业高质量发展。

由以上政策可以看出，进入后疫情时代，全域旅游战略应配合新发展格局进行重新定位与概念解读。

二、全域旅游的理论基础

（一）系统论：全域旅游作为整体工程

全域旅游发展是一个系统工程。全域旅游要求把旅游业看成整体，并将旅游业发展与各个领域的发展视作一个系统进行考虑。系统理论认为，系统是由相互依存、相互作用的若干要素结合而成的具有特定功能的有机整体。系统中各单元之间，有物质、能量、信息、人员和资金的流动，通过单元的有机结合，使整个系统具有统一的目标。系统广泛存在于自然、社会和人类思维之中。人类通过一直运动的智慧，将一定的目标旧系统的各种元件，调整为更有效的有机整体，从而缩短自身组织系统的发展过程，使系统更加符合根据方向发展的人类生存和发展的需要。

因此，旅游业的整体发展不单是旅游一个部门的事情，只有各个部门各司其职、相互配合，才能形成旅游业发展的合力。在旅游产品发展过程中，全域旅游要推行"旅游+"，通过旅游市场去盘活各类存量的资源，进而产生新的旅游产品；在旅游发展的效益评价上，全域旅游并不局限于单纯的旅游人数、旅游收入，而是看重旅游业的综合带动作用，特别是对就业、扶贫等领域的独特作用。这种系统的思维既符合旅游业自身的特点，也顺应旅游业发展的时代要求。

（二）产业链论：文旅融合作为发展路径

旅游产业和文化产业一样具有极高的全产业链价值，因此文化和旅游产业的发展需要拥有产业融合和产业跨界等创新观念，采取生态化经营的策略，以文化创意为核心，以旅游需求为联结，推动旅游业和商贸、农业、林业、水利、科技、教育、文化、卫生、体育、交通、环保和国土等多种产业的跨界共生，大力推进旅游产业化和产业旅游化。

旅游产业化指旅游产业链的内部价值，可以从需求侧和供给侧两个维度认识。从消费者需求角度出发，覃峭等认为旅游产业链是指旅游消费者在获得旅游信息并决定进行某次旅行，继而经过空间移动，最终实现旅游体验这一系列的活动，以及在这一过程中，因吃、住、行、游、娱、购等旅游消费涉及的企业分属不同的产业类型而形成的一种产业连结关系[1]。何建民提出,旅游产业链包括目标顾客的选择、定位、产品设计、价格制定、渠道选择和形象推广等[2]。从旅游产品与服务的供给来看,有的学者将旅游产业链定义为一条包含所有旅游产品与服务的供应与分配的链条[3],旅游价值链因此可分为赢得订单、分配前的支持、分配及分配后的支持四个阶段,以实现旅游产品端到端的无缝连接[4]。还有学者将参与了从旅游产品或服务不同部分的供应,到最终旅游产品在特定目的地的分配和营销整个过程的、不同活动的旅游组织所组成的网络,定义为旅游供应价值链[5]。以上两种定义方式都充分体现了旅游产业链协同整合的特性,能够将各种消费业态统一起来。

产业旅游化则指旅游产业链的外部效益。旅游产业可以打破传统产业的疆界,形成产业交集和产业融合,如文化旅游就是将文化产业与旅游产业相结合,开发文物深度研学游、历史古都文化游、文创纪念品、旅游演艺等产品;乡村旅游可以将当地特色农业与旅游产业相结合,实施景观种植、采摘体验、开发创意农产品、建设休闲主题农庄等项目。

(三)可持续发展论:生态文明作为重要目标

可持续发展理论的直接目的是解决生态恶化的困境,寻求有效途径,消除传统发展方法对自然生态和环境的负面影响,要解决的核心矛盾是人与自然的对立。它谋求的是经济发展与人、资源、环境之间相互协调,以期推动社会的全面进步。其核心思想是经济健康发展应建立在生态可持续性、社会公正和人民积极参与自身发展决策的基础之上。

可持续发展论所追求的目标是既能满足当代人的需求,又不危害后代满

---

[1] 覃峭,张林,李丹枫.利用品牌延伸整合旅游产业链的模式研究[J].人文地理,2009,24(1):98-101.

[2] 何建民.奥运与旅游相互促进的功能及方式:基于常规旅游价值链与全面营销导向的研究[J].旅游科学,2007(3):7-10.

[3] Tapper R, Font X. Tourism supply chains [J]. Report of a Desk Research Project for the Travel Foundation, 2004.

[4] Y. Yilmaz, U.S. Bititci. Performance measurement in tourism: a value chain model [J]. International Journal of Contemporary Hospitality Management, 2006, 18(4): 341-349.

[5] Xinyan Zhang, Haiyan Song, George Q. Huang. Tourism supply chain management: A new research agenda [J]. Tourism Management, 2008, 30(3): 345-358.

足自身需要的能力。许多教训告诫我们，经济发展固然重要，但损害环境而换来的经济发展所造成的后果更可怕。因此，环境保护应被视为发展进程的重要组成部分，是衡量发展质量、水平和程度的客观标准之一。与传统的发展理念相比，可持续发展理念具有完整性、协调性和人性化，现已成为最受国际认可的经济发展理论之一。

三、全域旅游的概念解读

全域旅游的官方定义经历了三次变迁。

在2015年国家旅游局下发的《关于开展"国家全域旅游示范区"创建工作的通知》中，全域旅游是指在一定区域内以旅游业为优势产业，通过对区域内经济社会资源尤其是旅游资源、相关产业、生态环境、公共服务、体制机制、政策法规、文明素质等进行全方位、系统化的优化提升，实现区域资源有机整合、产业融合发展、社会共建共享，以旅游业带动和促进经济社会协调发展的一种新的区域协调发展理念和模式。

2016年的《国家旅游局关于公布首批创建"国家全域旅游示范区"名单的通知》更强调共享理念，提出全域旅游是将特定区域作为完整旅游目的地进行整体规划布局、综合统筹管理、一体化营销推广，促进旅游业全区域、全要素、全产业链发展，实现旅游业全域共建、全域共融、全域共享的发展模式。

2017年，国家旅游局在《全域旅游示范区创建工作导则》中给出的最新定义为：将一定区域作为完整旅游目的地，以旅游业为优势产业，进行统一规划布局、公共服务优化、综合统筹管理、整体营销推广，促进旅游业从单一景点景区建设管理向综合目的地服务转变，从门票经济向产业经济转变，从粗放低效方式向精细高效方式转变，从封闭的旅游自循环向开放的"旅游+"转变，从企业单打独享向社会共建共享转变，从围墙内民团式治安管理向全面依法治理转变，从部门行为向党政统筹推进转变，努力实现旅游业现代化、集约化、品质化、国际化，最大限度满足大众旅游时代人民群众消费需求的发展新模式。

兹对其关键要素梳理如下。

（一）全景：从景区到目的地

全域旅游的第一个"全"是"全景"，指的是在景区空间规划上"从单一景点景区建设管理向综合目的地服务转变"。全景需要秉承"一切资源都是旅游资源"的发展理念，把旅游目的地作为一个大景区来规划发展，将自然风光、历史文化、生态环境、民族风情、乡村民俗、风土人情、特色美食、优势产业，以及标准化、特色化服务等都打造成旅游吸引物，全域空间布局，优化资源配置，城乡统筹发展，提升全域景观。但是，全景资源化的思维方式是围绕资源类别来划分的，并非所有的旅游资源都具有开发潜力，从业者需要从中进行优质资源的遴选，在各类别中建设旅游主题或主线，保证区域旅游产业的高质量发展。各地可以通过"多规合一"将文化旅游发展规划与国土空间规划有机整合，确保文旅发展空间格局与各类用地规划的协调统一，把全域旅游发展融入经济社会发展大局。

（二）全链：从门票到产业

全域旅游的第二个"全"是"全链"，指的是在产业链延伸上要"从门票经济向产业经济转变"。"全链"首先要求扩充"旅游中"的内部产业链。2014年，文化部基于《国务院关于推进文化创意和设计服务与相关产业融合发展的若干意见》，鼓励文化创意和设计服务进入旅游业，提升文化旅游产品开发和服务设计水平。通过将文化创意、演艺、工艺美术与旅游资源结合，打造具有地域特色和民族风情的IP形象和文化品牌，能够将一次性的门票收益扩展为不限次的精神消费，大大延长文化和旅游产业链。其次，在疫情防控常态化条件下，加快旅游市场复苏更需要延长"旅游前"和"旅游后"的外部产业链，如"旅游前"通过动漫、游戏、短视频、纪录片等形式推进优秀文化和旅游资源数字转化和网络传播，提升旅游目的地的影响力和吸引力，以便引导线上用户转化为实地游览、线下消费；"旅游后"鼓励经营者通过直播带货、精准营销等方式向游客提供游后二次消费联络信息，让当地文创产品和旅游商品有效融入消费者的日常生活之中，拓宽旅游目的地的增收渠道。

（三）全时：从高峰到错峰

全域旅游的第三个"全"是"全时"，指的是在景区时间规划上"从粗放低效方式向精细高效方式转变"。"全时"要适应大众旅游新时代的市场需求，运用高科技手段为游客提供高质量的全年、全天候旅游产品和旅游服务。首先，针对旅游旺季与淡季、长假与非长假、周末与非周末、白天与夜晚四个方面的旅游消费"时段/时间落差"，应合理运用文化资源开发沉浸式体验项目，打破景区参观的时空限制，利用数字技术推出夜游产品，增加都市、近郊、省内景区夜间开放时长，推动景区融入夜间经济，激发夜间消费活力。《2020中国夜间经济发展报告》显示，2020年国庆节期间，游客夜间消费金额和笔数占比均高于全国居民水平[①]，夜间游览将成为疫后旅游消费新热点。其次，针对热门景点游客聚集、拥挤带来的传染风险问题，在采用电子票、云导览、线上预约、热力地图等数字手段提升景区智慧化服务能力，继续贯彻落实"限量、预约、错峰"要求的同时，仍需激活周边闲置旅游资源，促进精细、高效、均衡消费。

（四）全业：从封闭到开放

全域旅游的第四个"全"是"全业"，指的是"从封闭的旅游自循环向开放的'旅游+'转变"。"全业"一是要求"旅游+"，即突破一、二、三产业界限，大力推进旅游与文化、工业、农业、林业、水利、体育、教育、商贸等产业融合发展，催生乡村旅游、健康休闲旅游、研学旅游等旅游新业态、新产品，构建以旅游业为引领、具有现代服务业特征的新型产业体系，实现产业联动拓展。二是要求"+旅游"，即以旅游的视角来审视规划行业发展，以旅游产业链的思维来开展经营生产，以旅游的眼光来营造景观，实现产业旅游化、产品旅游化、功能旅游化，构建大旅游、大产业、大发展的格局。从文旅融合的视角看，文化在全业旅游中也发挥着重要作用，即具有鲜明文化特色的行业更加具有旅游体验价值。因此，从业者需要从文化资源的视角对不同的产业进行评估，挖掘"旅游+"潜力，同时避免形成全域旅游理念造成的泛化、无序等发展困局。

（五）全民：从独建到共享

全域旅游的第五个"全"是"全民"，指的是"从企业单打独享向社会共建共享转变"。以前，我国旅游业是封闭的系统模式，是政府主导的管理模式，

---

① 赵一静. 2020中国夜间经济发展报告［R］. 中国旅游研究院，2020.

由旅游企业开发景区，游客只能被动接受。传统的旅游服务是旅游机构对消费者的单方向服务。"全民"模式不仅需要坚持政府主导，更需要充满活力的市场主体；既要强调服务方的引领、管理和兜底作用，又要激发广大游客、居民参与体验、互动的热情。因此，全域旅游需要在更大的空间里引导、吸引和支持各类社会资本、产业主体参与到旅游产业的发展和旅游目的地的建设中来，培育更多的产业主体发挥市场主体作用，充分释放市场活力，共建全域旅游新格局。

四、全域旅游的发展特征

党的十九届五中全会指出，我国已进入新发展阶段，要贯彻新发展理念，构建新发展格局，实现高质量发展。面临新的发展形势，人民对美好生活的向往是我们的奋斗目标，传统的高速度增长模式要向高质量发展模式转变；新一轮科技革命和产业变革深入发展，正在重构全球创新版图，重塑产业发展方式；国际形势发生重大变化，新冠肺炎疫情对人们的生产生活带来巨大冲击，要发挥国内超大规模市场优势，提高产业竞争力，保障产业链安全稳固，发展非接触式业务等成为重要课题。

旅游业作为受到疫情冲击较为严重的劳动密集型产业迫切需要加快恢复，更需要运用创意化和数字化的手段双轮驱动，进行产业转型。传统景区模式在后疫情时代已经难以为继，全域旅游在供给侧和需求侧的快速推进已成为大势所趋，不可阻挡。"互联网+""文化+"将在促进旅游产业高质量发展中贡献更大力量，"旅游+""创意+"也将在促进其他产业融合发展中创造更多价值。从需求升级层面来看，全域旅游要求消费品类的多样化、消费品质的高级化、消费方式的便捷化、消费服务的个性化等。从供给升级来看，要求产品品质的提升、环境品质的提升、服务品质的提升等。

（一）良性双循环：贯彻新发展理念

面对新的发展环境，中央提出构建以国内大循环为主体、国际国内双循环相互促进的新发展格局，这是把握时代发展大势、于变局中开新局的科学决策。双循环指的是以内循环为主体、内外双循环相互促进的系统工程。双循环强调的是做好自己的事情，提升自身核心竞争力，同时坚持开放、不搞封闭、坚持合作共赢。双循环强调的是量体裁衣，根据自身的资源禀赋、战略定位、发展阶段和环境条件，选择符合自身实际的发展路径；同时注重统筹协调、合理分工、科学布局、协同发展。

发展全域旅游必须坚定不移地贯彻创新、协调、绿色、开放、共享的新发展理念，把新发展理念贯穿发展全过程和各领域，同时深刻理解且牢牢把握双循环的内涵，构建全域旅游发展新格局，切实转变发展方式，推动质量变革、效率变革、动力变革，实现更高质量、更有效率、更加公平、更可持续、更为安全的发展。因此，推动良性双循环需要从个体、企业、产业、区域、国家五个层面来落实。

1. 个体共建共享：旅居双循环

发展全域旅游要坚持个体共建共享，实现个体在居住满意和旅游放松状态之间的良性循环。共建就是调动全社会的力量共同推进全域旅游发展，引导城乡居民以主人翁的态度参与全域旅游建设，将旅游景区与居民生活区域统一起来，让居民成为景区的志愿咨询员、接待员，在共同创建、维护景区的良好秩序的同时，享受当地旅游产业发展带来的经济效益。以乡村旅游为例，营造良好的人居环境和卫生整洁的村容村貌，不仅能够提升当地的旅游吸引力，更能让村民也享受安全健康舒适的居住环境；当全民都以拍摄乡村风情短视频、直播展示自然风光等方式参与旅游宣传时，不仅能快速扩大当地的旅游影响力，更能提升贫困人口多类型从业技能，拓展其就业渠道。共享需要推动旅游基础设施、文化公共服务主客共享，共同分享旅游发展红利，共享旅游业发展带来的美好生活。在夜间游、周边游、休闲游兴起的后疫情时代，可以通过挖掘当地特色文化基因，打造更充实、更丰富、更个性的高质量旅游体验产品，充分提升居民在本地旅游的参与感和积极性，共享文化产业、文化事业发展繁荣的艺术成果。

2. 景区绿色开发：生态双循环

发展全域旅游还要坚持景区原生态绿色开发，实现景区在经济发展和生态保护效益之间的良性循环。景区内循环指的是在开发旅游景区时要坚持"以保护为前提，不能过度商业化"。习近平总书记指出"原生态是旅游的资本，发展旅游不能牺牲生态环境"。优美的环境是最好的旅游产品，也是最美的旅游生活空间。景区可以运用数字技术和数据要素推进对生态环境的监测、保护、优化。同时，为了"抓住乡村旅游兴起的时机，把资源变资产，实践好绿水青山就是金山银山的理念"，景区外循环还需要转变思维方式，扩大景区的概念范围，将景区延伸到整个旅游目的地中。比如可以将传统景区外的乡村农业资源转化为传统文化资源，挖掘原有文化生态中的独特要素，改变"景区内像欧洲、景区外像非洲"的不协调现象。

3. 产业融合创新：文旅双循环

发展全域旅游还要坚持产业融合创新发展，实现文旅产业在文化创意和旅游体验之间的良性循环。产业内循环包括文化事业、文化产业和旅游产业之间的循环，用数字科技的力量加速文化转化路径，打破在疫情影响下门票经济、实体经济对旅游业的桎梏，用创意营销、设计、体验的方式延长旅游产业链。产业外循环包括文旅产业和工业、农业、交通、教育、康养、金融等产业之间的循环，打造以龙头企业为引领、以旅游业为优势产业的品牌产业链，扩大当地文化的知名度和影响力。

4. 区域互动协调：城乡双循环

发展全域旅游还要坚持区域互动协调发展，实现区域在战略统筹和合作互助之间的良性循环。区域内循环就是通过将文化旅游发展规划融入、贯彻到城乡建设、脱贫攻坚、土地利用、生态保护等各类规划中，使文化旅游发展空间成为推动城乡发展要素共享、城乡产业结构升级、城乡风貌及环境优化的载体，实现区域内部的城乡协同发展。如在龙头景区的引领下，让周边村落提供规范的民宿服务，能够使城乡旅游形成互动互促的局面，有效加强城乡间的空间联系，加快新型城镇化和城乡一体化建设，实现客源与服务在城乡间的良性循环，提升整个区域的经济发展水平；区域外循环则需要让全域旅游服务于区域重大战略、区域协调发展战略，如通过建设长城、大运河、长江、黄河等国家文化公园，推进京津冀协同发展、长江经济带发展、粤港澳大湾区建设、长三角一体化发展，打造创新平台和新增长极，推动黄河流域生态保护和高质量发展，更好地促进发达地区和欠发达地区、东中西部和东北地区共同发展。

5. 国家改革开放：内外双循环

发展全域旅游还要把握以国内大循环为主的整体经济发展格局，引导原有近1亿的出境游客在国内完成新的消费释放，打造一批文化特色鲜明的国家级旅游休闲城市和街区。面对将保持较长时间的国内、国际双循环格局，发展全域旅游需要抓住世界经济复苏的时间差，建设一批富有文化底蕴的世界级旅游景区和度假区，在全球疫情进入常态化阶段，安全地吸引更多国际游客来到中国，实现中国文旅产业的高质量发展，建设世界旅游强国。

（二）深入小单元：坚持从县域抓起

无论在试点探索还是示范带头阶段，全域旅游都要紧抓县域建设的发展。把区县作为国家全域旅游示范区创建的基本单元，主要考虑到县域经济是我国经济发展的基本单元。把县级作为国家全域旅游示范区创建的基本工作，首先呼应了县域经济的发展要求，两者紧密衔接、深度融入，只有这样才能避免旅游产业孤岛化、单一化，才能使旅游产业形成集聚效应、辐射效应、拉动效应。

同时，县域也是我们国家最完整、最基层的行政单位。在《前汉纪》的"前汉孝惠皇帝纪卷第五"中，东汉荀悦谈及郡县制，"欲天下之治安，莫若众建诸侯而少其力。力少则易制，国小则无邪心。……从制则天下安矣。"意思是说，以郡县结构的方式治理国家，则天下安宁。县治放在今日，主要指县级行政单位。以全域旅游为发展方针，能够充分发挥县域这一基本行政单位在现代化治理体系中的基础性作用。

最后，县域也蕴含着我国最基础、最接地气的文化细胞——村镇。2016年7月，住建部、发改委、财政部联合发布的《关于开展特色小镇培育工作的通知》中明确指出要培育各具特色、富有活力的休闲旅游、商贸物流、现代制造、教育科技、传统文化、美丽宜居等特色小镇，引领带动全国小城镇建设，不断提高建设水平和发展质量。特色旅游小镇、旅游乡村的开发将最大限度地挖掘基层文化资源，提供更贴近人民群众生活的文化服务。

（三）跨主体联动：落实多部门规划

全域旅游发展还要求由旅游部门单一行为向党政统筹推进转变，横向联动多部门齐抓共管。旅游业具有较高的跨行业需求度和社会关联度，过去旅游部门的单一管理难以跟上旅游业发展的节奏，例如，以前的旅游规划虽然涉及交通、城建、公安部门的管理，但是由于部门管理的分割，协调管理相当困难。而全域旅游就是要打破分割管理的局面，通过撤"局"立"委"，从全域发展大局出发整合区域资源，统筹推进全域旅游的工作开展，形成各部门联动的发展机制。

目前，我国已初步建立由地方政府牵头，旅游发展委员会协调，横向联动公安、工商、规划、国土、建设、交通等多部门，适合全域旅游时代特点的现代旅游治理机制。具体来讲就是"1+3"。"1"就是旅游委员会；"3"之一就是设立旅游警察，现在全国已经有13个省区市有旅游警察，负责维护景点及景点周边的治安。旅游警察从设立开始就受到欢迎，并且正在加强与国际旅游警察之间的交流和联系。"3"之二就是设立旅游巡回法庭，这个法庭是流动式的，可以及时调解和处理旅游过程中发生的一些纷争，已经在很多省份实行。"3"之三是设立工商旅游分局，对一些不规范的经营行为和欺行霸市的行为进行惩处。

第二节 新文旅视域下全域旅游产业融合模式

自2018年国务院办公厅提出《关于促进全域旅游发展的指导意见》以来，全域旅游作为新时期的旅游发展战略，受到国家及政府部门的高度重视，同年文化和旅游部的组建标志着全域旅游综合管理体制改革迈出了第一步，更代表着文化事业、文化产业和旅游业开始全面深度融合。2019年十九届四中全会提出的"完善文化和旅游融合发展体制机制"，2020年12月中央经济工作会议提出的"推动旅游业高质量发展"，均对全域旅游产业融合模式提出新要求，即"宜融则融，能融尽融，以文促旅，以旅彰文"，实现旅游产业文化化、横纵产业旅游化、实体产业数字化。

一、全域旅游的文化驱动

全域旅游的文化驱动指的是宜融则融，实现旅游产业文化化，利用文化创意提高旅游产业及其他相关产业的审美体验和文化价值。进入21世纪以来，全世界范围内都共时性地处于重要的发展转型时期，包括经济、社会、文化、政治、生态等多方面的全方位转型，这种转型的总体趋势是从以物质逻辑为导向转为以文化逻辑为导向。法国哲学家让·鲍德里亚（Jean Baudrillard）认为，在消费社会中，大众由物质性消费、功能性消费向符号性消费转变，而消费文化则是大众伴随着符号生产、日常体验和实践活动的重新组织[①]。法国哲学家、马克思主义理论家居伊·德波（Guy Debord）指出"在现代生产条件无所不在的社会，生活本身展现为景观的庞大堆聚，直接的一切全都转化为一个表象"[②]，现代旅游目的地变成了由商品景观组成的特殊环境[③]。英国学者迈克·费瑟斯通（Mike Featherstone）所提出的"日常生活审美化"现象则更清楚地指明，在消费文化和后现代语境下，商品的审美价值越来越占据重要地位[④]。德国社会学家格哈德·舒尔茨（Gerhard Scholtz）由此将后现代社会看作偏重体验的社会，即审美化的社会。美国经济学家约瑟夫·派恩（B. Joseph Pine）和詹姆斯·吉尔摩（James H. Gilmore）从经济发展的角度提出，体验将成为继产品、商品、服务之后的第四种经济提供物，能够为消费者创造与众不同的内心感受，为其带来自我的满足或实现。两位学者在之后的研究中发现，仅仅提供实用功能、引起感官刺激的体验已经无法满足消费者的需求，带有文化原真性的体验更能激发人们对美好生活的追求[⑤]。由此可见，全域旅游亟待通过文化赋能、创意加值的方式，提升内在符号系统的美观度、体验性和历史感，实现文化和旅游、文化和其他传统产业的深度融合。

施振荣在1992年提出"产业微笑曲线"，更好地解释了创意设计和文化消费在产业结构优化调整中的作用。他认为：制造加工位于产业链附加值曲线的底端，利润相对薄弱，如果要获得更多的附加值，就必须向两端延伸——向上游产品端的零件、材料、设备及科研延伸，或向下游营销端的销售、传播、网

---

① ［法］让·鲍德里亚.消费社会［M］.刘成富，全志钢，译.南京：南京大学出版社，2006：231.
② ［法］居伊·德波.景观社会［M］.张新木，译.南京：南京大学出版社，2006：3.
③ 同②，172.
④ ［英］迈克·费瑟斯通.消费文化与后现代主义［M］.刘精明，译.南京：译林出版社，2000.
⑤ Gilmore J H, Pine B J. Authenticity.What Consumers Really Want［M］. Harvard Business Review Press，2007：49-50.

络及品牌延伸（见图1-1）。传统的景区旅游模式位于产业链中端、产业微笑曲线底端，在加快产业转型的过程中应向创意研发与品牌建设两端转移，提高旅游产品的附加价值和文化内涵。在精神消费、体验消费的趋势下，所有旅游产品与服务都应成为文化、内容和符号的载体。因此，文旅融合是全域旅游产业升级的必由之路。

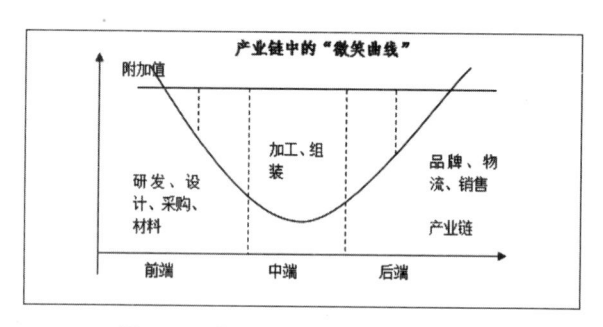

图1-1 产业链环节与附加价值曲线

以2019年首批通过验收并创建成功的"国家全域旅游示范区"河南省焦作市修武县为例。根植于党的十八大提出的"美丽中国"战略和习近平总书记提出的"传承和弘扬中华美学精神"的重大命题，修武县自2016年起就创造性地提出了"以美学引领全域旅游"的创新理念，率先在全国走出了一条以审美经济领航景城融合的全域旅游探索之路，先后实施了69个总投资249亿元的旅游城市建设项目和16个总投资150亿元的以云台山为核心IP的"云系列"景区转型项目。

修武县把美学作为核心竞争力，在旅游产业链前端，先后邀请10余批30余位国内顶尖专家，将美学理念融入建筑、文创、美食和运营等全域旅游发展的重点环节。修武县还邀请哈佛大学、宾夕法尼亚大学、清华大学等顶尖院校毕业的设计师为该县打造美学建筑群，每个小建筑兼具艺术感、功能性和经济效益，形成全域精品小建筑和周边业态的网状布局。在旅游产业链后端，修武县通过新媒体、网红故事进行营销，打响修武美学经济品牌，以美学经济突破全域旅游、"四好农村路"、脱贫攻坚、百城提质和产业转型升级的难点和瓶颈。修武县谋划和已经落地的美学经济项目有云阶康养小镇、云台古镇、大位村和秦厂党建综合体、冰菊小镇、绞胎瓷小镇、陪嫁妆村民宿集群院子和悬崖上的美学公社等30多个。在旅游产业链之外,修武县打破产业升级只能靠科技驱动的固化思维,启动"全产业覆盖、全链条延伸"美学计划,依靠设计,实现生产要素和资源最大限度优化利用,将美学理念贯于工业、农业、服务业、高技术产业等多种产业。如今,美学驱动的高效农业、餐饮、住宿、环保、艺术、康养度假、摄影、会展、总部经济等多个产业,和科技驱动的高端装备制造、光电子及文创产品制造业,构成了修武产业升级的两大基石,开辟了产业升级的全新路径。

目前,修武县已经将"美学经济"从全域旅游推广到县域内的方方面面,希望借由"县域美学"理念实现修武城乡规划和经济发展的全贯通。该县在景区发展中提倡美学升级、体验升级,提高产品核心竞争力;在服务管理中强调美感体验,打造最细腻的智慧旅游和公共服务平台,让服务成为修武旅游发展的"软实力";在产业融合中推动符合美学的大项目、好项目建设,增加全域旅游新亮点;在城市建设中注重美学符号,让每一个建筑都能成为独有的地域标志和文化符号,让城市宜居宜游;在乡村革新中主导建设乡村美育基地,以"云宿"发展打造修武旅游民宿品牌,最具代表性的改造项目"云上院子"逢节假日入住率达100%,创下最高2600元/晚的单价奇迹;在党政建设中加强沉浸式体验,通过建设叠彩洞精神党性教育基地、沙墙村党群服务中心、秦厂共产主义信仰家园等党建综合体,提升居民和游客接受红色思想教育的主动性与积极性。

二、全域旅游的产业延伸

全域旅游的产业延伸指的是能融尽融,实现旅游产业链的横向和纵向延伸。

首先是纵向产业旅游化,是指基于下游客户的个性化选择,进行上游产业的供给侧结构性改革,为旅游产业提供更优质的旅游产品、旅游装备和旅游服务,甚至将上游产业本身转化为旅游产业要素之一。

旅游产业的下游直接面对购买旅游商品或服务的游客,游客购买能力及消费方式对旅游业发展产生直接影响。游客群体大致可分为三类:初级游客为缺乏经验的观光客,旅游目的主要是观光,旅游目的地多为风景名胜区,旅游规划多依赖于旅行社；中级游客为经验较丰富的大众市场游客，旅游目的多为探索居住城市以外的地区以丰富阅历，主要旅游活动是观光和娱乐，多数通过上网自制旅游计划；高级游客为经验丰富的富裕游客，旅游目的多为放松身心、释放压力，主要旅游活动是休闲、体验和购物，对旅游目的地的生活环境要求较高。随着初级游客旅游经验的不断丰富，中、高级游客人数的不断增加，旅游业及其上游产业都需要根据游客需求的变化向现代旅游服务业转型。《2017全域旅游发展报告》指出，目前，我国出游方式上散客化趋势显著，游客自助游超过85%，自驾游超过60%，旅行社和导游核心业务被削弱，旅游主营业务已经发生了质的变化[①]。2020年以来，受疫情影响，短期内定制游、近郊游、自驾游等旅游方式因个性化、距离近、安全度高更受游客青睐。中国旅游研究院文化和旅游部数据中心2020年的调查数据显示，"五一"假日期间，自驾出游的游客比例达到64.1%，国庆节期间全国高速公路日平均车流量4860.8万辆，恢复至2019年同期的94.5%。携程旅行网跟团订单数据显示，2020年国庆中秋假期报名私家团的游客量较2019年同期增长100%，平均一个团只有3~5个人，以家庭为主。从途牛2020年度定制游订单出游人数来看，有超七成的订单在20人以内，5人以内的订单占比为39%，自助游的小团化趋势明显。从长远来看，新型冠状病毒肺炎疫情唤醒了民众的健康和养生意识，对舒适、自由旅游体验的呼声将持续上涨，对低密度游、生态旅游、乡村旅游及康养类旅游产品的关注度也将大幅提升。

基于后疫情时代下游客户对定制游、深度游、周边体验游需求的持续增长，旅游产业应持续向上游产业延伸、拓展、联动，将当地龙头企业已有的优势业务转化为旅游资源，为游客提供更个性、精细、周到的旅游服务，使参与各项旅游产业分工的主体共享全域旅游经济效益，最终实现从吸引更多企业聚集形成规模效应的量变，转向推动区域整体经济高效增长的质变。常见的上游产业有装备制造业、建筑业、交通运输业、食品加工业、教育业、健康服务业、互联网业、广告业、设计业等。以装备制造业为例，阿尔卑斯滑雪度假城镇群基于独特的地理环境、优越的气候条件、悠久的滑雪历史、丰富的历史遗

---

① 2017全域旅游发展报告［R］.国家旅游局，2017.

迹，通过向龙头上游产业包括冰雪体育用品的销售中心和生产基地、滑雪装备、滑雪用品、滑雪器材等设计生产基地，机械牵引装置产业园和滑雪区域开发商等在内的装备制造业延伸，配合滑雪学校、滑雪研究规划机构、滑雪宣传出版机构、滑雪网站、旅行社、酒店、餐馆、购物商店、车船公司等下游产业，衍生出滑雪旅游、滑雪健身娱乐、滑雪竞技表演、滑雪培训、大型滑雪竞赛等多样化的深度体验产品。有关数据显示，在中国，"2017—2018冰雪季"的冰雪旅游人数已达到2.0亿人次，冰雪旅游收入约合3300.0亿元[①]。按照联合国世界旅游组织（UNWTO）测算方式，"2021—2022冰雪季"中国冰雪旅游将带动冰雪特色小镇、冰雪文创、冰雪运动、冰雪制造、冰雪度假地产、冰雪会展等相关产业的产值达到2.9万亿元。

其次是横向产业旅游化，是指旅游向关联产业渗透，多产业要素叠加融合，形成更加丰富多元的旅游产品、旅游空间和旅游新业态。旅游市场需求变化，要求旅游产品供给更丰富，因此产生了旅游业向能为旅游提供有吸引力的新体验、新空间和新主题的关联产业横向延伸的发展趋势。常见的横向产业有农业、林业、渔业、畜牧业、工业、交通业、体育业等。例如，渔业体验、牧业体验、加工制造等生产过程能形成旅游新体验；农场、庄园、茶园、林场、牧场等场域环境能够为旅游提供新空间；葡萄酒、生态林、潜艇、航空航天等主题较具吸引力，常常为旅游业所用。

横向延伸的第一步是从关联产业中寻找新型旅游资源，需要关注该资源的品质条件、文化功能和市场价值。根据《旅游景区质量等级评定与划分》标准，资源吸引力评价因子分为三类：一是观赏游憩价值（内中包含：资源品牌价值、珍稀奇特价值、规模丰度价值、完整性价值），二是主题特色魅力，三是综合消费功能。文化功能包括弘扬中华优秀传统文化、革命文化和先进文化，提供素质教育、科学普及、艺术欣赏价值等；市场价值则包括知名度和影响力、重游吸引力、休闲度假潜力、适宜开发条件、气候条件与适游时间、区域发展贡献等。第二步是从吸引物中提炼文化主题，围绕确定的文化因子，设计核心旅游项目，提升传统旅游产业要素的吸引力和经济价值。第三步是将散

---

① 数据来源：中国旅游研究院 http://www.gov.cn/shuju/2019-01/30/content_5362501.htm.

落在整个旅游产业链的"吃、住、行、游、购、娱"各要素进行优化，延展附加值更高的新功能，如"吃"背后所关注的绿色食品可以延展为健康养生新功能，"住"背后的住宿设施可以延展为乡村民宿，"行"背后的慢行系统可以延展为体育运动，"游"背后的景观风貌可以延展为婚纱摄影，"购"背后的土特产品可以延展为文创纪念，"娱"背后的科普教育可以延展为参观研学。

三、全域旅游的数字趋势

全域旅游产业融合的数字趋势指的是运用"数据""数智""数态"等实数共生手段，使原本作为实体产业的旅游业实现数字化。

（一）精准把握：旅游市场数据化

2019 年，国务院在《关于运用大数据加强对市场主体服务和监管的若干意见》中要求各地运用大数据加强对市场主体的服务和监管。2020 年 3 月，数据要素更是被明确纳入五大生产要素之一。大数据在旅游市场的应用主要包括定位细分、营销诊断、舆情监测、需求开发等。在旅游市场定位方面，随着大数据时代的来临，借助数据挖掘和信息采集技术既能提供足够的样本量和数据信息，还能够建立基于大数据的数学模型对未来市场进行预测；旅游市场营销方面，以往营销定位往往偏重旅游资源禀赋和历史积淀，而运用大数据对游客量、游客构成及游客兴趣、轨迹、景区偏好进行梳理，有助于在游客旅游目的地、竞争对手、资源三方面进行精确定位；在旅游市场监测方面，通过对大数据的统计与分析，采取科学的预测方法，通过建立数学模型，使企业管理者掌握和了解旅游行业潜在的市场需求，掌握未来一段时间每个细分市场的产品销售量和产品价格走势等，使企业能够通过价格杠杆来调节市场的供需平衡，并针对不同的细分市场实行动态定价和差别定价。同时，利用大数据进行舆情监测，具有发现快、信息全、分析准的优势，可在第一时间发现负面舆情，第一时间全面了解民情民意动态，平台及时反映最新舆情信息，自动收集呈现。在旅游市场开发方面，对网上旅游行业的评论数据进行收集，建立网评大数据库，再利用分词、聚类、情感等分析消费者的消费行为、价值取向，以及评论中体现的新消费需求和企业产品质量问题，以此来改进和创新产品，量化产品价值，制定合理的价格，提高服务质量，从中获取更大的收益。

（二）高效运行：旅游管理数智化

全域旅游是包括多个子系统的庞大系统，需要运用众多智慧化管理手段来保证系统的正常运行。2019年8月，《国务院办公厅关于进一步激发文化和旅游消费潜力的意见》中明确指出，将引导演出、文化娱乐、景区景点等场所广泛应用互联网售票、二维码验票；提升文化和旅游消费场所宽带、移动通信网络覆盖水平，在具备条件且用户需求较强的地方，优先部署第五代移动通信（5G）网络；优化旅游交通服务，科学规划线路、站点设置，提供智能化出行信息服务；到2022年，实现全国文化和旅游消费场所除现金支付外，都能支持银行卡或移动支付，互联网售票和4G/5G网络覆盖率超过90%，文化和旅游消费便捷程度明显提高。疫情的出现，加速了景区数字服务水平的提升。2020年5月修订的《国家全域旅游示范区验收认定和管理实施办法（试行）》和《国家全域旅游示范区验收标准（试行）》中已将"智慧旅游"项的分值由30分提高到35分。实际上，在全部的1200分值中，与大数据、信息化相关的评分内容高达135分。2020年11月发布的《关于深化"互联网+旅游"推动旅游业高质量发展的意见》更是将加快建设智慧旅游景区列为重点任务，在下一步制定出台智慧旅游景区建设指南和相关要求，明确在线预约预订、分时段预约游览、流量监测监控、科学引导分流、非接触式服务、智能导游导览等建设规范，落实"限量、预约、错峰"要求。以国家第二批全域旅游示范区荔波县为例，荔波县的智慧旅游系统已实现游客集中场所免费Wi-Fi、通信信号、视频监控全覆盖，同时成功搭建集多源信息于一体的荔波智慧全域旅游信息服务平台，实现了荔波县旅游行业信息化系统的互联互通以及旅游信息的实时共享。如利用"智游荔波"App等媒介，可以为旅游者和旅游企业提供实时化、个性化、专业化、定制化的信息服务，实现票务、游客、酒店、舆情、旅行社、交通等的实时监测和分析。由此可见，以人工智能、云计算为代表的新一代信息技术能够把全域旅游带入新的发展阶段，为游客带来流畅、智能、舒适的服务体验。

（三）形态创新：旅游产品数态化

全域旅游作为供给侧结构性改革，必然涉及旅游业态变化，以及旅游产品创新与优化。旅游与互联网的结合，催生了诸如云旅游、定制旅游或沉浸式旅游等新业态，不仅突破了业界传统的运营模式，而且带来了更大的游客价值与附加值。以云旅游为例，疫情防控期间针对线下旅游市场萎缩，很多旅游景区及文博、演艺机构推出"云"模式，丰富线上文旅产品创新供给，满足市场消费需求。游客可以通过观看景区高清直播、游客短视频等丰富多彩的在线旅游内容，了解更多国内新鲜玩法。马蜂窝旅游在2020年第一季度发布的首份旅业直播报告中提到，在马蜂窝平台上观看直播的用户自4月起每日平均增长率高达101.4%，用户再次观看直播的平均时长是初次观看时长的2.7倍。深度体验类的直播内容得到了72.88%用户的青睐[1]。可见，云旅游作为一种线上直播类活动，不仅能与民众保持良好沟通，还锁定了部分民众，使他们转化成潜在的线下游客，为旅游业复苏打下良好基础。

第三节　跨媒介形态下全域旅游文化空间建构

一、重构全域旅游展示场所

（一）理论溯源：场所精神

挪威著名建筑学家诺伯舒兹在《场所精神——迈向建筑现象学》[2]中指出：人的基本需求在于体验其生活情境是富有意义的，建筑的目的已经超越了早期机能主义所给予的定义，而在于保存并具现生活情境的意义，因此，建筑空间具有基本的精神功能，就是为游客提供方向感和认同感。曾创立麻省理工学院城市规划系的人本主义建筑学家凯文·林奇也认为人们对城市的认识，以及由此形成的意象，是通过对城市的环境形体的观察来实现的，环境要素包括道路、边界、区域、节点、标志物[3]。由此可见，旅游目的地将成为展示当地文化的最佳载体，景区可以通过设计独特的视听系统，把提升文化品位贯穿到每

---

[1] 2020年全球自由行报告[R].马蜂窝旅游，2021.
[2] ［挪］诺伯舒兹.场所精神——迈向建筑现象学[M].施植明，译.武汉：华中科技大学出版社，2010.
[3] ［美］凯文·林奇.城市意象[M].方益萍，何晓军，译.北京：华夏出版社，2001.

一个旅游空间。

（二）文化印记：全域标识系统设计

全域旅游空间的标识系统设计是最能展现场所精神、城市意象和当地文化的方式之一。在设计时需要浓缩旅游文化背景，提炼中华优秀传统文化的精神标识，通过特色文化素描、环境艺术点缀、活动风采展示等方式应用到特色创意建筑结构、特色文化休闲设施及交通站点、停车场等游客停留时间较长的地方，让游客感受到旅游地城乡空间的生动灵魂。

以南京老城南的全域旅游改造为例，门东位于南京市秦淮区，因位于中华门以东，所以称"门东"，这里集中体现了老城南传统民居的风貌。自2008年开始，经过数年时间的修缮，街区重焕生机，马头墙、石板路、花格窗，整体的建筑风格还原了明清时期门东的繁华盛貌。老门东融合了历史遗留下的城市肌理与现代商业业态，历史与现代、传统与时尚的联结，让老门东在保持古风古韵的同时焕发出生机。同时，老门东与夫子庙、秦淮河等周边地区资源结合，形成大旅游、大文化气候。洛可可品牌策划团队通过对南京老门东品牌进行SWOT分析，发现老门东作为南京遗存百年的原住民居建筑群，其仅存的民俗价值、历史意义和老南京不可替代的独特文化印记必须在文化标识系统中体现，同时应融入年轻人喜爱的现代时尚元素。因此洛可可将老门东品牌的核心元素归结为"历史积淀＋文化底蕴＋市民生活"，核心价值是"宁·韵"，将老门东定位为"老城南历史生活的游廊，新南京文化创意的乐土"。在标识方案中汲取门东文化最具韵味的元素——三叠式马头墙，通过别具金陵特色的建筑形态，表现巷陌人家的民风雅韵，以"雨花石"为原型的"南京"字样的闲章，更悉心点缀出别具一格的细节美感。整体标识平中见崛、以虚写实，粗犷中含纤巧、精细中显雄阔，于厚重、灵动间完美诠释古典情怀与现代审美。

二、建设全域旅游融媒场域

（一）理论溯源：媒介场域

加拿大传播学者哈罗德·伊尼斯（Harold Adams Innis）最早发现传播媒

介具有时空偏倚性，口头传播媒介具有时间偏向，大众传播媒介具有空间偏向[1]。媒介环境学奠基人马歇尔·麦克卢汉（Marshall Mcluhan）在其基础上确立了媒介本身而非内容在媒介研究中的位置，提出："真正有意义、有价值的信息不是各个时代的传播内容，而是这个时代所使用的传播工具的性质，它所开创的可能性及带来的社会变革。"[2] 他的"地球村"理论指出电子媒介在全球范围内传输的迅捷性。随后，著名媒体文化研究者尼尔·波兹曼（Neil Postman）正式提出要把媒介当作环境来研究，由符号、语言、技术构成的媒介环境，以及人与媒介的互动过程，将对人们的认知、理解、感觉和价值产生巨大影响，因此不同的媒介具有不同的时间、空间和感知，从而会在内容上形成偏倚，如纸质媒介更注重对经典文学的时序传承，电视媒介则青睐浅层的娱乐信息。尼尔·波兹曼强调，如果一个媒体本身可能造成的消极影响被人们熟悉，人们就会有针对性地利用该媒介。采用更为合理的媒介来传播或接收自己需要的内容，在媒介环境中赋予人们更为主动的地位，增强了人们在使用媒介时的主观能动性[3]。

随着社会学家戈夫曼"日常生活的自我呈现"理论被应用到媒介研究中，重视复原生活场景的媒介场域理论逐渐形成，并在大众传媒中有重要价值。媒介环境学代表人物梅罗维茨在《消失的地域：电子媒介对社会行为的影响》[4] 中用戈夫曼的"场景主义"解释电子媒介导致社会行为的变化，为传统"媒介理论"的技术倾向性增加了社会交往的维度，通过讨论群体身份、社会化和等级制度三种角色行为在新的传播媒介影响下的方向变化，指出电子媒介所孕育的新的信息系统改变了人们对内容的理解方式。罗伯特·斯考伯和谢尔·伊斯雷尔在《即将到来的场景时代》中首次提出场景五力模型，即大数据、移动设备、社交媒体、传感器和定位系统，将"场景"从物理空间抽离，确定为

---

① [加] 哈罗德·伊尼斯. 传播的偏向 [M]. 何道宽, 译. 北京：中国传媒大学出版社，2015.
② [加] 马歇尔·麦克卢汉. 理解媒介：论人的延伸 [M]. 何道宽, 译. 北京：商务印书馆，2000：33-51.
③ [美] 尼尔·波兹曼. 技术垄断 [M]. 何道宽, 译. 北京：北京大学出版社，2007.
④ [美] 约书亚·梅罗维茨. 消失的地域：电子媒介对社会行为的影响 [M]. 肖志军, 译. 北京：清华大学出版社，2002.

时、空活动,为虚拟世界的场景构建提出理论依据,将生活场景移置入网络时空成为可能[1]。进入移动互联网时代,用户确定时间、地点、任务、事件的方式更加便捷。吴声认为互联网媒介场景包含四大元素:重塑新的商业价值逻辑的体验美学、为新场景提供定义指导的空间连结、场景的动力机制社群、精确匹配用户需求的数据[2]。因此,融媒体时代构建全域旅游的传播场域尤为重要。

(二)传播赋能:全域营销矩阵建设

1."全品牌"营销

全域旅游要形成"大旅游"的品牌发展思路,注重全域旅游产品整体市场竞争力的培养,围绕整体品牌塑造全域旅游核心竞争力,增加全域旅游品牌价值链的连续性与有效性。各地区在进行旅游品牌的塑造时,不要局限于传统自然与人文资源,要针对全域旅游提出具有全域普适性的旅游目的地形象品牌,例如"好客山东""锦绣湖南""清新福建"全域品牌的打造,转变传统"单一核心吸引物"的品牌塑造策略,创新、形成"全域旅游大名片"的品牌塑造观念,注重对全域旅游品牌的利益诉求点的关注,识别新时期顾客群体的多重需求,最终创造出彰显全域旅游形象的旅游品牌。

2."全覆盖"营销

全域旅游营销要做到全天候覆盖所有的旅游发展空间,包括景区、酒店、交通、民宿、业态、乡村、景观、宣传口、服饰、会展等游客所涉及的方方面面。例如2008年,山东省旅游局推出的旅游品牌形象的"好客山东"(Friendly Shandong)标识。该品牌创新性地采取了"联合推介、捆绑营销"模式,整合省、市、县旅游企业的资源和宣传促销资金,在央视、凤凰卫视、山东卫视等媒体集中采购宣传版块和时段,集中开展"好客山东"宣传推介,开启"好客山东"旅游营销新模式。同时,将"好客山东"旅游形象标识广泛使用于机场、车站、旅游景区、旅游星级饭店、旅行社等场所,省内重大经贸、文化、体育活动也使用"好客山东"标识,使"好客山东"迅速叫响全国。

---

[1] [美]罗伯特·斯考伯,谢尔·伊斯雷尔.即将到来的场景时代[M].赵乾坤,周宝曜,译.北京:北京联合出版公司,2014.

[2] 吴声.场景革命:重构人与商业的连接[J].中国房地产,2015(26):76.

3."全媒体"营销

旅游目的地营销机构必须统筹安排新媒体营销线上、线下工作，科学调度或充分利用本机构、其他旅游营销主体、业务合作伙伴的人力、技术、媒体、信息等资源，加强对全域旅游市场的综合调研，利用市场契机寻找市场空缺，设计精准营销方案，以台网互联、互动行销为手段，以内容营销、针对性营销、社交新媒体营销等方式，针对全域大市场与各细分市场的需求，设计形成内外结合、线上线下同步的全域营销体系。

针对线上营销，需要做到自营新媒体平台和借用新媒体平台相结合。利用旅游目的地官方网站、旅游官方微博等自营新媒体，更方便与游客互动，也更易于收集旅游市场信息。还必须借用一些受众覆盖面更广的新媒体平台展开营销，或利用它们扩大自营新媒体平台的访问量，尤其是要加强对在线旅游代理商、网络搜索引擎、知名旅游微博、交通导航App等新媒体平台的应用。

4."全关系"营销

在建设全域营销矩阵时，还要打破传统"以景点为中心"的宣传推广模式，将旅游产品营销与目的地推广相结合，形成"全域化市场，一体化营销"的市场推广思路，依托产业链上下游的政府、企业、居民、游客，多位一体、整合构建全方位立体化的全民营销网络。通过实施全员营销和关系营销，调动当地旅游企业、旅游及相关行业从业者等其他主体参与旅游目的地新媒体营销的积极性，并对这些主体的旅游目的地新媒体营销加以组织管理，以形成营销合力。

三、打造全域旅游消费场景

（一）理论溯源：场景体验

以多伦多大学的丹尼尔·亚伦·西尔（Daniel Aaron Silver）和芝加哥大学的特里·尼克尔斯·克拉克（Terry Nichols Clark）为首的研究团队，在《场景：空间品质如何塑造社会生活》中以北美为主的诸多都市研究案例，从场景的概念解释与体系建构出发，对场景的维度量化测量，以及对提升经济绩效、增强居住模式凝聚力和影响政治资源分配等方面进行了深入论述，认为场景作为一种抽象形式的"文化"对于整体社会生活在收益、社群认可及政治性运动等多个层面产生了重要影响力[①]。吴军结合景德镇陶溪川、城市创意社区、居民消费等案例讨论了场景理论视角下的城市相关发展话题[②]。综合来看，国内外的学者对场景理论的探讨都是从概念构建本身出发的，再进一步探讨其作用、其在测量或者营造等实用领域的功能。虽然在不同的研究中对场景的定义或是维度的划分有微小的差别，但总体上仍具有一致性，那就是回到场景中的人的社会活动和情感体验，并间接指向特定方向的政治、经济或文化目的。

（二）空间营造：旅游体验的场景升级

随着旅游业的发展，游客对旅游的要求越来越高，注重体验已然成为一种新的趋势。场景升级通过营造一种环境、设计一种场景、完成一个过程等来实现，强调游客的互动参与性与融入性，帮助旅游者建立一种个性化、特殊的记忆联系。

以沉浸式旅游演出《南京喜事》为例，大型实景360°全沉浸互动演出《南京喜事》在2020年9月正式开票后，首轮演出票在50秒内被一抢而空，释放出了极大的市场号召力。整个剧场是一座挑高10米的宅院，实景再现了清朝时期的南京城。全剧为观众提供了8条完全不同的故事线，由21位专业的话剧演员进行表演。观众进入任何一条故事线后，都会"浸入"独特的情节，形成截然不同的视角，通过"行走的视线"变化去观看。随着这条剧情线的发展，观众可以与演员交互，参与甚至决定剧情。这8条故事线并不是各自独立推进，而是相互作用，互相交集。随着观众的选择不同，剧情的走向也随之变化，让每一位观众都有参演"大片"的感觉。

为了让沉浸效果达到极致，《南京喜事》采用360°沉浸式环绕视效，还采用最新科技的设施与设备，如染色灯、氛围灯、切割灯、全频与超低频音响等225组影音设备。演出共有827样道具，置于21座国风演剧空间，每一样道具、每一处空间都精工细作地描摹了南京风情，如云锦、剪纸、风筝、梅花

---

① ［加］丹尼尔·亚伦·西尔，［美］特里·克拉克.场景：空间品质如何塑造社会生活［M］.祁述裕，吴军，等，译.北京：社会科学文献出版社，2019.
② 吴军.城市社会学研究前沿：场景理论述评［J］.社会学评论，2014（2）：90-95.

篆字、竹刻、白局、空竹、金陵小吃、灯彩、武术等，每一处细节都带着金陵的文脉。《南京喜事》将观众当成"最重要的角色"，每位观众在进入剧场前都会拿到一套专属自己角色的精美古风服饰，在换装区换好服装后，还会有专业演员饰演的"管家"带观众穿越熙南里街区，再步入剧场。《南京喜事》与熙南里街区共同成为南京全域旅游建设中一道独有的风景线。

第四节　抚州市全域旅游发展规划与升级策略

2019年，江西省在《政府工作报告》中提出，大力发展全域旅游，推动向莆经济带发展升级，培育文化旅游、乡村旅游、生态旅游；实施文化和旅游融合发展三年行动计划，推进旅游资源大整合、景区大提升、品牌大塑造、市场大开拓，加快庐山、庐山西海等重点景区管理体制改革，启动"一部手机游江西"项目建设，促进旅游运营集团化、一体化，拉长入境游短板，提升优质旅游、全域旅游发展水平。

一、抚州全域旅游发展阶段规划

自全域旅游战略提出以来，我国各县区已摸索出众多可圈可点的发展路径，而地级市层面的全域旅游规划，普遍存在无亮点、无重点、无落脚点的问题，需要以创新的资源观重新审视、统合全域旅游资源，实现由"点"到"面"的转型推进目标。

抚州全域旅游的发展阶段与区域旅游空间规划的升级密不可分，结合区域发展阶段理论可以把抚州全域旅游发展概括为四个阶段：自发阶段、示范阶段、推广阶段、统合阶段。这四个阶段同时对应着旅游目的地由景区向县域、市域扩散的格局变化。

（一）早期自发阶段：景区圈地

早期抚州旅游呈自发状态，以自然和人文景点观光为主，缺乏规划引导，空间特征呈现小地域范围内的封闭式循环特点，旅游活动分散在不同等级的景区中，旅游资源之间互动较少，旅游配套服务设施水平参差不齐，旅游产品开发多围绕自然生态或历史遗产等核心资源,其中以国家 5A 级景区大觉山为主要旅游吸引物,灵谷峰、仙盖山、文昌里等景点对外地游客影响力较弱,导致抚州市游客过夜整体率较低,旅游资源所带来的产业规模效应难以向全市范围辐射。

(二)初期示范阶段:资溪样板

自 2016 年以来,资溪县就以创建"国家全域旅游示范区"为抓手,以国家 5A 级景区大觉山为引擎向全县域扩展,梳理、整合、形成了以大觉溪乡村旅游示范区、乌石真相乡村旅游带、面包小镇等休闲康养项目为重点,以九龙湖休闲度假、御龙湾国际休闲旅游度假区、清凉山国家森林公园、鹿栖小镇、方家山森林公园、马头山国家级自然保护区、石峡竹海景区、法水森林温泉康养度假区等生态体验项目为拓展,以莒州古村、杜兰古村、上傅古村、姚家岭村、平地源村、高阜古镇、百越文化村等村落文化为特色的旅游资源,扭转了资溪县"景强城弱"的局面。2019 年,资溪县成为江西省首批通过国家全域旅游示范区验收的三家单位之一,为抚州其他区县的全域旅游发展起到良好的示范带头作用。

(三)快速推广阶段:遍地开花

资溪县成功通过验收之后,抚州各县区发展全域旅游的热情高涨,南丰、东乡、金溪、南城等县均编制了全域旅游规划,抚州市近年来也相继出台了《关于推进全域旅游发展的实施意见》《抚州市乡村旅游发展三年行动计划》《抚州市全域旅游发展规划(2019—2030)》《抚州市推进全域旅游发展奖励办法》等文件,以切实可行的政策激励各县全域旅游进入快车道。以《抚州市推进全域旅游发展奖励办法》为例,抚州市在高品质旅游发展、旅行社组团、特色旅游节庆活动、旅游人才扶持等方面都提出了相应的奖励标准,并逐一落实到位。由此,全域旅游由资溪试点进入遍地开花的阶段,各景区产业要素不断聚集并带动服务配套发展,抚州市周边乡村的旅游资源得到较为充分的开发。2020 年,广昌县溪畔彭田产村融合景区和乐安县大湖坪整编景区成功创建 4A 级乡村旅游点,南丰县市山镇包坊村、广昌县驿前镇姚西村、资溪县乌石镇草坪村、资溪县马头山镇永胜村成功入选第二批全国乡村旅游重点村名录。目前,全市共有 1 个国家 5A 级旅游景区、21 个国家 4A 级旅游景区、5

个全国乡村旅游重点村、2个省乡村旅游重点村、2个省级工业旅游示范基地、3个省级生态旅游示范区、3个省5A级乡村旅游点、5个省级旅游风情小镇、25个省4A级乡村旅游点，实现了"县县都有4A级景区和4A级乡村旅游点"的目标。

目前，抚州各县域的全域旅游发展仍然以"各自为政"的局面为主，对高质量旅游发展的评价标准仍然以国家5A、4A级旅游景区，国家级度假区，五星级旅游饭店，五星级、四星级、三星级旅行社等传统"优美"景区式评价指标为主，没有以"旅游目的地"的视角进一步观照、挖掘各地特色的旅游潜力；着重鼓励了专列、大巴、包机、自驾、研学等旅行社的组团活动，忽略了在全域旅游发展中重要的本地散客资源；特色旅游节庆活动的申请也以区县一级为单位自行申报，没有组织统一的市级节庆和会议，不利于对外打响整个抚州市的旅游品牌。因此，抚州全域旅游进入下一阶段，即重点统筹安排各区县旅游资源，让每个特色小镇服务于抚州市整体旅游形象的提升。

（四）统筹整合阶段：服务主线

在空间统筹上，目前，抚州市主城区难以统领全局，支撑全市的全域旅游大格局未形成，大量游客忽略城市中心区直达目的地，既削弱了游客的旅游质量，也降低了旅游综合效益。在质量监管上，目前，抚州市文旅局应强化政府统筹，引导开发商有序开发，在开发市重点大项目时应充分调研当地旅游资源，形成引擎效应；在调控各县区小项目时，约束专项业态的规划实施，约定各区县发展时序，完善集散、交通、标识、厕所等公共服务配套，打造可游、宜游、畅游的服务体系。在文化整合上，各县区开展的旅游活动与"有戏有梦"的旅游主题联系不够紧密，应依照旅游资源的契合度、成熟度，对各县区进行排序，通过联合举办节庆打通各区县文化资源，设计精品旅游路线串联乡村旅游资源，实现"和而不同"。例如，以抚州市资源禀赋最优、文化知名度最高的资源——临川戏剧等相关文化旅游资源，让文昌里历史文化街区、汤显祖纪念馆、三翁花园、中国戏曲博物馆等作为"有戏"路线的起点，形成以广昌孟戏、宜黄戏、南丰傩舞、东乡灯彩为代表的非遗资源；以谢灵运纪念馆、王安石纪念馆、抚州名人雕塑园等作为"有梦"路线的起点，"串联"起流坑古村、棠阴古镇、驿前古镇、金溪竹桥古村、黎川古城等古村落，让游客感受风雅宋韵。同时，可以将临川区打造为展示全市各地区人文风貌的窗口，引导游客前往生态资源聚集区、红色资源传承区，继续进行深度体验。

二、抚州全域旅游媒介整合营销

在媒介融合的趋势下，抚州的全域旅游营销可以从"全品牌""全覆盖""全媒体""全关系"四个角度进行整合。

（一）"有戏有梦"：全品牌营销

品牌可以引起游客对某产品的特定联想和好奇，便于形成一种趋同的共性认知，这种认知的建立甚至不完全依赖于产品的资源形态和资源投入，而取决于游客的"需求"和"看法"。让公众快速对一个旅游产品改观的最直接、快速和高产出比的方式就是重塑品牌认知。一旦旅游目的地在游客的心中占据了稳定位置，就能长久驻留，并带来更为广泛的潜在客户群，即便是小众目的地，同样可以拥有高流量。因此，如何让游客在旅游前知道旅游品牌，并在旅游中感同身受，在旅游后乐于分享，是进行全品牌营销的重要议题。

心理学中的"定位理论"是最简洁有效的认知改变策略，具体内容就是"进入人们大脑的捷径是争当唯一"。因此，为了打响"有戏有梦"的品牌，抚州可以凭借自身丰厚的戏曲文化资源重构游客认知中的"唯一"，让抚州品牌与汤显祖、临川四梦结合更加紧密。比如借助汤显祖国际戏剧节，邀请全世界各地的戏剧文化爱好者来到抚州进行文艺交流会演，让客户建立抚州是一个古老而"有戏"的地方的品牌认知。与其他如京剧、评弹、昆曲等曲种的不同之处在于，"临川四梦"在当地多为后人演绎，并没有形成固定呆板的唱法与教条，曲词的众多衍生版本也给了今人创新的无限可能，大力挖掘戏曲文本中受年轻人喜爱的叙事元素，发展沉浸式互动游戏，能够突出抚州是一个年轻而"有梦"的地方。

（二）"景城联动"：全覆盖营销

在全覆盖营销方面，抚州应加强市貌建设，通过举办城市旅游形象设计大赛评选出"戏梦"形象，并通过设计一套品牌视觉传达体系、配置一套主题城市家具、推出一位旅游形象大使、搭乘一台主题戏曲演出，让游客触目所及的整个城市休闲区、旅游村镇、旅游景区、旅游度假区、特色产业聚集区等地处处可见"戏梦"品牌。同时，营销活动应覆盖到线上的全面内容平台，充分发挥各类平台营销传播的优势，形成信息传播的互补与互动作用。让线下和线上的文旅内容传播形成双重"景城联动"，避免"酒香不怕巷子深"的传统思维，充分发挥互联网的引流作用。

（三）"才子故里"：全媒体营销

全媒体营销需要在传统营销的基础上，整合大数据时代的新媒体精准营销，创新全媒体营销模式，实现传统媒体营销与新媒体营销整合互补，同时结合全品牌营销做到多个平台一个形象、一个声音，从而强化"抚州是一个有戏有梦的地方"的认知。如通过设计才子故里的新媒体游戏，以当地槐堂书院、樟林书舍、盱江书院、仰山书院、临汝书院、黎川书院、程山学舍、兴鲁书院的建筑及教学制度为蓝本，让青少年在游戏中穿越回古代，体验千年前的游学生活，学习传统儒家的耕读文化。随着游戏影响力的扩大，可以开启抚州不同的地图副本，在线上重现千年前的抚州原貌，让游客从玩游戏变成对抚州产生向往。

（四）"古村居民"：全关系营销

全关系营销可以通过推出市民体验日活动、适度开发大众文化名人、巧妙利用流行文化名人等多种方式，达成"人人都是旅游形象大使，个个都是家乡导游"，以全民营销扩大营销影响力。随着智能手机的普及和直播短视频平台的流行，居民也可以走上全民媒体平台，传播个性化内容，提高古村景区的知名度。抚州可以在各个保留至今仍有活态遗产的古村落中号召全民进行直播活动，并提供相应的培训，揭开古村落原有居民传统生活方式的神秘面纱，将散落在各家各户的非遗真本事点亮在全国观众的面前。

第二章　旅游文化资源的创造性转化

数字文旅是指以使用数字化的知识和信息作为关键生产要素，以现代信息网络作为重要载体，以信息通信技术的有效使用作为效率提升、质量提升和结构优化的重要推动力的一系列文化旅游经济活动。近年来，以互联网、大数据、5G、人工智能等为标志的数字技术发展和以新型数字平台、媒体形态、传播方式为代表的媒介生态变革正在对传统文旅产业进行强烈形塑。数字化进程作为一种建构性力量，在供给层面重塑了文旅产业的逻辑与生态，在消费层面培育了文旅消费的方式与需求，为文旅产业的转型升级与新产品、新业态孵化提供了技术基础，为文旅资源的价值重构创造了全新契机。将文化旅游资源纳入数字化发展轨道，是推动区域社会经济发展与文化形象建设的有力引擎，也是实现文旅产业高质量发展，满足公众日益增长的文旅消费期待与需求的必行举措。

推动文旅产业的数字化转型对促进文化旅游产业向高效、深度、可持续方向发展具有重要意义：第一，在产业结构优化层面，面对当前文化旅游产品结构单一、缺乏特色、供给效率低下等困境与游客日益多样化、个性化、集约化的消费需求，发展数字文旅是深化供给侧结构性改革的重要手段，是使文旅资源焕发崭新市场活力的关键机遇；第二，在行业风险应对层面，在新冠肺炎疫情对以线下消费为主要特征的传统服务业的冲击下，推动文旅产业的数字化转型是应对突发公共卫生事件冲击的重要途径，同时也是突破文旅消费受流动性限制与时空束缚的有效方案；第三，在产业融合发展层面，现代数字化信息技术的发展推动产业演进路径从产业分立向产业融合的转变，既使大规模的文化和旅游消费成为可能，又提供了汇聚多方产业力量的契机与技术基础，发展数字文旅是推动文旅产业融合、促进跨领域经济联动发展的重要抓手；第四，在产业发展质量层面，当前，文旅产业正在实现质量变革、效率变革和动力变革，并处于从以往的资源驱动迈向科技创新驱动、从粗放型增长迈向集约型增长的新阶段，发展数字文旅是提升文旅资源管理与利用能力水平，实现文旅产业高质量发展的重要支撑[①]。

数字文旅产业依托旅游资源禀赋优势，围绕文化资源，创造文化价值，传播文化内容，销售文化创意，实现文化旅游全领域数字化重构，具有独特的产业特征与发展优势。从物理特征来看，数字文旅产业具有稳定性、可变性、可复制、传输快的特点，能够实现文旅资源的永续存在、低成本复制与高收益生产、用户参与定制及产品跨时空交换与共享，从而显著提升产业运行效率与用户消费体验。从产品特征来看，数字文旅产品具有高度模块化、双向互动性、显著时效性特征，依托丰富数据为用户提供个性化、差异化服务，通过生产端与消费端对话协调供需矛盾，并利用恰当传播时机实现影响力的最大化。从经济特征来看，数字文旅产品具有非排他性，可以被无限次、被不同用户在同一时间消费，不因使用次数的多少发生质量与内容的变化；能够根据用户个性化需求实现精准服务投送；此外，还具有高附加值。从市场特征来看，数字文旅产业具有产品虚拟性与规模无限性，为产业的灵活延展提供了巨大空间[②]。

当前，数字文旅正处于数字经济蓬勃崛起与文旅产业转型升级双轨支撑下的发展黄金期。2017年4月，《文化部关于推动数字文化产业创新发展的指导意见》提出了形成"导向正确、技术先进、消费活跃、效益良好的数字文化产业发展格局"的发展目标，并指出了"优化数字文化产业供给结构、促进优秀文化资源数字化、推进数字文化产业与相关产业融合发展、扩大和引导数字文化消费需求"的发展方向[③]。2019年8月，《国务院办公厅关于进一步激发文化和旅游消费潜力的意见》提出了促进产业融合发展的主要任务，强调"促

---

① 夏杰长，贺少军，徐金海. 数字化：文旅产业融合发展的新方向[J]. 黑龙江社会科学，2020（2）：51-55，159.
② 刘洋，肖远平. 数字文旅产业的逻辑与转型——来自贵州的经验与启示[J]. 理论月刊，2020（4）：104-110.
③ 文化部. 文化部关于推动数字文化产业创新发展的指导意见[EB/OL]. 2017[2021-05-20]. http://zwgk.mct.gov.cn/zfxxgkml/zcfg/gfxwj/202012/t20201204_906313.html.

进文化、旅游与现代技术相互融合，发展基于 5G、超高清、增强现实、虚拟现实、人工智能等技术的新一代沉浸式体验型文化和旅游消费内容。丰富网络音乐、网络动漫、网络表演、数字艺术展示等数字内容及可穿戴设备、智能家居等产品，提升文化、旅游产品开发和服务设计的数字化水平"，从而促进新型文化和旅游消费业态的不断丰富。2020 年 10 月，"健全现代文化产业体系，实施文化产业数字化战略，推动文化和旅游融合发展"被写入《"十四五"规划和 2035 年远景目标建议》中。良好积极的政策环境为数字文旅的健康发展提供了有力支持与方向指南。

本章将依托数字文旅的学术概念领域、现有理论成果与前沿实践案例，集中探讨文化旅游资源创意转化的理念与策略。研究将从以下四个层面展开：一是旅游文化资源的数字化转化，聚焦于文旅资源的数字化表征、数字化传播与数字化发展的趋势与规律；二是旅游文化资源的提炼与重构，明确旅游文化资源的层次，梳理文化资源的提炼策略，探索文化资源的故事重构方式，并总结文化资源的创意整合逻辑；三是旅游文化产品的系统化开发，关注景区形象系统设计、旅游文化产品的设计开发、旅游文化产品的科技赋能等应用型问题；四是给抚州文旅资源创造性转化的建议。

第一节　旅游文化资源的数字化开发

一、文化资源的数字化表征

文旅资源的数字化表征问题聚焦于文化与旅游资源在数字技术中介下的呈现方式，是数字文旅生产逻辑与产品形态的外化表达与直观体现，关乎数字文旅消费的内容供给策略。文旅资源数字化表征的特点主要分为三个层次：一是技术层面，体现为媒介融合背景下多元化呈现手段的运用；二是体验层面，注重交互性与沉浸感的塑造；三是场景层面，实现文化资源的语境跨越与空间延伸。

（一）载体融合：数字呈现的多元化手段

数字信息传播技术的发展与更新实现了文旅产业的科技赋能。一方面依托媒介融合的丰富手段，文旅资源的信息容量与内容边界不断延展；另一方面，前沿科技创造出全新的表现形态，满足并引领公众日益增长的数字文旅消费需求。2020年，学者向勇发布了浙江北大数字文化和旅游联合中心实验室的年度成果《数字技术在文旅产业中的十大应用场景》，从实体场景、数字场景、文化场景三个层次梳理了5G、人工智能、机器人、云计算、大数据、区块链等数字技术在资源、展示、创意、体验、传播等文化和旅游产业核心环节的应用。十大应用场景包括大数据等技术在文物资源数字化上的应用、VR等技术在数字内容场景化上的作用、机器人等技术在景区导览中的应用、高清视觉技术在影院展示中的应用、现代声光技术在夜游体验中的应用、交互感应技术在沉浸式体验中的应用、情感识别技术在项目开发中的应用、AI创作技术在产品设计中的应用、区块链等技术在"一机游"模式中的应用、分发算法技术在旅游宣传中的应用。

媒介融合对文旅资源数字化转化的推动作用主要体现为如下两条路径：一是多元化媒介技术对文旅资源的线下嵌入与体验升级；二是实现文旅资源的线上重构，打造抽离时空限制的数字空间。

在现实体验层面，线下文旅资源在前沿科技手段的辅助下可呈现出全新的叙事手段与互动方式。一方面，数字技术可以升级文物单位、艺术展馆、影视院线、景区景点、街区园区等传统文旅场景，衍生出机器人表演、夜间光影秀、沉浸式演艺等新兴文化业态，推动文旅资源供给手段的多元化；另一方面，博物馆、美术馆、风景区等文旅场所通过"混合现实"等技术的运用，丰富了展陈内容的呈现手段与信息含量，使历史与文化故事的讲述不再桎梏于有限的实体文旅资源本身。采用"虚实结合、古今结合"的表达方式，综合运用二维、三维、5G/4K、全息投影、AR、VR等多种数字化手段，能够将图形、文字、声音、图像、动画与虚拟场景有机地结合起来，将附着于实体文物上的显性信息和隐性信息以多媒体形式，用感性和理性双通道的方式向观众传播；还能够在表现形式上实现语态转化，根据数字化技术和新媒体传播的特点，将强专业性的展览话语可视化、定制化、个性化、生动化。

在线上重构层面，多元化数字技术成为文旅资源的逼真再现与表达创新的技术基础，既能够实现现实维度中视觉、听觉、触觉等各类感官维度的仿真模拟，又能够打造超越现实的媒介消费体验。2015年，故宫博物院推出《韩熙载夜宴图》App。该 App 运用高清的文物影像、专业的学术资料、丰富的媒体内容和创新的交互设计,让观众随时随地可以欣赏、探究这幅传世经典中的种种精妙之处。在视觉层面,《韩熙载夜宴图》App 设立了三层立体赏析模式,即总览层、鉴赏层和体验层,使这幅"数字画卷"可远观,可近赏,向观众全方位解读画作中的每个细节,连画卷中的墨痕笔意、人物的衣纹表情都纤毫毕现。在听觉层面,点开 App,琵琶声起,仿佛拨动了江南寂静的月色,在线上营造出古朴宁静的艺术氛围。在触觉层面,观众轻轻触动屏幕,指尖所至之处似乎有烛光追随,如同"秉烛夜读",在静夜里与千古佳作"对话"。移动"烛光",人物、用品的名称、典故一一呈现。在知识获取层面,该款 App 除了提供给观众新鲜时尚的媒体交互体验之外,更是一部内容翔实的重要学术参考。其中的 100 个内容注释点、18 段专家音视频导读和后记,全面融汇了专家学者的相关研究成果,并纳入最新学术观点,将看似晦涩艰深的学术内容巧妙融合在可视化元素中。通过现代科技,博物馆古书画研究与数字展示彼此促进、互为表里,为观者带来了融汇审美与求知、娱乐与鉴赏的多元文化体验。

值得注意的是,在利用技术手段对文旅资源进行数字化转化的过程中,应当遵循"以文物、展览为主,以技术支撑为辅"的原则,避免走入唯技术论的误区,滥用声光电技术以至于影响展品本身传达的文化信息[①]。

(二)交互体验:数字化游览与感官延伸

伴随着数字技术对日常生活的激烈形塑,人类审美体验的产生过程及其形态受到媒介的巨大影响。当互联网、虚拟现实、增强现实、人工智能等前沿技术深度参与文旅消费过程成为常态,人们的审美活动日益呈现出以双向性、直接性为特征的交互性趋势,审美主体的在场方式日益呈现出以全感官化、共在性为特征的沉浸式趋势。叠加在网络技术之上的虚拟现实技术、混合现实技术不断改变人们对信息的感知方式。通过可以创建虚拟世界的计算机仿真系统,能够提供更加丰富的三维动态信息空间,打通与人类全感官信息的多维交换通道,使信息传播更加有效[②]。互动与沉浸所带来的"主体性参与"与"具

---

① 赵迎芳. 中国博物馆文化创意产品开发的理论与实践[J]. 山东社会科学,2020(4):169-176.

② 沈壮娟. 交互·沉浸·拟人——网络文艺审美体验范式的三重特性[J]. 中国高校社会科学,2020(1):135-143,159.

身性在场"将逐渐成为内容体验的刚需。

近年来，一系列提升交互与沉浸式体验的数字技术，如影像交互技术、互动投影、雷达互动、Kinect 体感互动、Leap motion 手指互动、数字生成技术等不断被引入文旅资源展陈及数字文旅内容供给体系中。数字技术赋能实景展演，可以改善游客的视觉、听觉体验。通过增加多语言有声吟诵，加强三维实境技术、虚拟现实技术等在现实场景中的运用，把实体空间打造成异次元，或者实现现实与虚拟场景的有机融合，为观众营造沉浸式的观感效果，改变传统的演员与观众的关系，将观众置于情境中，使其在视觉冲击下获得心灵震撼的感受。2017 年，西班牙国家考古博物馆引入虚拟现实展览服务，通过搭配虚拟现实硬件设备，如 VR 眼镜、手机、虚拟现实控制器和耳机等，让使用者"浸入式"体验数字化还原的西班牙不同历史时期的场景，如旧石器时代人类居住的洞穴、凯尔特伊比利亚人聚居地的街道、罗马帝国时期的西班牙城市广场、阿拉伯帝国时期的集市、伊斯兰黄金时代的住宅等。这些数字化构建的虚拟场景分别属于史前时代、原始时代、罗马西班牙时代、中世纪和近代，与博物馆常设的五个展厅时代相对应。为提高体验效果，虚拟现实场景中还会出现一名来自 21 世纪的女考古学家角色，同步伴随参观者游览并进行讲解。

交互与沉浸不仅体现在文旅资源的线下展陈中，还体现在数字文旅产品的设计之中，利用数字技术与互动界面，增强用户的体验感与参与感，并提升产品的趣味性以强化知识传播效果，实现"展品宣教"与"用户探索"的有机结合。如苏州博物馆推出的《明式家具拼装》的互动小游戏，用户可以通过拖动靠背板、搭脑、后腿、扶手、鹅脖、牙头、牙条等组件图标，完成一件明式家具的"组装（图 2-1）"。用户在亲手体验的过程中，能够更加直观地理解和把握明式家具构造的相关知识，在拼接完成后，还能够通过触摸屏幕旋转家具，从各个角度近距离欣赏文物细节。在拼接过程中，用户还可以点击"文字介绍"，了解微缩明式家具、王锡爵墓及王锡爵等相关历史文化知识。总结来看，数字文旅产品通过充分发挥数字技术优势，一方面能够实现线下观展的内容模拟；另一方面能够实现线上体验突破，不断增强文旅资源的吸引力。

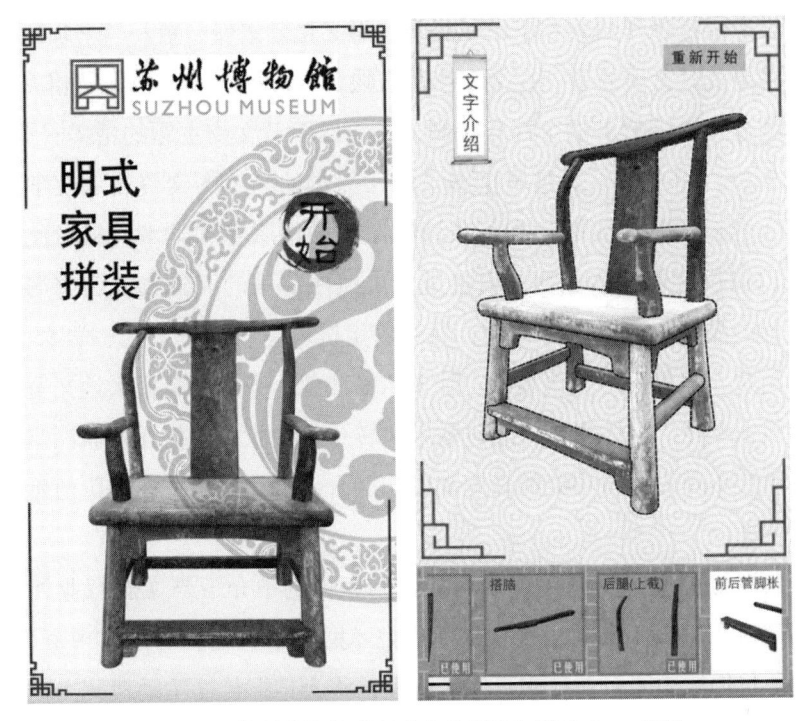

图 2-1　苏州博物馆《明式家具拼装》游戏 App 首页

（三）空间延伸：跨越边界的文化资源

数字文旅产业的发展优势在于实现现有文化资源的跨语境高效整合及文旅行业的跨边界发展力量聚合。从用户体验来看，游客在数字文旅消费中，一方面能够超越现实环境中时空因素对身体的束缚，通过移动互联网的超链接结构功能完成语境切换；另一方面能够实现对单一"游览"语境的突破，充分联结内部功能与外部资源，实现全时性消费、自主性探索、创新性娱乐等体验的复合。从产业赋能来看，数字文旅为行业价值链拓展与影响力扩张提供了全新契机，推动文旅行业发展空间的不断延伸及发展动能的跨领域积累。

以上海博物馆的数字化转化经验为例，上海博物馆官网集服务、资讯、活动、典藏、展示、研究等功能于一体，既为线下游览提供辅助性信息与服务，又为数字化浏览汇聚超越现实体验的文化资源。在媒体资源板块，官网制作并展示了一系列展览、专题、讲座、活动等相关视频，用户可以通过视频实录观看上博讲坛，通过微纪录片了解瑶绣、盘绣、唐卡等文化知识，还能够领略和探索如泰特不列颠美术馆珍藏展、江南文化艺术展、董其昌书画艺术大展等展览精要及其背后故事。在数字产品板块，用户可以选择与展品相关的不同风格主题进行数字贺卡的个性化定制，还可以下载文物主题的精美日历桌面。在研究板块，用户可以通过展览图录中所提供的精美图文资料系统学习和把握展览内容，还能在线阅读和下载博物馆相关出版物和学术资料。此外，用户还可以通过文创商店界面，直接进入上海博物馆的天猫旗舰店与淘宝商店选购文创产品。走进数字博物馆，意味着走进展览、历史文化、学术、教育、创意、消费、娱乐等多重语境。与线下策展相比，数字展览极大地拓宽了展陈容量与知识维度。总体来看，通过数字化转化的文旅资源依托互联网空间的无限性，能够实现内容与功能的高度集成与融合，推动文旅行业的价值延展与体验升级。

文旅资源的空间跨越还体现为在数字媒体的中介下与文旅行业外部场景之间的借鉴与融合。如文旅机构在前沿技术赋能下将会更好地实现资源保护，发挥展示与传承功能；在社交媒体赋能下，将会把握传播主动权，主动拓展自身影响力，弘扬和传播文化知识，讲好中国故事；在电商赋能下，将会突破时空限制，迎来更为广阔的消费市场，不断激活文旅产业的商业价值。数字文旅通过多方联动与力量整合，呈现出融合发展的新态势，能够持续开辟文旅行业的生长空间。

二、文化资源的数字化传播

文旅资源的数字化传播问题关乎文旅资源的能见度打造与影响力扩张。2021年2月 CNNIC 发布的《第47次中国互联网络发展状况统计报告》显示，截至2020年12月，我国网民规模达9.89亿人，互联网普及率达70.4%，即时通信、搜索引擎用户规模保持平稳增长态势，短视频、网络视频、网络直播、网络购物等应用增速显著。互联网一方面为文旅产业提供了广阔的受众市场，改变了传统文旅机构局限于行政区域内部"跑马圈地"式的发展理念，将跨地域、跨年龄、跨行业的庞大网络用户群体整合进其辐射范围与价值体系中；另一方面，作为文旅资源提升社会"能见度"与影响力的数字基础设施，数字化赋能与多样化媒介形态为文旅资源提供了灵活丰富的传播渠道，使文旅机构在自我营销、品牌塑造与文化推广中获得了更多的自主性与创意空间。合理高效的文旅资源数字化传播涉及如下三个维度：一是在可及性基础层面，强化文旅资源的内容与渠道的底层建设；二是在叙事策略层面，实现数字文旅内容的创新表达；三是在传播动能层面，通过产品思维转变激活数字文旅资源流动的社交化网络。

（一）线上呈现：文化资源的数字可及

数字文旅资源的重要优势在于实现文旅消费的时空抽离，使消费者能够摆脱流动性限制，在线上也能够进行文旅目的地与相关文化内容的体验与消费，而实现这一目标的基础与前提在于推动文旅资源的数字可及，开辟文旅资源的线上"能见度"。

近年来，越来越多的文旅机构通过多样化手段对现有资源进行数字化，一方面实现了对历史文化资源的全景化采集、史料性储存与档案化管理，从而更好地发挥文旅机构的文化遗产保护功能；另一方面也提升了文旅资源的开放性，使网络用户克服时空约束，随时随地接入与共享优质文旅资源。上海博物馆官方网站的三维场景板块充分运用3D全景等前沿技术整合再现了馆内举办的历次精彩展览的实景（图2-2）。用户点击进入相关展览页面，仿佛置身于展

图2-2 上海博物馆《春风千里——江南文化艺术展》

厅之中，根据虚拟场景中的方向指引，或者通过地图中观赏点的选择，或者选择自动播放功能，可以模拟现实浏览体验，观赏展览的全部内容。此外，用户还可以通过移动和拖曳鼠标调整观看的视角与距离，无论是宏观的展厅空间布局还是微观的展品质感细节，都可以产生"身临其境"式的历史文化体验，无须实地到访，就能够领略上海博物馆的文化资源与魅力。

伴随着媒体融合的发展趋势，数字文旅主要面临两大挑战：一是当数字化生存逐渐成为人类的重要生活方式，以线下服务为主体的传统行业亟须开辟互联网发展空间并以此拓展自身影响力；二是在媒介功能多样化、媒介生态多平台化的背景下，文旅机构需要不断整合资源，调整和优化传播策略，以吸引和适应差异化、分众化的媒介渠道与用户群体。目前，已有一大批文旅机构在积极推进数字化转型与发展，并积极利用互联网渠道，如官网、微博、抖音、微信公众号、知乎、B站等媒体平台开展品牌建设与文化传播活动（表2-1）。如中国国家博物馆在抖音平台发布制作精良、风格时尚轻快的与文物、展览、文化相关的短视频进行形象展示与文化普及；在上海博物馆的微信公众号中，用户可以通过底部菜单收听收看一系列音视频节目；天津博物馆宣教部则在知乎平台进行文化科普与知识传播，通过设置轻松有趣的历史文化问题与公众进行互动，如"为什么古代用来抓痒的工具被称为如意""为什么天津被称作天津卫"等，陕西大剧院西安音乐厅则在B站上推出一系列关于文艺知识讲解与剧院体验的视频内容，如"你不知道的芭蕾硬核简史""轻松学唱音乐剧""顶级音响试音《钢铁洪流进行曲》是什么体验"等。

表2-1 部分文化旅游机构数字化传播概况（截止日期：2021年5月31日）

文旅机构	传播渠道影响力			
	官网	微博粉丝量	抖音粉丝量	微信公众号
国家博物馆	有	495万	92.8万	有
陕西历史博物馆	有	117万	6.7万	有
江西省博物馆	有	45万	2753	有
四川广汉三星堆博物馆	有	396万	2.1万	有
苏州博物馆	有	49万	1.2万	有

(续表)

文旅机构	传播渠道影响力			
	官网	微博粉丝量	抖音粉丝量	微信公众号
成都杜甫草堂博物馆	有	3万	无	有
北京梅兰芳大剧院	有	5968	154	有
国家京剧院	有	8万	2.7万	有
国家大剧院	有	241万	52万	有
琴台大剧院	有	1万	2176	有
黄山	有	363万	39.6万	有
太阳岛风景区	无	3万	443	有
琅琊山风景区	有	5952	7157	有

（数据来源：作者根据各个文旅机构的网络平台信息统计）

文旅机构在进行互联网传播能力建设、打造自身社会"能见度"的过程中，也应当注意传播资源与宣传力量的分配与整合。互联网传播渠道数量繁多，类型多元，不同平台的内容形态与风格特征也存在较大差异。因此，文旅机构应当根据自身资源状况与现有传播能力，选择易于驾驭、调性相符的传播渠道，避免传播力量的分散与宣传品质的下降。

（二）创意支撑：文化资源的叙事重构

学者陈刚等提出，在瞬息万变的数字生活空间中，信息繁杂而又容易被遗忘。在以互动精神为核心的互联网上，传播内容不能仅靠覆盖或靠强制性到达生活者，对生活者产生影响。在互联网空间中，如果没有创意，传播就不会在海量的信息环境中产生任何影响。策略固然重要，但是如果没有好的创意，就等于没有传播，创意成为当前营销传播的核心，并渗透到营销传播的各个环节、各个层面。文旅资源的互联网影响力拓展，也有赖于良好创意的支撑。

2018年，中国国家博物馆、湖南省博物馆、南京博物院、陕西历史博物馆、浙江省博物馆、山西博物院、广东省博物馆共七家国家一级博物馆集体入驻抖音，与抖音联合推出"第一届文物戏精大会"。在获得博物馆的图片授权后，抖音方面运用再设计美化局部细节，通过采用骨节动画的技术及配音特效等一系列新媒体技术，将抖音上流行的"拍灰舞""98K 电眼""我背后有人""千人千面"等备受年轻用户欢迎的流行元素与国宝进行有机融合，将其年轻化重新演绎，让原本静止在展台上的镇馆之宝全都活了起来。出镜国宝全部为国家级重点文物，包括国家博物馆馆藏的国家一级文物后母戊鼎、唐三彩人物俑，四川广汉三星堆博物馆馆藏的三星堆铜人像，南京博物院的镇馆之宝——战国·重金络壶，陕西历史博物馆的秦兵马俑，以及浙江省博物馆的良渚文化玉三叉形器等。将具有极高的文化价值、科学价值和艺术价值的历史文物，通过创意策划使其以全新的面貌重新进入公众视野，是推动文旅资源焕发活力、扩展文化传播影响力的必行举措。

（三）营销推广：文旅传播的社交动能

当前，社交媒体逐渐成为公众重要的信息获取渠道与社会交往方式，人际网络正在信息流动过程中发挥关键作用。因此，在文旅传播中充分激发内容的社交动能是提升传播效果的不二法门。数字文旅内容在社交网络中的广泛传播，其动力因素主要有三。一是具备接近性。使传播内容符合用户的认知水平与习惯，并且能够与用户的生活体验产生联系，这一目标的实现还在于巧妙地把握熟悉感与陌生化之间的平衡，即用户在消费产品的过程中，既能对产品产生兴趣与关联感，也能收获新鲜感。二是能够激发情感共鸣。社交媒体语境下，感性因素超越理性因素成为传播动能的主导要素。因此，文旅传播需要采取策略调动用户的情绪参与，并争取其情感认同。三是能够体现文化品位。用户对社交媒体的使用不仅停留于即时通信与信息获取的技术功能实现，在自我呈现中进行身份彰显从而提升自身社会资本也是其重要的使用目的。因此，文旅传播应当实现内容与特定用户群体文化品位统一，进而推动用户自我呈现与机构内容营销目标的双赢。

2020 年 6 月，微信公众平台"北京 LOOK"推出了互动 H5 方式的《在北京必做的 100 件事》，整合了"在北京必来景点""在北京必做的体验""在北京必吃的美食""在北京才懂的趣味""专属北京的春夏秋冬"五大主题中的 100 项体验，细致生动地描绘了一幅关于北京城的文旅地图。一是在生活经历层面，用户进入互动界面中，可在轻快的音乐中选取自己在北京做过的事，如"登一次天安门城楼""听一次德云社的相声""买盒网红鲍师傅的肉松小贝""海坨山露营看次星空""秋天在北海划船乘凉"等。在选择完毕后，系统将自动生成用户的北京生活图鉴，用户可以保存图片并在社交媒体中进行分享。从接近性层面讲，这一策划一方面极其贴近北京居民或曾到访旅客的文化体验，同时也能够为北京的城市爱好者打开全新的文化窗口，并为潜在旅客的行前准备提供参考；另一方面，策划中既提到了"北京烤鸭""天安门""王府井"等家喻户晓的文旅元素，使绝大多数用户能产生共鸣，还提及"找一家胡同小店上房揭瓦""去北京坊Page One 蹭看原版书"等相对小众的文化活动，这些内容能够给予用户新知并创造新鲜感。二是在情感共鸣层面，用户通过选择曾经拥有的北京体验，能够关联过去或现在的旅游或生活经历，这些活动作为时间标识，最易调动用户的怀旧情绪。三是在文化品位层面，无论是"看一次央美毕业展"还是"去一回下雪后的故宫"，用户通过分享最终生成的体验图鉴，都是在社交媒体构建自身文化身份的过程，包括与这座城市的关系、审美品位及对生活仪式感的追求等。

三、文旅产业的数字化发展

（一）技术层面：构建数字文旅基础设施

文旅新型基础设施是指以新发展理念为引领，以技术创新为驱动，以信息网络为基础，面向高质量发展需要，提供数字转型、智能升级、融合创新等服务的数字文旅基础设施体系。一是信息基础设施，指基于新一代信息技术演化生成的基础设施，如文旅大数据中心等。二是融合基础设施，指深度应用互联网、大数据、人工智能等技术，支撑文旅产业传统基础设施转型升级，进而形成的文旅产业融合基础设施，如数字博物馆等。三是创新基础设施，指支撑科学研究、技术开发、产品研制的具有公益属性的基础设施，如智慧文创产业园等。这些基础设施的应用领域主要包括以下几个方面。

文旅数字产业化，即数字文旅发展的先导产业，为数字文旅发展提供技术、产品、服务和解决方案等。以黄山智慧旅游有限公司推出的黄山旅游官方平台为例，用户通过微信小程序，可以进行门票预约、酒店预定、餐饮美食查询、当地参团、定制旅行、购买特色商品、查询本地攻略等。

文旅产业数字化，指传统文旅产业应用数字技术所带来的生产数量和效率提升，其新增产出构成数字文旅的重要组成部分。如运用VR、AR、AI技术的虚拟现实景区，运用数字技术对吃、住、行、游、购、娱等进行的改造和提升等。

文旅数字化治理，指运用数字技术，创新文旅治理模式，完善文旅治理体系，提升文旅综合治理能力的系统工程。如景区数字安防系统、景区智慧管理平台等。

文旅数据价值化，指发挥数据作为核心生产要素的价值和作用，推进文化旅游数字资产化和数据资产化，在保障数据安全和保护个人信息的前提下，有序推进文旅数字资产和数据资产交易。如文物数字资产、文创数字资产、文旅数字资产等。

（二）产业层面：数字文旅结构整合布局

在数字化时代产业融合发展的总体趋势下，数字文旅作为复合型的产业形态，亟须通过内部的力量整合与外部的边界延展，实现产业内外发展的双循环。数字文旅产业内循环包括数字文化产业内的循环、数字旅游产业内的循环，以及数字文化产业和数字旅游产业之间的循环。在内循环中，数字文旅机构要通过运用数字技术、数字工具、数据要素等，发展新型文旅新业态、新模式，提高企业的数字化、网络化、智能化水平，让数据和流程在机构内部顺畅地循环流动，提高运行效率，降低生产成本，提升机构自身能力，同时加强与产业链上下游企业的合作，共同提升产业链效率，降低产业链成本，做大做强产业链。数字文旅产业外循环是指文旅机构、产业与外部相关产业部门的深度联动。如推动数字文旅与各级博物馆、美术馆、档案馆、风景区等多领域文化事业单位之间，与出版业、传媒业、工艺美术制造业、互联网与信息技术业等文化产业之间，以及与工业、农业、交通、教育、康养、金融等关联产业之间的循环。

推动文旅产业的跨界融合发展，一方面要在纵向维度上推动文旅产业从线上到线下的整合发展，实现数字文旅与实体文旅的价值互构；另一方面要在横向上跨越产业边界，积极与其他领域展开合作。以文旅产业与传媒产业的跨界融合为例，近年来，《国家宝藏》《国宝档案》等综艺节目在社交媒体中引起了热烈反响。《国家宝藏》将文物知识与舞台表演相结合，邀请当红明星作为国宝守护人，赢得了大量年轻受众的关注。故宫与腾讯联合创作多款功能游戏，推出了《古画会唱歌》音乐专辑，甄选《清明上河图》《洛神赋图》《墨梅图》等11幅院藏传世名画，将现代音乐元素和民族乐器融合，以符合当前用户审美与视听习惯的方式推动文旅资源不断融入用户的生活场景[①]。

（三）政策层面：数字文旅发展宏观设计

数字文旅的健康、可持续发展不仅取决于行业自身转型升级，还依赖社会力量的广泛联动。因此，从长期规划与宏观布局出发，打造"政、产、学、研、用"的协同创新链条，是集中力量办大事、推动产业深度发展的必行之策。

首先，各级政府部门应当深度关切数字文旅产业的发展需求，优化数字文旅产业发展相关政策。数字文旅产业与传统文旅产业的生产和发展模式不尽相同，因而产业的监管和治理方式也不完全相同。为保障数字文旅产业的良性运行，各级主体应当科学规划，及时对该产业政策进行调整，优化营商环境，争取发展政策、资金扶持和项目配套，不断提高服务与监管的能力与水平。相关的政策支持领域应包括：金融支持政策，以政府引导社会参与的形式，引进民营企业与社会力量参与成果转化的应用实践；人才引进政策，集中引进数字技术、文旅、传播等领域专业人才，保证人才在项目资金、住房、医疗、子女教育、社保等方面无忧，并针对人才的不同需求，给予最大的支持和帮助，提升数字文旅行业对高质量人才的吸引力；监管政策，针对数字文旅产业发展的规律，注重监管的动态性和针对性，注重知识产权的保护，不断完善相关法律法规，为数字文旅产业的发展提供制度保障。[②]

数字文旅产业还应与科研机构积极开展交流与合作，推动产教融合联盟的形成，以凝聚创新发展力量。大学与科研机构是知识技术与高素质人才的聚集地，是国家创新体系的重要组成部分，具备较强的理论研究与实践创新能

---

① 赵迎芳. 中国博物馆文化创意产品开发的理论与实践［J］. 山东社会科学，2020（4）：169-176.
② 刘洋，肖远平. 数字文旅产业的逻辑与转型——来自贵州的经验与启示［J］. 理论月刊，2020（4）：104-110.

力，既能够作为数字文旅产业的智库支撑，又能够作为行动者为产业发展提供直接动能。文旅机构可与教学科研机构协同开展文化资源搜集、价值挖掘及宣传推广活动，为学生提供实习实践机会，组织师生为数字文旅活动策划与产品设计提供创意与智能。2019 年，故宫博物院与清华大学共同签署战略合作协议，集合彼此优势，完善长效合作机制，发掘现有文化遗产资源，以共建研究中心为平台，合作开展文博类人才培养、文化遗产保护与研究等工作。2019 年末，清华大学与故宫博物院联合主办"鸿图华构·人文清华故宫行"特别直播，故宫博物院研究人员与清华大学教授带领近 260 万名用户沿故宫中轴线读解中国历史，活动传播效果与社会反响良好。此外，推动数字文旅的产学研合作还将为专业人才培育提供契机。2019 年，中国国家博物馆博士后科研工作站与中国社会科学院近代史研究所、考古研究所等开展合作，联合培养博士后，共享资源与知识。数字文旅相关机构也可参考此类模式，实现业界与学界在人才培养方面的精准对接与优势互补。[①]

数字文旅的展览、教育、娱乐、传播等功能和价值实现与用户认可紧密相连。在新媒体技术对用户的赋能下，数字文旅面对具有高度选择空间的用户"买方市场"，应建立起以用户为中心的运营模式，在产品设计、文创产品开发和活动组织策划过程中更多引入顾客的需求，并根据市场反馈进行策略制定与调整。而对于用户与市场的精准把握，则离不开大数据支撑与科学方法指导下的高质量调研。2019 年，吉林省设立旅游大数据联合实验室，该实验室依托银联消费大数据、通信客户行为大数据等，在市场规模、游客花费需求、游客行为分析等方面开展研究，为旅游业精细发展提供更丰富的数据共享平台，促进旅游业转型升级和旅游服务质量提高。在用户研究领域，薛可等学者关注非物质文化遗产数字信息对受众城市认同的影响，以苏绣为研究对象，通过实验法探索非物质文化遗产数字信息的传播是否可以提升受众对城市形象的认同，研究发现了非物质文化遗产信息丰富度、信源公信力和信息传播热度对感知非物质文化遗产吸引力和城市认同的显著的正向影响，证明了非物质文化遗产数字信息传播有利于提升城市认同，因而通过非物质文化遗产

---

① 赵星，冯家红，董帮应. 博物馆价值网络拓展路径探析——以南京中国科举博物馆为例［J］. 文化产业研究，2020（2）：269–284.

数字传播进行城市形象的推广存在合理性[①]。严思敏等学者则以成都博物馆为例，运用Kano模型和问卷调查相结合的方法分析博物馆文创产品的顾客需求类型及其整体偏好选择。研究表明，顾客特征中的性别和学历是影响博物馆文创产品购买偏好的主要因素，顾客需求类型集中于魅力型和期望型。总的来看，推动文旅产业的数字化发展应当实现对用户与市场需求的敏锐洞察与精准研判。

第二节 旅游文化资源的提炼与重构

一、旅游文化资源的层次

明确旅游文化资源的层次，是对现有文旅资源进行系统性把握的基础，是合理运用文旅资源的必要前提。本文将文旅资源分为四个层次，分别为主体资源、创意资源、社会资源与数据资源，既能为文旅机构盘点和梳理现有资源提供结构工具，又能为其发展文旅产业、完善产业体系提供方向参考。

（一）主体资源：优势全面整合

文化旅游的主体资源是指各级文旅单位依托当地自然环境、历史文化及区域规划所固有的资源。按照性质划分，可分为物质性文旅资源与非物质性文旅资源；按照领域划分，可分为自然资源与人文资源两类。两种范畴各有侧重，也呈现出交叉融合的特点。物质性文旅资源具备实体形态，以物为核心，主要发挥线下体验的环境与载体功能，包括自然风景区、各类文化场所（如博物馆、剧院、图书馆、特色街区等）、历史文物、建筑群、文化遗址等。非物质性资源包括历史文化、语言、表演艺术、风俗、仪式、节庆活动、传统手工艺等，这类资源的特征为活态流变，表征与传播方式灵活多样，能够传递出差异化的文化气质，强调以人为核心的技艺、经验和精神。任何主体资源都具有物质—非物质及自然—人文两大交叉维度中的定位与偏向，把握主体资源的属性坐标系，有助于建立对文旅主体资源的整体性

[①] 薛可，李柔.非物质文化遗产数字信息对受众城市认同的影响：基于新浪微博的实证研究[J].现代传播（中国传媒大学学报），2020，42（11）：19-26.

认识。

（二）创意资源：文化创新表达

文化旅游的创意资源主要指基于主体资源对文旅内容所进行的创意呈现与创意传播。在创意呈现层面，创意资源主要体现为如下两个维度：一是对于实体文旅资源的创意再现与转型升级，包括景观设计、创新策展、特色线下活动等；二是围绕文旅资源主体特色研发的创意产品，例如，北京故宫、台北故宫、大英博物馆等文旅机构所开发的文化IP与文创产品，现已成为所属文旅机构与文化场域社会识别度与影响力的重要组成部分，对于核心文旅产业发展具有明显的反哺作用。在创意传播层面，创意资源包含文旅相关的媒介内容、产品及各类文化传播渠道，如影视剧、综艺节目、App、小程序、短视频、互动游戏、形象代言人等。

（三）社会资源：广泛主体调动

文化旅游的社会资源强调文旅产业所处的社会关系网络及社会协作状况。在产业发展层面，社会资源在文旅产业内部体现为机构间的交流合作，在文旅产业外部体现为跨行业、跨领域的力量协同（如与传媒、教育、科研、金融、技术等领域建立的合作关系）。在社会建构层面，文旅产业的可持续发展与现有及潜在的作为文旅内容产消者的用户紧密相连，因此，可触及的用户规模、用户忠诚度与主动性及相关的用户评价，都成为推动产业发展的重要动能。

（四）数据资源：技术赋能产业

伴随着数字化趋势的不断发展及大数据采集、大数据挖掘、大数据分析技术的日益成熟，数据逐渐成为支撑文旅产业各领域发展的基础性资源。展品数据使文旅机构更好地发挥保护、储存、建档及展示等功能；运行数据使文旅机构能够详尽掌握景区运营状况，提升文旅资源的管理能力与水平；用户数据使文旅机构实现对用户需求与偏好的敏锐洞察，从而及时调整产品供给；行业与各项社会统计数据勾勒出文旅产业的发展背景与趋势，为文旅产业制定宏观发展规划与策略研判提供参考。充分利用数据资源是提升文旅产业发展质量的重要举措。

二、文化资源的提炼策略

（一）明确定位：突出区域主题

文旅机构在提炼文化资源的过程中应当准确定位，突出特色。文旅场所应综合权衡自身的资源优势及驾驭能力，不盲目模仿成功案例而忽视自身的发展境况，在明确自身的独特价值后，所有推广策略都要围绕这一价值做相应调整，才能展现自己的风格和特色。比如，同样是一级博物馆，但具体到不同的博物馆，依据自身气质不同理应有不同的表现形式。如故宫的大气磅礴、包罗万象，苏博的吴中风雅、文人气质，甘博的西域之风、大唐气象等。博物馆应该基于本馆资源，因地制宜，在许可范围内最大限度创新。一味模仿那些比较成功的实例，就会失去自我发挥和创造的机会，陷入同质化困境。为满足社会不同层次受众的文化需求，文创产品定位也要按照不同层次细分受众，有针对性地进行开发。如故宫淘宝主要面向年轻群体，风格活泼，价格亲民；天猫故宫文创旗舰店则倡导"紫禁城的生活美学"，强调质感和文化内涵，打造更为精致和售价相对较高的文创产品。规模较小的市博物馆，资源不及大型综合性博物馆丰富，没有大投资大手笔，往往也不具备区位优势，尤其不能盲目追风、贪大求洋，而应该以城市特色为脉络，以新奇、特色见长，以灵活简约的设计理念，结合资源情况安排展陈与文创开发。

以陕西历史博物馆为例，在2018年官方旗舰店上线之初，文创产品市场反响平平，市场空间非常有限。博物馆店铺销售的饰品、生活用品、文物仿制品、摆件等多个系列的相关纪念产品同质化严重，缺乏清晰的自身定位与代表性。2017年，国家宝藏、陕西历史博物馆的葡萄花鸟纹银香囊在网上引起热议，陕西历史博物馆也将葡萄花鸟纹银香囊做成了文物仿制品，在馆内艺术商品店进行出售。香囊虽好，实用性却较低。此后，陕西历史博物馆开始塑造自己的风格定位，运用"互联网+技术"，并在文创产品设计上趋向年轻化。从2018年到2019年，先后推出大家熟悉的《陕博日历》、唐妞、葡萄花鸟纹银香囊等知名文创IP（图2-3），其后推出近五百种文创产品，包括"花舞大唐""唐妞文创""彩陶文化""国宝文创"等主题系列文创产品，不断突出博物馆的文化特色。

图 2-3　陕西历史博物馆文创产品

（二）模式升级：以体验为导向

20 世纪八九十年代，博物馆界开始探索一种新的博物馆发展模式和学科理论，"新博物馆学"蓬勃兴起。学者彼得·弗格指出，新博物馆学相对于传统的博物馆学而言，其中心不再是传统奉为圭臬的建档、保存、陈列等功能，而是强调以人的需求为中心，代替过去的以"物"的管理为中心。体验经济理论认为，经济发展的演进已从过去的农业经济、工业经济、服务经济走向了现阶段的体验经济，传统经济形态主要是满足人们基本生活所需，而随着社会的不断发展和人们需求的不断提高，消费者更注重购买过程所带来的精神享受。体验经济出现之前，所有的生产都停留在顾客之外，唯有体验使得每个消费者都能以个性化的方式参与其中[①]。无论是文旅机构的功能转向，还是当前社会经济模式的转型，用户体验在文化传播与机构营销活动中都日益占有举足轻重的地位。

近年来，各级文旅机构都进行了一系列提升用户体验的积极探索。从线下维度出发，文旅机构可以将文化元素融入其装饰设计或产品策划中。如故宫冰窖以故宫房顶的琉璃脊兽为形象，推出了火爆全网的"脊兽冰棒"，以樱花知名的玉渊潭公园也推出了满怀少女心的"樱花雪糕"。2019 年，王府井百货大楼中以老北京城为主题的沉浸式体验空间"和平菓局"成为北京又一处网红

---

① 赵迎芳.中国博物馆文化创意产品开发的理论与实践［J］.山东社会科学，2020（4）：169–176.

打卡地。"和平菓局"装潢怀旧复古，还原了录像厅、国营红星粮油店、老式胡同、唱片行等极富年代感的场所，其中，"二八"式自行车、电视机、游戏机、烧水壶、零食等物品随处可见（图2-4）。通过在游览过程中接触或沉浸于具象可感的文化实体，游客能够加深对文旅资源的感知与理解。

图2-4 "和平菓局"内部场景（图片来源：网络截图）

在线上维度，数字化技术为提升用户体验开辟了全新的路径，例如功能游戏成为一大热门尝试。1970年，美国学者克拉克·C.阿布特首次对严肃游戏进行定义，即用场景模拟化与游戏结合的方式提升教学效果。功能游戏是严肃游戏的一种，与传统游戏的区别在于，它是以解决现实社会和行业问题为主要诉求的游戏品类。从狭义来说，功能游戏将电子游戏的元素、设计、技术和架构创新应用于医疗、教育、军事、企业培训、社会管理等垂直领域；从广义来说，功能游戏泛指被跨界应用到现实情境并实现一定社会功能的电子游戏。功能游戏的价值在于其跨界性、多元性、场景化等特点既能够提供交互体验，又能满足不同人群的需要。

功能游戏一方面可以提升现实语境中游客的观赏体验。2017年，苏州博物馆就举办了展厅AR寻宝活动，游客根据展厅地面标识，找到指定文物，打开支付宝AR正对展品扫一扫，体验文物故事化解说，即可领取文创礼券。此外，游客还可以通过扫描宣传海报，在混合现实场景中与唐伯虎合影。另一方面，通过对线上数字产品的策划，能够拉近用户对文化资源的认知与情感距离。如故宫博物院在官网中推出了一系列历史文化普及小游戏，比如，在《太和殿的脊兽》游戏中，用户可以在拖动神兽并为其排序的过程中，了解故宫太和殿屋脊上神兽的名称与排列顺序；在《皇子的课表》中，用户可以为皇子排课表，从而了解古代皇子的生活作息与学习内容。文旅体验的模式创新打破了用户与文旅资源之间的认知壁垒，建立了二者间的经验关联，使文旅资源不再封闭于庙堂之中，而是作为互动对象，使用户在富有个性化与创新性的交互体验中加深对文旅内容的认识与理解。

（三）空间拓展：结合生活场景

拓展文化旅游资源的影响力，一方面在于提升文旅产业自身的发展质量；另一方面在于推动文旅资源融入用户更为广阔的生活空间，实现文旅传播的场景跨越，从而不断激发文旅资源的价值与活力。

第一，文旅资源的场景延伸在教育领域有突出体现。2020年，教育部、国家文物局联合印发《关于利用博物馆资源开展中小学教育教学的意见》，对中小学利用博物馆资源开展教育教学提出明确指导意见，进一步健全博物馆与中小学合作机制，促进博物馆资源融入教育体系，提升中小学生利用博物馆学习的效果，强调要精心设计博物馆的教育内容，经常组织开展参与面广、实践性强的展示教育活动；要开发博物馆系列活动课程，结合中小学生认知规律和学校教育教学需要，充分挖掘博物馆资源，研究开发自然类、历史类、科技类等系列活动课程；要加强博物馆网络教育资源建设，利用现代信息技术建立本区域网上博物馆资源平台和博物馆青少年教育资源库，促进与中小学网络教育资源对接。如故宫博物院设有教育中心，面向全社会开放，举办针对各年龄段公众的文化课程和教育活动，举行讲座，举办培训，利用丰富的教育资源，让故宫教育惠及更多社会人群。苏州博物馆也推出了一系列文博讲座、教育活动与学院讲座等，向青少年与爱好者传播历史文化知识。

第二，文旅资源影响力的延展在于其对日常生活场景的嵌入。陕西历史博物馆在这一方面进行了丰富的实践。2019年4月，陕西历史博物馆和长安通集团共同推出皇后之玺公交卡，其中的"唐妞"元素异形卡和"皇后之玺"立体卡大受年轻人欢迎，一经推出便爆红网络。此后，陕西历史博物馆联合天猫新文创的全国首家线下实体店进驻大唐不夜城步行街，让博物馆走进公众生活。旗下原创IP"唐妞"与流量茶饮品牌奈雪的茶进行石榴系列合作，让年轻人在奶茶消费的过程中也能够感知唐文化的魅力。2019年10月，陕西历史博物馆与本土品牌"陕拾叁"合作，共同推出国宝味道主题文创之虎虎生风虎符饼干，将"杜虎符"化身为虎符饼干。从反响平平到获得 2019 年"优秀博物馆文创奖"，陕西历史博物馆的文创产业发展相对来说虽然起步较晚，但借助互联网平台，成功进行文创品牌重塑，从纪念品、授权形象店、流量品牌合作、文创美食开发等多领域入手，不断延伸陕西历史博物馆作为文化品牌的影响力与识别度。

（四）理念更新：培育数据思维

伴随数字化进程的深入发展，数据逐渐成为信息社会最为宝贵的资源。2016 年 3 月，国家"十三五"规划纲要提出，实施国家大数据战略，加快推动数据资源共享开放和开发应用；2019 年 10 月，中共十九届四中全会上，中央首次明确"数据"可作为生产要素由市场评价贡献，按贡献参与分配；2020 年 4 月，中共中央、国务院印发《关于构建更加完善的要素市场化配置体制机制的意见》，将"数据"与土地、劳动力、资本、技术等传统要素并列，提出从推进政府数据开放共享、提升社会数据资源价值、加强数据资源整合和安全保护三方面加快培育数据要素市场。"开放"作为一种新型传播机制，强调获取统一标准、统一结构、可被机读的原始数据，从而进行个性化分析与再使用，最终实现数据资源的增值。数据开放既是数字经济发展的命脉所在，也是互联网开放共享、互联互通的必然要求。因此，文旅行业亟须认识数据价值，培育数据思维，顺应数字经济的发展趋势，把握文旅行业的发展机遇。

加快文旅产业生产要素的数据化，进一步提升数据价值，主要有如下发力点：精准研判文旅消费特征、结构和习惯，大力培育文旅消费在线平台，推动文旅与相关产业深度黏合、融合发展；运用新科技手段培育文旅消费形态，拓展消费链条，畅通消费渠道；在信息技术广泛应用和文化旅游融合发展的双背景下，深度解析文化旅游行业需求，融合运营商、消费、交通、旅游监管、OTA、12301 投诉、网络舆情等多源产业数据，经过成熟的数据分析及模型处理，将行业动态、产业监测、游客大数据关联海量数据维度进行可视化展示，并形成城市旅游指数评估体系，为各级文旅管理部门的日常管理、产业监测、应急指挥、营销推广及文旅服务提供支持；通过对全域文旅产业资源、交通状况、全网旅游线路的洞察，实现区域文旅基础资源及公共服务资源的监测，从数据侧推进全域文旅产业有效发展。

三、文化资源的故事重构

提升文旅资源的社会影响力和受众接受度，关键在于发掘文旅故事，优化文旅叙事，根据受众心理调适传播策略，提升文旅资源的传播效果。这一目标的实现有赖于传播思维的转变，需要文旅机构跳出传统、单向的展陈与宣教语态和思维，重构文旅资源的媒介叙事。文旅资源的故事重构涉及故事与叙事两个核心要素：故事是一个事件或一系列事件，而叙事是对事件的表述或话语性再现，或是对故事的媒体化、符号化的表述。叙事是一种交流行为，其根本目的在于向读者传递故事及意义。也就是说，故事是传播的基础单元，叙事是再现的创意方法。以文旅资源传播的效果优化为总体目标，文化资源的故事重构主要分为如下三个维度，以推动故事与叙事实现功能整合：一是从内容层面发掘文旅故事，打造高识别度的文化符号；二是从呈现层面构建文化叙事，创新传播理念与思维；三是以主体层面激发多元参与，推动文旅故事的意义共建。

（一）系统建构：打造系列化文化符号

推动文化资源的创意化创作，其基础在于发掘易于传播的文化故事，打造清晰可见的文化符号，使文旅资源与受众的内容消费偏好、情感需求、生活体验与文化品位产生全方位关联，从而提升文旅资源的识别度、可见度与传播力。有学者运用"媒体朝圣"理论阐释当前文旅消费的新趋势。在这一理论视野中，媒体朝圣意味着一种象征性旅行，人们在朝圣过程中怀有极大的敬意和充分的参与感，朝圣作为一种旅游经验改变了人们的旅行方式、地点和诉求，旅行更多地成为一种追求象征性意义的活动，成为追求媒体世界与普通世界之间的边界跨越与双向奔赴，而非如传统旅游经验一般对景观的"真实"和"差异"抱有绝对的期待[①]。因此，拓展文旅资源的再现空间与文化意义成为当下提升文旅资源吸引力的重要突破口。

---

① 蒋晓丽，郭旭东.媒体朝圣与空间芭蕾："网红目的地"的文化形成［J］.现代传播（中国传媒大学学报），2020，42（10）：12-17.

>> 第二章 旅游文化资源的创造性转化 <<

当前，越来越多的旅游目的地与文旅场所通过挖掘文旅资源的文化故事与象征意义，提升自身的吸引力与影响力，成功转型为"网红城市"与"网红打卡地"。这一目标的实现一方面在于对高识别度文化符号的全面提炼，包括历史、文化、自然、美食、民俗、方言等物质性或非物质性元素；另一方面在于对现有文化资源的意义赋予。例如，在成都宽窄巷子的相关媒介表达中，传递着老成都的古朴与闲适及当代成都的活力与时尚；在场所固有景观、功能与内涵的基础上，着重突出其独特的文化气质与审美意义。

伴随着新媒体赋权下各参与主体能动性与影响力的重新分配，发掘文化故事、打造文化符号不仅包括对现有资源的包装和转化，还包括对潜在传播动能的广泛激活。2020年11月，四川少年丁真凭借其独特的康巴气质与阳光淳朴的微笑在短视频社交平台一炮走红。随后，甘孜文旅抓住传播时机，与时差岛合作拍摄了旅游宣传片《丁真的世界》，以丁真的视角将其家乡甘孜理塘的壮美风光与特色文化再次推向网友的注意力中心。丁真已与四川省甘孜理塘县文旅体投资发展有限公司签约，正式成为理塘的旅游形象代言人，有序开展各项理塘文旅传播活动。丁真走红当月，理塘在携程平台热度大涨，搜索量猛增620%，四川甘孜地区酒店预订量较上年同期增长89%。由此可见，文化持有及关联主体转变为旅游形象大使在新媒体语境下已成为助推文旅传播的全新引擎。这类形象大使能够体现地域特色，表达当地发展历程、人文资源和特色技艺，对地域文化怀有浓厚情感，在文旅传播中更具亲和力与说服力。这类形象大使可以是地域内政府官员、人民教师、农民群体，也可以是参与地域建设的企事业单位。他们以自媒体手段推介地域文化、自然风光和民风民俗，参加各级各类宣传活动，不仅可以将地域内有限资源高度整合利用，亦可成为与OTA（在线旅行社）协调发展的强力支撑[①]。

（二）话语转型：注重叙事的创意驱动

提升现有文旅资源的吸引力与宣传的有效性，需要根据当前互联网用户的内容消费偏好创新呈现手段与叙事策略，从而提升文化资源的渗透能力。创新文化叙事主要有如下两大着力点。

---

① 刘洋，肖远平.数字文旅产业的逻辑与转型——来自贵州的经验与启示[J].理论月刊，2020（4）：104-110.

其一是在新媒体语境中实现文旅传播从宣教语态到对话语态的融合、过渡与转型，通过传播理念的更新提升用户对内容的新鲜感与接受度。语态的转型并非意味着严肃知识与深度内容的消弭，而是为其匹配适宜的表达方式与富有吸引力的用户入口。2019年，台北故宫博物院携手奥美推出形象宣传片《未来，不期而遇》，通过讲述36岁的故宫爱好者、26岁不太爱逛博物馆的嘻哈少女、7岁的小男孩、37岁的主妇、恋爱中的情侣、48岁的清洁工、72岁眼睛看不见的老人和数个月龄的婴儿等普通人与故宫文物的趣味互动，一扫文化传播严肃枯燥的刻板印象，既在生动的故事情节中实现了文物的展示与知识的科普，又拉近了博物馆与多年龄层目标受众间的距离，引发了广泛的情感共鸣（图2-5）。

图2-5 台北故宫博物院宣传片《未来，不期而遇》

（图片来源：《未来，不期而遇》节目截图）

其二是根据时代特征与社会文化心理选择适宜的传播内容与传播方式，实现文化资源与用户生活体验、情感经验的深度勾连，提升历史文化资源的现实意义并拓展其应用场景。以故宫文创推出的"雍正帝御批系列"书签为例，这一系列书签包括"立志做一人物""莫移初心""凡事勤学多问""他人是倚仗不得的""朕笑而览之"5句御批，文案元素来源于雍正帝的御批奏折资料。用户在线上购买过程中，就可以了解与雍正相关的历史知识与御批背景和出处。商品介绍了雍正皇帝是中国历史上勤奋、有作为的君王之一，每天睡眠时间不超过4小时，只有过生日那天才给自己放一天假。现存档案表明，他光是在奏折上就批了1000多万字，是全部《资治通鉴》字数的3倍还多。在详细的商品展示中，用户还可以在相对完整的原文与语境中，洞见和领悟雍正皇帝的政治思想观念。这一传播实践一方面实现了创新性的文化传播，使受众在消费过程中对雍正皇帝这一历史人物产生更为立体、鲜活的认识；另一方面构建了历史文化与日常生活的紧密关联。运用于学习场景中的书签及"立志做一人物""莫移初心"等观念，都与当下用户的生活场景与积极进取的文化心理高度契合，从而实现了文化资源意义与价值的跨时空延续。

（三）激活参与：推动多主体意义共建

在当前的互联网语境下，文化传播的参与主体日渐丰富和多元，官方文旅机构不再是文旅故事的唯一讲述者与建构者，无论是来自外部媒介产业的专业化传播力量，还是来自分布广泛的普通用户的内容分享，文旅资源的多主体意义共建都为文旅传播的影响力延展提供了全新的机遇。

近年来，无论是影视剧集还是综艺节目，蓬勃发展的影视文化产业与专业化、强影响力的传播力量为文旅资源开辟了辐射范围广泛的传播渠道。2021年，伴随着电视剧《山海情》的热播，该剧的拍摄地闽宁镇在春节假期吸引了不少市民及游客慕名前来，他们到闽宁镇打卡拍照，感受当地的风土人情，使"山海情"IP成了盘活闽宁镇全域旅游资源的关键起点。大型室外生活体验类综艺节目《向往的生活》，更是先后盘活了北京密云、浙江桐庐、湘西翁草村、云南西双版纳等多地的乡村旅游。专业化的媒体力量发挥大众传播优势，使文旅资源的传播范围得到了大规模拓展。

此外，普通用户与其中的关键意见领袖（KOL）也在文旅传播中成为重要角色。当前，受众对于文旅资源的认知不仅来源于专业媒体自上而下的宣传，还来源于普通用户的评价呈现与经验分享。新媒体技术将互联网用户转变为文旅传播内容的产消者，他们一方面积极消费文旅资源，另一方面又在媒介表达中进行相关内容的生产与再生产。这类主体与潜在受众同属文旅资源消费者角色，因此，其发布的相关内容与观点往往更加具备真实感与可信度。无论是社交媒体中文旅体验的呈现与分享、爱好者对文旅资源的阐释与推荐，还是旅行或电商平台中的文旅产品评价，这些都成为文旅资源整体形象的重要组成部分。文旅传播的主体边界与内容边界不断"液化"消失，文旅资源的意义正在由多元化主体共同建构和丰富。

第三节　旅游文化产品的系统化开发

一、景区形象系统设计

宏观理解中的景区旅游形象是指游客在游览过程中对景区在视觉上、体验上进行整体感知，从而对景区形象形成的印象。这一印象的感知来源包括特色鲜明的景区环境、主题定位、视觉形象、文创产品、空间构造，游客对地域民俗文化、当地人文历史的感知等多种因素。这些内容统一构成了景区的形象塑造。景区形象系统不仅局限于景区本身携带的多元化现实内容，也包括一定的认知与情感反馈。

景区形象系统的内容目前主要被划分为两个板块。一个是理念形象，另一个是视觉形象，这两者共同构成了旅游景区形象系统的内部层次。理念形象也可以被理解为游客接收大众媒体在传播领域塑造形成的信息概念，其内容来源包括新闻、书籍、电影等大众媒体渠道。游客对于旅游景区的形象感知存在先行性，有"未至其地先闻其名"的意味。美国学者格拉汉姆·丹（Graham M. S. Dann）认为在现代或后现代社会中，将旅游者送往旅游目的地国家或城市的并非高效便捷的交通工具，而是信息传播中的语法文本和视觉符号。在以符号学和视觉消费为主的后现代旅游样态中，旅游目的地形象也在信息技术和自媒体的发展下走向官方叙事和个人书写的融合[1]。这就要求景区对自身有明确的定位并提炼出极强的文化精神核心，使理念形象具备一定的感染能力与宣传能力。在理念形象已经为游客筑下一定的形象基础后，视觉形象就成为游客真实到场后的首要影响因素。视觉形象是游客对景区产生第一印象的关键，也是景区形象系统中最具有感染力、传播力的部分，其指代景区的整体视觉因素，包括生态环境与基础设施的板块建设效果、景区视觉标识导览与特色建筑群设计等，其要求各部分的设计从文化、功能和审美三个角度出发进行解读。

景区环境板块的设计需要依附于景区自身携带的丰富资源，这一设计更

---

[1] Graham M. S. Dann. "The Language of Tourism: A Sociolinguistic Perspective" [J]. *Journal of the Royal Anthropological Institute*，1998，4（3）：562-563.

>> 第二章 旅游文化资源的创造性转化 <<

多地体现在以生态、历史属性为主的景区，通过对其已有的资源基础进行改造优化，在自然及历史遗留下的现存建筑、景物等模块部分进行重新规划，同时选择符合人体习惯的景区内容规划与路线设置，其旅游路线要展示核心景观，要抓准景区的基础条件、自然风光、地貌特点、历史文化资源等因素，充分调动景区活力。在此基础上，重视景区基础设施的建设，包括游客中心、停车场等设施，基础设施不仅要起到其功能性作用，在艺术审美上也要有一定的体现。根据景区的文化风格建设，避免将非景区文化的元素堆砌在建筑上，造成不伦不类的感觉。除了基础设施建设，景区的特色建筑群也有一定的人工打造的成分，除却景区本身携带的传统建筑群，人工打造的建筑群则需把握文化特色的彰显原则，通过提炼景区中最具特色的文化元素和文化特征，传达景区的主题意境。广东清远的4A级景区"故乡里"为还原明清时期祖辈们的生活场景，人工打造了具有岭南风味的建筑群，虽然景区内的部分建筑为人工建造，但很多建筑都是将原址搬迁于此，人工修筑的材料则选取历史悠久古镇遗留下的古材料。这些人工建造的建筑群仍采用了传统的岭南建筑风格，还原岭南文化熏陶下的居民建筑楼、祠堂庙宇、亭台楼阁等建筑的魅力，虽然不能像周庄那样完全呈现江南风貌，却独具岭南水乡风味，与景区的文化内涵完美契合。

美国学者凯文·林奇（Kevin Lynch）在《城市意象》中分析了用户的心理地图，认为城市由五大意象要素统一成整体：路径、边界、区域、节点和地标[1]。他强调城市结构和环境的可识别性及可意象性，这一点与景区形象系统视觉识别设计的指向也存在一致性。视觉识别导览设计包含景区的Logo、地图导览宣传设计、地标指示等内容，其彼此之间应存在强关联性，围绕统一的核心主视觉进行设计。Logo是景区视觉识别系统的核心，要集中体现景区的地理、人文环境特征和地方文化，从Logo进而可以延伸到景区标识标牌和其他内容的设计。Logo作为总领整个景区形象的浓缩集合体，应做到吸收景区文化基因，成为具备多重意象因素的视觉形象设计。不可忽视的是，作为集合指示、宣传内容于一体的地图导览设计也是景区游览过程中必不可少的辅助内容，无论是景区标示牌上的地图，抑或是景区折页手册上的地图设计，都

---

[1] ［美］凯文·林奇.城市意象［M］.方益萍，何晓军，译.北京：华夏出版社，2001：1-9.

需展现出景区的文化内涵。在视觉识别内容的设计上,也要注重图形样式的趣味性、物质材料的独特性、展示方式的多样性,通过对旅游景区主题文化的把握,进而设计具有独特效果的导览内容。日本箱根的小王子博物馆将地图设计为花朵形态,就充分体现了图形样式与展示方式的新颖效果,其地图导览不仅展开时呈花朵状,折叠后更是呈现出玫瑰花的设计(图2-6)。这一设计不仅贴合小王子主题博物馆中玫瑰花的重要元素,也让游客在趣味性的驱使下体验到别样的审美效果,相比作为一张旅游地图,其更胜似一件精巧的艺术品。

图 2-6　日本箱根小王子博物馆地图导览

伴随着科技的进步,目前,实物地图导览的设计逐渐呈现出数字化的样态,在赛博空间的设计更突破了原有限制,呈现出更加多样的数字地图样态。众多景区均推出小程序、App 等线上地图,例如,乌镇与高德地图合作推出的"一键智慧游乌镇",就实现了线上地图的游览。未来,景区地图的设计也将突破更多现实可能。除却景区的地图宣传导览,景区的标示牌设计也同样在视觉上给予游客直观的感受。指示牌的配色、形状、材质等,均需与旅游文化景区呈现统一和谐的样态。偏向自然资源为主的景区可以在设计标示牌时采用木制材质等自然风格,文化类的景区则可以在设计上融入更多文化思考,但需注意在设计的同时也要注重功能性,为游客提供完善、清晰的导视指示是旅游景区标识导览系统的核心作用。

二、旅游文创产品开发

伴随信息技术的进一步发展,旅游文化产品不再局限于现实层面的设计开发，其表现形态与体验渠道也可在网络空间延展。当前，旅游文化产品衍化出线下文创产品与线上交互产品两种形态，线上交互产品不仅能辅助线下文创产品的内容传达，其数字化的相关形式也使旅游目的地的场景体验更加丰富。部分旅游文化产品开启了线上线下两端联动的方式，其产品可以通过App、扫码获取小程序、H5等传播样态，进一步完善旅游文化产品的使用效果，不仅搭建出产品完善的传播矩阵，同时也通过线上交互形式补充了旅游文化产品在线下无法表述展现的内容，使其更具完整性。这样做，不仅丰富了旅游文化产品的传播样式，也让用户在交互过程中更具参与感。例如，2020年腾讯与敦煌研究院合作一周年时推出的"敦煌诗巾"App。"敦煌诗巾"将敦煌本地最具代表性的图案进行提炼整合，组合了敦煌的8个主题元素与200多个敦煌壁画的细节元素，通过"敦煌诗巾"小程序的交互设计与DIY合成算法，让体验者可以自行设计图案；用户可以使用叠加、旋转、缩放等手段，定制设计并购买一块只属于自己的丝巾；在设计完成后，每款个性丝巾都将被纳入敦煌的数字博物馆，每一个使用、观览数字博物馆的用户都能看到他人的设计，并分享至自己的微信朋友圈等社交软件。小程序在网络空间构筑了一个让用户自我参与的场域，用户与旅游文化产品产生了对话，并让产品附带了个人化的创造性。在这个过程中，体验者既是创作者、生产者，也承担了消费者和传播者的角色，这样的互动方式让旅游文化产品与体验者间产生了情感联络，同时，体验者协同参与空间的设计也让敦煌品牌得到了充分的引流转化（图2-7）。

图2-7 "敦煌诗巾"小程序

（一）主题解构：提炼代表性文化符号

旅游文化产品在产品表意上是该旅游地区文化符号的高度凝练，是地域多种文化意象的耦合与复合。因此，在进行某一地域景区旅游文化产品的设计开发时，要首先对该地域的文化意象符号进行提取，对城市文化脉络中流淌的多元信息进行拆解与重构。目前，旅游文化产品市场中的大部分设计都囿于简单的具象元素拼贴，并没有对其地域符号进行深度分析，选用的文化载体只是对现有文化元素进行简单的复刻，其所使用的图形也趋向于扁平化、简单化的形象素材，对地域文化的理解大多流于表面。地域信息不立体、产品设计不巧妙，从而无法作为优质的文化产品为旅游地从情感上吸引与招徕顾客。针对这一问题，在设计前期层面首先需要对产品所属地域进行调研摸索，了解旅游地区场景乃至于城市、省市的内在历史文化，先解构再重构，将文化元素融入旅游文化产品的用途与使用场景中。旅游景区场景中的文化元素类型十分广泛，有美学元素、历史典故元素、文学作品元素、民族民俗元素、宗教元素和旅游体验元素等。这些元素在未经整合之前通常是分散且凌乱的，因此，如何抓取到区域文化中最具影响力又最显著的文化根基，成为设计文化产品的首要条件。

目前，我国旅游文化产品相较于旅游区的本体发展，存在着一定的滞后问题。例如，红色旅游文化区虽然承载着丰富的红色文化资源与精神内涵，却在旅游文化产品的表现上有所欠缺，通常只有红军卡通形象、伟人勋章等纪念品，对文化符号的提取略显单薄僵硬。针对这些问题，旅游设计产品在元素的构造上需要更有抽象思维，力求摸索红色文化的内在精神载体。中国传媒大学创新团队与八路军西安办事处纪念馆合作设计的八路系列旅游文化产品遵循文化符号的提取策略，从文化意象的角度出发，更系统地把握八路军文化的红色意涵，不仅结合了西安的地域特性，也整合了景区场景的各种符号语言。通过化用五星、小号等有特殊意义的元素，并凝聚纪念馆的景区内部构造与整体形象，从实用角度出发，设计出一套既具备审美优势，又体现红色文化继承的旅游文化产品。例如使用竹编材质、五角星元素的盐罐（图2-8），以及使用八路军枪械图谱的手机壳设计（图2-9），再现了八路军在历史过程中涉及的种种文化身影，这些符号设计更多地从八路军精神的根源出发，也活用了历史及纪念馆内部的现有素材。

图 2-8　旅游文化产品"竹编五星盐罐"产品效果图

图 2-9　旅游文化产品"八路军武器手机壳"产品效果图

放眼当下我国其他具备地域文化符号的旅游文化产品，也不乏融合地域文化元素的优秀成果。曾获 2016 年红点奖的"守候回声"茶具是南京地域性文创的代表作品（图 2-10），该作品登上了大型文博探索节目《国家宝藏》。作为以雨花茶闻名的城市，南京与茶文化有不解之缘。这套文化产品又以南京著名建筑大报恩寺琉璃塔为灵感来源，将南京城市记忆中的文化元素融合为一。明代初期，琉璃塔曾是南京最出众的地标，凡是经过长江水面的船只，都能看到琉璃塔高耸于金陵城中，塔角的风铃随风作响。该茶具的壶盖设计灵感则来源于宝塔上的飞檐意象，采用与琉璃塔横截面同样规整的八边形形状，表面使用与琉璃塔相近的"琉璃釉色",清新的颜色又与茶文化不谋而合。这一文化产品不仅汲取了南京古今的文化特色,也以极高的设计感得以窥见明朝鼎盛时所展现的繁荣,其名"回声"也印证了这一设计理念。与此同时,作为极具东方特色的文化产品,该设计也同时容纳了众多中国传统文化元素,采用了瓷器、漆器、石雕、木作等多种非遗手工艺,不仅体现了南京城市的文化特色,也展现了十足的中国文化气息。这两例旅游文化产品均从景区的多重历史文化角度出发,不仅对地域、场景中浓重的文化符号进行提炼,同时也能糅合激发文化符号魅力的其他创意元素;既解读了文化符号的多种具象化可能,又重新塑造了与旅游文化产品外观用途相契合的新型复合文化符号,并使之完整再现。这也不断启示着旅游文化产品的设计者,要明晰其产品所携带的文化功能,通过将传统的地域文化符号融入旅游文化产品,并根据产品本身不同的使用功能或使用场景来展现一定的文化色彩,从而赋予旅游文化产品更多的文化寓意和内涵。

图 2-10　旅游文化产品"守候回声"茶具

(二)文化再现:围绕 IP 进行创意组合

随着文旅融合步伐的加快,文化 IP 在产业飞速发展的过程中扩展到各行各业,对旅游业产生了巨大影响。在核心目的上,旅游文化产品所要表述的是其文化产品背后的文化属性。通过产品传递文化故事,提升文化魅力与价值,这与文化 IP 的核心是统一的,都强调了自身的文化性。近年来,文化 IP 在文旅领域大放异彩，基于地域与文化历史特质的 IP 设计不仅与旅游文化产品取得双赢效果，更能通过其极强的传播能力对旅游文化产品乃至旅游目的地产生反作用力，为其母体吸引大量热度。借助大热的 IP 效应设计文创旅游产品是当代旅游市场面临的一大机遇，优质的 IP 会激发出好的设计，优秀的设计会打动消费者，吸引更多的游客来消费，从而实现文化与经济的共荣[1]。在 IP 热的背景环境下，旅游文化产品亟待推陈出新，把现有的文化资源 IP 化，形成一个可传播、可认知的形象或体验。在与 IP 的融合过程中续写地域文化的生命力，这也不断要求旅游文化产品在设计中通过材质、配色、图像等方式再现 IP 的文化元素。

（三）体验营造：注重故事的情感价值

旅游文化产品作为一种文化表意的载体，要能与受众产生一定的情感互动，用户在选择这一产品时也是基于一种情感寄托和体验。只有满足游客的情感期待，才能产生亲近感，让旅游文化产品附加一定的情感属性，从而驱动游客的情感体验与购买欲望。满足这一属性的核心就是塑造具有一定故事性的产品内容，无论是从品牌、外形还是体验情境，只有围绕一定的故事和价值观核心，由内而外地开发旅游文化产品，与游客产生情感共鸣，才能延续其文化的生命力量。而基于游客情感故事内容的插入编织，也可以从情感化设计的层面进行。通过情感化设计的理论脉络梳理中看，美国认知心理学家、设计工程师唐纳德·诺曼（Donald A.Norman）指出，情感化设计是以满足消费者的情感与精神需求为目的的，同时提出情感化设计的三层次理论，分别为本能层次、行为层次、反思层次[2]。

这其中，本能层次最为直观，也是最容易被游客注意到的层面，本能层面也可以指代旅游文化产品的外形为受众带来的情感需求。在这一层面满足产品的故事性，就要通过其外形设计来进行叙事构造。外形中的故事性体现要求设计者把握好产品用途及系列产品间的层次管理，通过旅游文化产品的造型变化或者套系产品间的组合搭配关系来表现产品、讲述产品，其造型的本源则可以来源于文化

---

[1] 于丽娜，钟蕾.IP 时代下的文创旅游产品设计研究［J］.包装工程，2020，41（18）：306-312.

[2] ［美］唐纳德·诺曼.情感化设计［M］.付秋芳，程进三，译.北京：电子工业出版社，2005：44.

的具象或抽象表达，与此同时，色彩、材质的设计选择同样有助于故事的编排。

行为层次更加关注旅游文化产品的用途，包括其产品的实用性与交互性，这一层面的故事性体现则可以从产品的使用场景出发，让产品既拥有使用价值，还能让使用者在使用的过程中获取情感反馈。目前的旅游文化产品在这一层面还需进一步提升。当前，大多数产品华而不实，观赏性与收藏价值比实用性更高，让原本可以与受众产生深切互动的旅游文化产品被束之高阁。设计师邱丰顺曾为台北故宫博物院设计了一款旅游文化产品，取材于衙门公堂两侧写着"回避""肃静"的牌匾。他将该图案结合剪纸镂空设计制作成苍蝇拍，一方面用苍蝇拍这一日常生活中随处可见的用品让我们回忆起这一消失在记忆中的文化场景，使用时又仿佛是在警告苍蝇"回避""肃静"，让我们在消灭苍蝇时变得先礼后兵，这其中也寓含了几分佛教不杀生的深沉文化意味。这一旅游文化产品不仅具备十足的实用性能，而且让受众在使用时获得一种趣味十足的故事演绎，回应了受众内心深处的情感。

在反思层次上，要求受众能够通过产品获得表达个性、体现自我价值的需求，并且产生一定的情感共鸣。在这一层次中，旅游文化产品的故事性表意需要被赋予更鲜活的情感来源，这种情绪可以来源于强大的品牌形象与IP魅力。风靡全球的著名吉祥物熊本熊是熊本县的代表形象，拉动了整个熊本县的旅游资源。这一形象深入人心的原因不仅在于萌化的外表设计，更在于该形象被赋予的故事性与情感性格。熊本熊的设定是一名公务员，担任了熊本县的营业部长兼幸福部长，每天为熊本县人民的幸福努力地经营着自己的日常生活。这一普通的身份也更引起了大众的共鸣，让熊本熊的故事性元素得到了充分的认可，也唤起了受众的亲近感。通过基于情感化设计的故事性体现，旅游文化产品能够更加系统、清晰地表达其文化内涵与属性，也让其产品的体验效果有了更深入的情感互动性。

（四）传播效用：实用物作为传播载体

在互联网时代，跨界、交互、融合等特质促使文化经济迅速扩张。文化创意的附加使实用性商品具有了成为"网红"的可能性。流行是一种自发的传播行为。青年人崇尚个性，兴趣广泛，乐于尝试新事物，一向是文创产品的消费主力，也是时尚传播的主要参与者。近年来，越来越多的产品将中国传统文化元素纳入设计。这让有选择性的文化消费成为现代趋势极强的消费风向。① 商品在传播中的文化属性，也逐渐成为商品附加值的重要体现，并在一定程度上对商品价格产生影响。如今，手机被认为是人的一个"遥感器官"，手机壳也成为文化传播的一大实体媒介，更成为时尚传播的一个重要产品样态。基于空间物理特性的空间认知与基于文化归属感的情感认知互相补充，构成了文创产品的两个位面的互动。2020年，西安广播电视台为西安5个景点打造了124款原创手机壳。以手机壳作为文化传播的实体媒介，将西安各景区的传统文化和区域文化承载其中。通过游客的购买和使用，实现文化传播，取得了很好的效果（图2-11）。在人际交往中，用户能够借用手机壳内部的文字提示，对手机壳外部西安的文化创意符号进行介绍，以实现西安文化的场景化传播。此外，通过变换颜色和基本样式，手机壳以系列化的形式呈现，游客在使用过程中可将其作为时尚穿搭的一部分，与当天的全身着装相搭配，使其成为时尚传播的要素之一。

唐代女俑

图2-11 西安文化风韵时尚手机壳（唐仕女款）

---

① 曾璐璐等.浅谈基于时尚传播学的现代卷烟包装设计［J］.戏剧之家，2020（23）：161.

此外，团队选取高销量手机壳的纹样元素进行文创，包括西安的兵马俑、唐仕女、人面鱼纹等，进行进一步的设计与衍生，并与现代化的卡通形象、线描形象、波普艺术、抽象艺术等形式融合，拉近了传统文化与消费者的距离。文创产品共包含了11个系列，其中包含以功能场景为主题的文创系列，如包含车载手机架、车载水杯、车载纸巾盒等在内的车载文创系列，以及以图样创意为主题的文创系列，如包含大小钟表、大小马克杯在内的四象秘色瓷系列。文创产品在设计过程中兼顾实用性与美观性，产品的销售不仅可以推动西安文化的对外传播，同时还促使当地旅游文化价值向经济价值的转化。

三、文旅产品科技赋能

（一）设计赋能：数字技术创新交互渠道

伴随着数字技术与信息水平的进步，旅游文化产品在设计层面不断突破现实与平面的藩篱。借助计算机技术设计手段的进步，文创产品在交互方式与交互场合上也有颠覆性的变化，通过高科技交互手段与产品结合，让旅游文化产品呈现更智能的使用方式和体验感受。在交互方式上，智能化设计逐渐参与旅游文化产品的呈现，例如，北京信息科技大学李利苹团队将智能硬件用于东巴传统文化的旅游文化产品设计中，依据根植于东巴传统文化的代表——八格图设计开发的一款钟表。使用者一靠近钟表，中间的指针就开始转动，用户一离开，指针则停止转动，而指针的转动与否并不影响时间的正常显示。这一旅游文化产品的设计借助智能产品的技术植入，让使用者在富有趣味性的交互行为中了解东巴文化，可谓是利用科技能力为产品的交互设计塑造了更多空间。而在交互场合领域中，AI、VR、AR、MR等技术也逐渐进入大众视野，人工智能、增强现实、虚拟现实与混合现实技术逐步参与旅游文化产品的体验设计。

目前，VR、AR等相关技术已在博物馆及数字美术馆等场所得到一定程度的应用，其中多用于观众对旅游文化产品的多元体验。通过VR、AR、CG等数字技术来承载互动内容的旅游文化产品，产生了人与产品、人与场景的多重交互，令体验者能够全神贯注于产品的体验过程，并从中体会科技与文化艺术产品结合的妙处。目前，实现这一体验需要综合多种设计考虑，包括场景、动态、感官等交互元素，而随着技术的不断成熟，未来旅游文化产品的数字化体验将逐步实现，令用户有更优的沉浸式体验场所与感受。三维化、真实化的空间效果重现了人眼难以观察到的透视细节，而产品多种形态的动态变化也影响着体验者的感受。除了 VR、AR 等数字技术，红外识别、体感摄影机、多媒体影像等技术系统也通过创新体感交互的方式，在感官上颠覆了大众对传统旅游文化产品的固有印象，为产品的体验渠道增添了更多不同于接触传统产品的感受，而这种多元集合形成的装置艺术体验空间，也为旅游文化产品的使用体验提供了更高级的审美效果。文化产品的装置艺术体验空间就是场地、材料、情感、文创、科技的综合线下展示传播推广艺术，要求展陈空间设计、大数据分析、动能机械装置、体感雷达互动技术等多种技术相结合[1]。例如，日本东京一家香味设计店就采用了装置艺术体验空间，在满足充分的交互步骤的前提下，通过信息采集，根据年龄、性别、习惯等信息分析游客的喜好，为游客量身定制属于他们自己的香气扇子等产品。一方面，技术的发展不断更新着交互方式与交互场域，另一方面，这种感官的新体验也给予旅游文化产品更活跃的传播链条。目前，数字化的文化产品也逐渐参与到文旅融合的过程中，依靠技术的进步，旅游文化产品不断革新着自身形态，逐渐摒弃传统扁平化的发展模式，向线上、视听等领域寻求更多支点，在旅游文化领域寻找更多原本难以实现的可能。未来，科技赋能旅游文化产品设计环节的部分将面临更广大的发展空间，伴随文化与科技的深度融合，旅游文化产品也向数字化、智能化和多元化趋势不断发展。

（二）生产赋能："科技＋文创"流程优化

旅游文化产品的开发制作会涉及各种材料，如皮革、金属、塑料、玻璃、布纺等，不同的制作材料能带给人不同的体验感受，但越复杂的材质其工序也越复杂，对产品制作的精细程度要求也更高，并且伴随着一定的风险。不过，随着科技的进步，旅游文化产品在制作环节中逐渐发掘了更多可能，例如，3D 打印技术逐渐被运用在旅游文化产品领域。3D 打印是一种通过数字模

---

[1] 鲁睿. 文创产品的数字化呈现与品牌传播推广浅析［J］. 出版广角，2020（13）：92-94.

型文件作为基础运作条件，采用塑料或粉状金属等可黏合材料，逐层将物体形状进行构造的高科技手段。当大多数文创被桎梏在效果图的平面之中时，通过数码技术与 3D 打印能将虚拟产品高效迅速地转化为可触、可感的实物，其材质的高可控性也让旅游文化产品的设计者有了更多遐想与发挥的空间，而这一技术也更拓宽了文化产品的边界线，实现了更多原材质无法达到的产品效果，因此，产品的立体感与高转化率促进旅游文化产品的进步。

在旅游文化产品延伸出的艺术设计应用领域，不管是一件大型作品、小样案例，还是对已有工艺品进行复制衍生与开发，抑或是不同文化领域间的跨界合作、传统的非物质文化遗产文化及其工艺美术的推陈出新等，3D 打印都带给旅游文化产品设计者充分的想象空间与更大的创作可能。在旅游文化产品设计领域，3D 打印技术逐渐成为先进创意的实现工具。3D 打印与旅游文创产品结合，可以在设计环节从一个全新的角度去塑造设计逻辑，在个性化定制的场景中，3D 打印也能充分利用其技术的特殊性拓展更多的产品形态。随着 3D 打印技术的不断成长，其所用耗材将不局限于专用材料，陶瓷等更多具有延展空间的材料基础也适宜于 3D 打印技术，可以预见，未来，3D 打印技术将为文化艺术遗产、创意产品等领域带来翻天覆地的变化。在制作领域之外，3D 打印技术也致力于文物修复。通过 3D 扫描，可以为古老的文物和艺术品建立永久的数字档案，并用来精准修复文物。这一技术不仅保护了文化遗产，也让文化遗产发展的基础得以数字化、永存化。除了 3D 打印技术，科技赋能也让更多原本难以实现的材质与制作过程变得更加现实，这一点也让许多处于流失状态的非遗手工艺恢复了生命活力。通过机器进行塑造、编织等，不仅生动地保留了其技艺的精美，也让文化魅力得以保留。未来，科技与文化创意的结合将最大限度地驱动旅游文化产品行业的发展，也让无数文化产品在制作中实现更多的可能性。

（三）传播赋能：跨屏传播激发文化活力

目前，5G 技术与信息技术的高速发展让网络空间的传播效能得到了极大的提升，旅游文化产品的传播互动也在网络空间中有了新型的存在形态。针对旅游文化产品内容的传播，随着媒体技术的发展，媒介融合已成为当下信息生产与传播过程中不可逆的趋势，而 5G 的出现又进一步加快了媒介融合的速度，媒体生态环境的变化也让旅游文化产品的传播面临着新的机遇与挑战。未来，旅游文化产品应该重新思考线上线下内容的协同配合，通过跨屏传播与媒介空间的协同构造来激发文化魅力。

通过大屏小屏间的内容联动，传统媒体与新媒体间彼此产生驱动性，可带动旅游文化的发展，塑造出更完整的产品形象与传播链条。跨屏传播与旅游文化产品相结合已有先例。2018年，故宫博物院以出品方的身份，联合北京电视台推出文化节目《上新了·故宫》，整套节目主要分为两大部分：第一部分为文化探索，由两位嘉宾跟随专家进宫识宝，欣赏体验故宫精美的珍贵文物和深厚的历史文化；第二部分则是文创运营，文创运营部分的环节设置为节目联手设计师设计一个能引领热潮的文化创意衍生品，其旅游文化产品均是基于故宫内部的传统文化及留存的文物形态进行创意开发。按照节目设计预期，如果播出后该期节目在24小时之内点赞达到300万，则代表上新成功。此外，每期节目中的文创新品都及时在网上限量预售，极大地激发了用户的参与热情。这一跨屏传播的新颖设计同时融合了综艺、文创与众筹等多种形态，也重新思考了旅游文化的融媒表达。该方式不仅实现了媒介两端的联动，调动了用户的接收视角，也重新擦亮了旅游目的地的文化魅力，将故宫这个有着600年历史的厚重文化宝藏IP深度打开。除了综艺节目的新型跨屏体现，"云旅游"、数字旅游导览、数字博物馆等数字化形态也逐渐参与到文化旅游传播的赋能场域中，通过公众号、手机App等软件的数字导览，体现文化旅游地的历史人文情感。数字旅游导览的交互与智能服务也创造了更多元化的传播场景，为文化旅游地吸纳更多的潜在游客，通过信息空间的强大传播力，为文化旅游地注入新鲜活力。

第四节　给抚州文旅资源创造性转化的建议

目前，抚州产业要素仍然不够完善，文化和旅游产业融合程度较低，仍然以各县区的5A级景区景点为主要传统产业要素，且旅游餐饮、旅游住宿、旅游购物、旅行社、旅游交通等整体配套水平偏低。同时，旅游业与其他产业的融合度较低，旅游产业链的横向、纵向、数字化构建不够完整。因此，本文从抚州横向产业文化化、龙头产业旅游化、实体产业数字化的角度提出建议如下。

一、抚州横向产业文化化

抚州的多个横向产业，如中医药业、生态林业、教育业，都有极强的文化潜力亟待开发。以中医药业为例，从药学源头来看，我国中医药文化的重要组成部分"盱江医学"是古代四大地方医学流派之一，古往今来，名医辈出，医著宏富，医学繁盛，形成了一枝独秀的地方医学群体和以南宋陈自明、元代危亦林等为代表的名医圈，成为江西古代医学兴盛的标志；从名医精神来看，江西古代十大名医中仅盱江一派就有陈自明、危亦林、龚廷贤、李梴、龚居中、喻嘉言、黄宫绣、谢映庐8位，并且都是"不为良相，便为良医"的儒医兼通人才，具有救世济民的广大胸怀，值得后人敬仰学习；从制药基础来看，抚州建昌帮药业是我国南方古药帮和中药炮制的重要流派之一，与"樟树帮"合称为江西帮，为全国13个大药帮之一，至今已形成中医药种植基地、产业园、交易中心等中医药全产业链集群。因此，从中医药文化开发的角度来看，中医药主题公园、中医药博物馆、中医药主题酒店、热敏灸小镇、药膳餐馆、中药观赏园、中药采摘园、康复治疗、养生保健、美容养颜、慢病疗养、养生度假等中医药康养旅游产品都应成为重点建设的对象。

抚州拥有国家级、省级自然保护区4个，国家级、省级森林公园6个，如千金陂、古樟林风景区、金竹飞瀑景区、南丰橘文化旅游产业聚集区、中国莲花景区、军峰山景区、崇仁源野山庄、御龙湾国际旅游度假区、相山风景名胜区、太极岩风景区和临川温泉景区等均具有丰富的生态文化资源。因此，林业的文化开发应积极响应碳达峰、碳中和的承诺，将山水林田草作为一个生命共同体进行统一保护，构建涵盖"山水林田"多要素的绿地系统，通过借助分质供水、太阳能利用、雨水综合管理等高新生态技术实现节能减排，吸引更多游客前往山林间呼吸清新空气，领略文化之美。

自古以来，抚州教育业非常发达，从流坑古村、浒湾书铺街、临川状元楼到临川一中，历朝历代的抚州籍才子都在当地的书院留下了宝贵的文化遗产。因此，对教育业的文化开发应集全市之力做精做透流坑古村、浒湾书铺街和临川教育行三大精品项目，形成示范效应；充分发挥"才子之乡行"国字号研学品牌效应，打造一批研学旅行基地、研学旅行线路、研学旅游节庆赛事活动等，构建完善的"教育+旅游"产品体系；重点发展流坑古村、浒湾书铺街、临川教育行等代表性项目。将抚州籍名人的游学传统融入素质教育之中，与全国各地优秀大中小学联合举办"全国学子暑期乐游江西"活动，承办各级文化赛事、夏令营、冬令营等，让青少年在古街区、书院、名人故居中接受传统文化的熏陶和儒家文化的滋养。

二、抚州龙头产业旅游化

抚州的龙头产业非农业莫属，抚州的绿色食品、有机食品非常丰富，已成为全国区域性优质绿色农产品的生产供应基地。南丰、广昌、崇仁、临川、资溪、东乡、黎川等县（区）分别被国家有关部委命名为中国蜜橘之乡、白莲之乡、麻鸡之乡、西瓜之乡、面包之乡、生猪之乡和香榧之乡，可见其农业实力之强。

因此，抚州农业的后台——"种植业"旅游开发应以南丰蜜橘、广昌白莲、崇仁麻鸡、东乡华绿神蛋等地方特色风物为载体，引进先进科技农业技术，加强农场景观化、农产品品牌化；开发有机超市/特产店、动物知识教习所、农业嘉年华、莲子手机链、麻鸡毽子等丰富的特色产品，形成特色园区、养殖场、美丽乡村、文创产品四大类完善的农旅融合产品体系。对于农业旅游的前台——"乡村"旅游开发，应结合古村落中的活态遗产儒耕文化，设计更多农活体验项目，让游客在田间劳作中领悟"光荣属于劳动者，幸福属于劳动者"的优秀传统文化观念，并对周边初级开发的乡村进行合理引导，丰富与提升配套旅游要素，打造精品农家乐、乡村酒店、特色民宿集群和景区服务基地，让当地农业不仅藏富于农民，更赋美于居民。

除农业外，抚州市6大支柱性产业——化工建材、机电汽车、有色金属、食品加工、生物医药、电子信息产业也具有旅游开发的巨大潜力。通过举办信息设计大赛、特色美食节庆、中医药传承比赛，均能实现后台产业前台化、粗放工业精细化，也能在打造亮眼旅游活动的同时，扩大当地企业的招商引资范围。

三、抚州实体产业数字化

《抚州市全域旅游发展规划》将大力推进智慧旅游工程视为旅游要素设施与公共服务完善的必由之路。2020年，抚州各大景区，如资溪大觉山、名人雕塑园、梦湖、梦园、拟岘台、三翁花园、流坑、曹山、竹桥古村、金溪浒湾古镇、南丰观必上、汤显祖纪念馆、玉隆万寿宫、谢灵运纪念馆、中国戏曲博物馆、南城麻姑山、黎川古城、真相乡村、大觉溪等景区开放全景式虚拟旅游服务，为构建抚州文化大数据云平台，纳入抚州智慧城市平台迈出了尝试性但得力的第一步。在全域旅游数字化的过程中，抚州应更加重视全域旅游大数据中心和旅游智慧网络的搭建，为景区提供更完整的数据支持，通过高清视频传输和定位技术，实时了解各个旅游景点的动态情况，提升景区监管能力，改变事后统计的滞后性，加强服务及管控，升级景区服务水平。

第三章　旅游文化传播的全媒体创新

当前，传播技术的发展推动了数字化生存及媒介化转向趋势的加深。全程媒体、全息媒体、全员媒体、全效媒体的传播生态，从时空关系、内容载体、参与主体与传播效果4个层面对文旅传播提出了全新挑战。从时空关系来看，当前的文旅资源已经跨越时间与地域的局限被整合进传播的逻辑与价值链条中，实现产业与内容的跨边界流动；从内容载体来看，视频、音频、VR、AR、数字出版物等媒介形态的出现，既为受众体验优化与文旅资源影响力延展提供了渠道，同时也对传统文旅产业升级提出了新要求；从参与主体来看，文旅传播是政府、机构、媒体、公众等多主体的互动过程；从传播效果来看，文旅传播在分众化传播语境下亟须整合媒介渠道，借助跨媒介叙事与融媒体表达，从而拥有更广阔的受众范围。

本章将着眼于文旅资源的跨媒介叙事与融媒体表达策略，结合对前沿案例的梳理，探索优化文旅叙事、明确资源定位、推动结构创新、培育融合思维、塑造审美意境及优化消费体验等方式方法，揭示文旅传播的流程创新、技术赋能及影响力构建机制，以媒介融合思维提升文旅内容的传播力与影响力。

第一节　文本的跨媒介叙事与传播

一、景区文本的跨媒介叙事

（一）概念廓清：景区文本及其传播概况

旅游文化是由持续性的旅游活动及其所依赖的旅游资源、旅游地域性或特定的旅游模式而营造出的旅游特色、人文底蕴、生产消费风格等的总称。文化旅游是景区文本生产的重要来源之一。从狭义上来说，文本指代集合词语、句子和段落的书面文本；从广义上来说，文本指任何意义上蕴含语义的体系，包含口头文本、印刷文本及电子文本等。

从传播内容来看，本文主要讨论广义上的景区文本。具体来讲，口头文本以互联网中的游客评价为主。印刷文本体现为景区内常见的官方宣传折页、公示语、告示牌等。以旅游城市西安为例，陕西历史博物馆、西安城墙、钟楼、鼓楼、大雁塔、大唐不夜城步行街、秦始皇兵马俑等主要热门旅游景区不仅都具备提示基本信息的公示语，而且几乎都实现了公示语的英汉双语化。在达到规范游客景区行为的同时，也更好地宣传了西安的旅游文化。电子文本则包括互联网中的游客游记、官方图文视频宣传等，如乌镇景区、周庄景区、红螺寺景区等都开通了官方微信公众号，峨眉山景区、西岭雪山景区、西塘景区等也陆续开设了官方微博账号，并在不同的新媒体平台推送景区相关文本。

从传播主体来看，当前，我国旅游文化传播的主体主要由旅游企业、政府和个人组成。政府通过一系列传播政策和理念的制定，强势主导旅游文化传播的发展。旅游企业为实现旅游产业的经济和社会效益，配合政府完成旅游文化传播的具体实施。个人作为前两者的补充，也会基于乡土情结或者个人意识参与旅游文化的传播。遗产对于地方政府来讲是文化的宝贵资源，对遗产的保护是荣耀的象征，其独一无二的特性具有重要的价值意义，所以，地方政府积极推动遗产的申报便自然而然。如福建土楼，从其申报历程来看，首先是地方政府成立申报机构，按照"世遗公约"及申报要求积极展开申报工作。在申报之后，又在第一时间发展旅游业。因此，地方政府的大力推动为世界遗产的保护和旅游资源的开发利用带来了积极的影响。

从传播途径来看，政府主要是以相关政策作为引导，鼓励旅游者体验和分享旅游文化；旅游企业主要通过主流媒体进行旅游文化传播；个人则以社交媒体或口头转述的形式对旅游文化进行主动传播或分享。旅游文化的传播与表达的形式和效果既无法脱离其物质载体旅游资源，更需要信息传播媒介的助力。随着信息时代的到来，新型媒体被广泛地应用于经济产业的各个领域，旅游产业当然也不例外，尤其是对旅游文化传播的价值延伸产生了深远的影响[1]。

(二)形态更新:景区文本的跨媒介叙事

"跨媒介叙事(Transmedia storytelling)"的概念是由美国麻省理工学院学者亨利·詹金斯于2003年提出的。具体理解为由不同创作者使用不同媒介叙述和传播同一个故事,每一种媒介对于整个故事都有独特而有价值的贡献,从而构建出更为广阔的故事世界,创造出更丰富的叙事体验,这也反映了跨媒介的协同效应。[2] 跨媒介叙事时需注意"不同媒介中的不同故事文本相互关联而互不冲突,并共同创造出新的意义"。在文旅融合逐渐发展的当下,为了更好地塑造景区品牌形象,提升景区的文化传播力,部分景区正在尝试通过主题化的方式实现传统文本的跨媒介叙事,他们通常采用的方法是围绕核心主题打造多样化的内容矩阵。例如,黑龙江冰雪旅游景区,选择了极具中国化的主题进行开发。中国文化历史悠久,中国文化孕育了中国的传统文化理念,如"家国天下""尊老爱幼""勤俭自强""崇德向善""见义勇为""孝悌忠信""自强不息""扶危济困"等,这些传统文化理念一直勉励着每个中国人。旅游传播可以将这些文化主题深入渗透进跨媒介的文本书写中,用精神性的内容作为串联传播文本的主线,提炼旅游文化主题,并带动系列化文本的传播,提升旅游文化的宣传推广效果。

广告等硬营销文本虽能直接传达品牌的关键信息,但是在文化特色及吸引消费者兴趣与关注度方面,不及主题故事的跨媒介传播效果好,使得传播受众在获取宣传信息时大多停留在品牌名称的层面上,而不了解品牌所具有的主题文化。这也是我国景区文化传播在现阶段面临的一大难题,需要通过更具有体验感和沉浸式的文化项目深化游客对景区主题的认知。选择具有不同性质特点的媒介是跨媒介叙事的重要前提,在具体的跨媒介传播中需要将不同媒介有效联合,以形成媒介连锁反应。该效应启示景区文本在进行跨媒介叙事时,应注意以下几点。

---

[1] 曹锦阳. 全媒体时代旅游文化传播模式的转化与重塑 [J]. 社会科学家, 2020 (8): 64–69.

[2] Jenkins H. "Transmedia Storytelling Moving characters from books to films to video games can make them stronger and more compelling" [J]. *Technology Review*, 2003.

1. 发挥不同媒介的传播特点

在多媒介传播景区文本设计的过程中，要考虑各个媒介的独特功能，如短视频具有快速、高效、生动的动态传播特点。以方特集团的"方特旅游"App作为分析的对象。用户下载该客户端可以根据需求切换不同地区的主题公园，包含方特欢乐世界、方特梦幻王国、方特东方神话等各大主题公园品牌，不同界面有主题园区内的实时信息及最新主题活动安排。这样就能吸引更多的消费者主动参与故事的传播，加深对品牌的认知与好感。近年来，逐渐受到游客青睐的景区实景演出，是沉浸感最强、体验感最鲜活的文本传播渠道。以真山真水为演出舞台，以当地文化、民俗为主要内容的实景演艺现在越来越火爆，因为我们看到的再也不是虚假的景象，不是帷幕上的背景，而是实实在在的山水，是真实的场景下演绎出来的作品。在威海华夏城景区内上演的《华夏传奇》，游客们乘坐的工具是很特殊的，采用的是一艘停泊在水中的巨型大船，整个大船可容纳2000多人就座，桌椅前后呈阶梯形设置，保证了所有游客的观看视线。大船会根据舞台角度的变动而改变方向，也会根据舞台的剧情而抖动，游客就好像置身于这个故事的演绎中一样，获得的视听及身体感受都是立体的。该景区利用全新的舞美技术有效提升了游客的参与感和沉浸感，发挥了现场演出这一渠道的最大优势。

2. 多媒介连锁形成"合力"

多媒介的联动能达到不同媒介优势互补的效果，例如，方特乐园主题故事在多媒介的联合过程中以多种不同的形式，包括纸质媒介的文字描述、平面图的视觉感、视频媒介的动态感，以及主题公园内部细节化的故事场景呈现等，能够有效体现出"媒介连锁"的特点，并发挥多媒介"1+1>2"的作用。相较于众多网站的单一广告宣传，这种多媒介联合的主题故事叙述更能扩大传播的范围。以迪士尼乐园为例，通过动画电影的故事传播能够将主题人物与情节丰富化，放大故事细节；与其他品牌的"联名"能够将品牌的卡通形象延伸至日常生活场景之中，增强故事世界的现实感。主题公园内部的故事世界再现，则是通过"游戏"的形式激励消费者从不同渠道加入主题公园的娱乐体验之中。通过多种不同的传播渠道展现主题故事不仅能使主题故事更加丰富，也可视其为传播品牌形象的过程，为品牌增添了故事性的文化内涵。

实际上，不同媒介在传播园区文本主题的过程中都是在搭建传播的场景，这个场景可通过主题世界体现出来，既具有主题故事的梦幻性，也充满体验性，而这个故事世界的"场景"是仅在该种媒介渠道下才能体现出来的。任何一个媒介在传播故事的过程中都可搭建传播场景，线上的传播媒介可以从视觉、听觉等感官角度为参与者带来文字、音频、视频等静态与动态配合的主题体验，在传播的过程中与实际的园区场景相呼应，使传播与体验相结合，也使多媒介之间形成一种合力。

二、媒体文本的跨媒介叙事

在媒体融合背景下，旅游文化的发展离不开各种形态新媒体的"加持"助力。尤其是对于官方媒体来说，能否充分运用新型媒体提升官方文本的跨媒介叙事能力，不仅是当地旅游资源能否焕发生机的关键机遇，也在很大程度上影响着当地旅游文化的整体发展水平。值得一提的是，新时代下，新型主流媒体正在以飞速的态势向前端、向深端发展，"由于主流媒体的努力探索，不断出现令人可喜的、成功的新型主流媒体成果，一种良性的舆论生态和媒体格局正在慢慢地组成"[1]。

不同媒体之间的交流和协作，能够促进跨媒体叙事生态中的沉浸式传播，这正是媒体与文本有机融合的具体体现之一[2]。社会群众在媒介消费中对电影或电视形式的叙事文本会产生较大的兴趣，他们在电影院或电视剧中所观看的剧情以某种新的形式展开，会被新奇的影视剧情所吸引，受众群体将利用其他的电子设备或通过其他媒体如游戏、小说、电视剧、移动端口等各种形式，了解更多的故事情节[3]。可见，跨媒体叙事生态与文本情节的有机融合，促进了沉浸式传播的发展。因此，媒体文本在进行跨媒介叙事时需要遵守以下几个原则。

---

[1] 金凤.主流媒体加强创新，构建网络舆论阵地［J］.中国出版，2016（4）：22.
[2] 陈先红，宋发枝.跨媒体叙事的互文机理研究［J］.新闻界，2019（5）：35-41.
[3] 谢藜蔓.媒介融合时代的跨媒体叙事生态分析［J］.新闻传播，2020（20）：35-36.

（一）优化叙事：创新媒介组合

跨媒介叙事是相对于传统叙述模式的一种新的叙事传播模式，传统的叙事模式注重在同一种媒介上进行叙事，尤其强调故事情节的发展和叙事的整体性、连续性。而跨媒介叙事更加注重在多种媒介平台开展故事内容，其中每一种媒介都蕴含着不同的故事信息，对人们理解完整的故事世界有着独特的贡献。因此，景区文本在进行叙事时也应考虑不同媒介的特性和优势，在投放时优化组合，使故事文本的建立更加立体丰满。

以江西省抚州市为例，2017年，抚州市策划实施了重大旅游项目51个，总投资额430亿元，着力打造文昌里历史文化街区、临川温泉景区、大觉山景区二期、麻姑山景区、曹山农禅景区、秀谷竹桥文化体验景区等一批重点景区。此外，抚州还围绕"写戏、演戏、唱戏、评戏、看戏"打造中国戏都，启动了文昌里历史文化街区、三翁戏曲小镇等戏曲生态文化保护试验基地建设，创排了大型实景剧《寻梦牡丹亭》。在手机端，抚州建立了集智慧管理、智慧出行、智能体验三大功能于一体的智慧旅游中心，实现对4A级以上景区的实时监测，建成一站式智慧服务平台，实现"一部手机游抚州"。游客可查看景区游玩攻略，会说话的旅游地图、全景VR触屏、AR戏曲试衣镜等，让游客从生动有趣的互动体验中，了解更多人文旅游的信息。

由此可以看出，抚州市除了通过打造传统旅游景区，深度开发旅游资源的文化价值之外，还通过不同媒介发挥各自优势，实现多端触达游客，不仅开发实景演出的形式，提升游客对园区的体验感，还通过AR、VR等前端技术增加用户非接触式的景区体验机会，这样新鲜的互动方式会刺激游客的好奇心和参与感，进而增强景区的文本传播范围和影响力。

（二）明确定位：实现精准传播

跨媒介叙事是利用各种各样的媒介平台进行叙事，但是不同的媒介具有不同的特性，这就决定了各个媒介平台叙事方式的不同选择。跨媒介叙事的原则之一就是要根据不同的媒介平台选择有针对性的叙事内容。因此，景区在不同媒介平台进行信息投放时，应根据媒介特性选择相对最为适宜的文本，从而使得内容与平台形成的合力最大化。以黑龙江省冰雪旅游景区为例。

首先，在媒体广告投放方面。网络传播的速度最快，旅游者通过网络搜集信息的方式最为普及，因此可以利用网络媒体提升宣传速度。百度指数提供用户关注度和媒体关注度。项目组以"冰雪""冰雪旅游"为关键词，发现关注"冰雪""冰雪旅游"指数呈现不同变化。其中，"冰雪"一词出现的波动比较明显，2011—2019年，指数最高达到1200，最低为500左右，可以看出社会大众和媒体均对冰雪方面比较感兴趣。"冰雪旅游"的指数变化不及"冰雪"变化大，指数最高达到150，最低30左右。可见媒体关注度少于用户关注度，可以看出旅游者对冰雪旅游的兴趣比较浓厚，利用网络查阅信息比较多，因此利用网络媒体进行宣传，可以在一定程度上提升传播效果。

其次，在节庆活动方面。节庆活动主要是利用节庆日等特殊节日来宣传冰雪旅游形象影响力。节庆活动期间，制定出比较完善的冰雪旅游策划方案，和旅游企业进行合作，提供完备的设备和资源，共同推出优质的节庆活动，扩大品牌宣传效果。2018年冬季，黑龙江省已经推出不同的冰雪节庆活动，如中国黑龙江国际滑雪节、中国·哈尔滨国际冰雪节、黑龙江冬捕节、黑龙江赏冰乐雪节、黑龙江冰雪非遗节、齐齐哈尔雪地观鹤节、大庆雪地温泉节、佳木斯三江国际泼雪节、伊春小兴安岭冰雪美食节、中国·逊克大平台雾凇冰雪节等，都极大地促进了黑龙江省冰雪旅游产业发展。

最后，在娱乐节目方面。参与娱乐节目可以提升冰雪旅游的社会影响力和知名度，是比较有效的方法之一。娱乐节目主要是与新闻媒体进行沟通，提高电视媒体和网络媒体报道的次数，还可以进行二次传播、三次传播，同时也可以举办各种冰雪旅游专题活动、论坛、公益慈善事业等，为提升黑龙江省冰雪旅游产业形象提供重要支撑。例如，湖南卫视的《爸爸去哪儿》受到广大观众的喜爱，拍摄地牡丹江的雪乡迎来了众多旅游者体验雪乡的美景，可见《爸爸去哪儿》节目对牡丹江冰雪旅游起到了重要推动作用。现在的娱乐节目比较多，需要选择收视率高、节目有创意的栏目。此外，还可以通过公共关系、口碑营销和数据库营销等多种方式结合，最大化实现传播效果。

黑龙江冰雪旅游景区的成功实践表明，传统的景区文本在不同传播媒介需要采取不同的叙事策略，比如，可以使用传统的节庆活动来宣传景区文化，增强用户的切身体验感，也可以通过微博、微信等新媒体端口实现更大范围的受众触达，提升游客与景区文本的线上互动，甚至可以引导游客参与到景区叙事中，与媒体形成合力共同创作新媒体端的内容。同时，借助传统媒体电视端口进行叙事，可以进一步提升景区媒体文本的权威性和影响力，以此通过不同媒介平台的不同策略，更好地实现立体化传播的目标。

（三）结构创新：拓展叙事形态

传统的叙事结构大多以故事的开始、发展、高潮、结局为具体的呈现形式，注重故事情节的发展，是一种线性的叙事结构。在跨媒介叙事中，媒体文本的这种线性叙事被打破，更多地呈现为一种网状的叙事结构，即不同媒介的叙事内容相互交织，共同完成叙事主题。从叙事手法来说，互文是指叙事文本中不同的段落之间以呼应、互补、反指、暗合的形式进行故事的讲述，从而达到主旨表达更为深刻、趣味、艺术等效果的叙事方式。汉语的修辞手法互文本质上是一种构成成分共享的互蕴结构互文，互为存在前提的互动结构互文，而西方的文本互文强调的也是其互涉互动的结构理念，关注的是多向度交互文本结构的生成。尽管没有严格意义上的"你中有我，我中有你"的结构关系，但"参互成文，合而见义"的结构理念于二者是完全相通的。以内蒙古红色旅游景区乌兰夫纪念馆旅游区为例，该文化旅游景区通过不同媒介进行非线性叙事，但不同媒介的叙事具有相同的主题，因此，通过文本、影像、活动等多种媒介手段形成了互文性叙事结构。乌兰夫纪念馆旅游区以乌兰夫同志一生的丰功伟绩为叙事主题，通过文物和史料的展示使游客更好地了解历史、感受历史，有助于活化乌兰夫同志的革命史，唤起游客的爱国主义情感和使命感，从而达到政治教育的目的。纪念馆以讲乌兰夫生平的历史故事为主题内涵，将抽象的红色符号具体化，使游客产生精神上的共鸣。

在文本叙事方面，文本叙事的主要目的是阐释景观的主题和内涵。通过牌匾、诗词题刻、名称命名等方式，将文字与景观环境和意境融为一体，对景观进行主题升级和意境化。乌兰夫纪念馆旅游区牌楼"中华骄子、民族精英"几个大字突出了展馆的主题和内涵，为整个叙事环节的展开做了铺垫。展厅每个部分和单元都有文字命名，每个分区的题目都点明了主旨，说明了内容方式，形成凝聚式的结构。展厅内有许多革命刊物和乌兰夫生前的手稿，并配有相关历史事件的文字介绍，以历史唯物主义的观点展示了革命的光辉历程，让游客在红色文化所指的物质基础上，了解符号能指的意义层面。展馆收录了乌兰夫同志诗选、语录及相关歌颂红色革命的文字资料，在文字叙事的基础上添加了隐喻、象征、借用等修辞手法，使整个叙事体系充满文学氛围。

在图案、影像叙事方面，乌兰夫纪念馆旅游区墙体、屋瓦和窗口等结构图案，在体现基本功能的基础上，加入蒙古族团结吉祥的图案，传达着红色革命和民族特色的文化信息。序厅正面有四组浮雕再现了革命斗争的场景。第一组浮雕以反帝爱国运动为主题，反映了爱国志士反对卖国的"二十一条"和反对帝国主义侵略的景象。第二组浮雕体现了内蒙古人民在百灵庙武装斗争中视死如归的精神和气魄。第三组浮雕展现了内蒙古自治区根据地域特点进行现代化建设的蓝图，以及在科技和文教工作中取得的成就。第四组浮雕再现了乌兰夫同志致力于民族工作，为促进蒙汉各族团结统一做出的贡献。四组浮雕以立体化的图案再现了当时的场景，活化了红色文化的内涵，使整个叙事效果更加生动和真实。展厅内展出乌兰夫同志和与之相关的历史事件、人物的照片，通过这些叙事片段描述了不同时期的人物和场景，将抽象的精神文化内涵具体到某张照片的景象中，形成抽象—具体—抽象的叙事模式。在展厅的出口设有影像厅，运用多媒体和先进的布展材料展现乌兰夫的生平事迹，更加直观、动态地调动游客兴趣。在结尾处使用影像资料对整个叙事过程进行总结，既梳理了叙事脉络，又增加了游客的记忆点，升华了叙事内涵和意义。

在活动叙事方面，乌兰夫纪念馆旅游区针对不同的节日和不同层次的对象，开展了不同侧重点和深度的教育。每年的清明节前后有近万名各界人士来纪念馆凭吊乌兰夫同志，该馆配合中小学举办以"弘扬革命优良传统，缅怀先烈创业精神，争做时代新人"为主题的祭奠活动，对青少年进行思政教育。

乌兰夫纪念馆目前采取以上三种叙事方式，完成该景区传统文本的跨媒介叙事，虽然形式多样，但其所围绕的核心都是乌兰夫同志。正是因为跨媒介叙事的成功，使得乌兰夫纪念馆在景区品牌影响力方面取得了不俗的成绩。1997年，乌兰夫景区被中共中央宣传部命名为全国爱国主义教育示范基地，自建馆以来，接待国内外、区内外参观者20多万人次。因此，国内其他旅游景区也可学习借鉴乌兰夫纪念馆的叙事组合形态，完善并拓展景区自身已有的文本叙事结构。

此外，在影像叙事方面做得比较突出的是北京著名景区天坛。随着文化类综艺节目《遇见天坛》的热播,天坛景区所蕴含的文化厚度和丰富的历史深度被逐渐揭开。中国自古以来重实际求稳定的农业文化心态、以家族为本位的宗法集体主义文化、尊君重民相辅相成的政治文化、经学优先等文化,构成了独特的五千年中华文明,催生了璀璨的中国语言文字、中国古代科学技术、古代教育、文学、艺术、史学、伦理道德、哲学等。《遇见天坛》始终围绕民族文化内核进行创作。《遇见天坛》节目创意集中体现了中华古典文化中的各种文化形态,打开了古文化创造性转化的新路径。至此,现代化的天坛影像文本与实物化的天坛历史文本形成了高度的互文性。

三、用户生产文本的共创叙事

媒介融合时代下,跨媒体叙事生态的发展刺激了群众创作和草根创作的出现,这种现象主要存在于粉丝群体和受众群体中。对某一话题感兴趣的受众群体,在原本的媒介传播基础上进行再创作,并对叙事生态及叙事文本进行探讨。在传统叙事方式中,作者与读者(用户)分离呈现出的用户参与形式为有限的、静态的反馈。跨媒介叙事理论核心内容的最后一部分"受众参与"强调了参与者在传播过程中的重要性,从明确受众的范围、深化关系及落实到跨媒介的实际行动,整个环节都需要时刻与主题故事的目标对象展开深度互动[1]。随着新媒体技术和媒介形态多样化的发展,新型数字叙事方式的出现,极大地刺激了用户的参与热情,用户可以通过链接、角色扮演、人机对话等方式参与叙事,其行为甚至可以改变整个叙事的发展进程和结果。互联网的发展与移动设备的普及,使得人们获取信息的方式逐渐丰富并且越发依赖于网络,特别是网络客户端和社交媒体的出现,如微博、微信等,使得互联网已经成为当下人们日常生活中最重要的信息获取渠道。人民群众的生活方式,如阅读方式和接受方式也受到网络媒介的影响,出现了相当程度的改变[2]。在主客观多重因素的"加持"下,用户有意愿且有条件参与互动为用户生产文本提供重要前提,

---

[1] 何佳讯.品牌形象策划:透视品牌经营[M].上海:复旦大学出版社,2000.
[2] 曹锦阳.全媒体时代旅游文化传播模式的转化与重塑[J].社会科学家,2020(8),64-69.

进而才有可能完成用户参与共创叙事。

在当下数字媒体飞速发展的互动叙事时代，单向接收文本信息的读者转变为双向参与互动的用户，用户可以通过点击、跟帖、选择、排序等各种主观动作，从信息的接收方转向信息的发送方，与单向的、封闭的、固态的传统印刷文本相比，互动阅读叙事文本是动态的、开放的和弹性的文本。结合相关理论并总结业界学者的研究，当下用户通过不同媒介参与共创叙事的过程呈现有以下几点特征。

（一）多样性：共创开放性文本

多样性体现在用户创作视角的多样性、用户生产内容（UGC）的多样性及用户叙事结局的多样性。首先，用户在进行内容生产时可以在第一、二、三人称视角，全知视角和极限视角中相互切换。比如，在马蜂窝、小红书等游记攻略分享平台上，有些用户会以第一人称视角讲述自己的所见所闻所感，将自己看到的风景通过图片进行展示，而有些用户则会以全知视角创作图文，目的在于将客观信息全面地表现并传达出来。其次，基于数字媒体的超链接特质，社交平台的各叙事元素以不同模块的形式存在于数字媒体艺术作品中，即用户所上传的图文笔记或游记攻略，例如，在小红书编辑笔记之前，用户往往会通过专门的图片编辑或图文编辑软件进行一次创作，因为这一环节的存在使得文本创作的空间和可能性被无限激发，所以会出现叙事元素具有多样性的特质。最后，以用户为中心的交互软件设计理念意味着用户的主观能动性具有决定意义，不同用户的选择不同，将生成各式各样的叙事内容和情节走向，因而使叙事作品的故事结局具有不确定性。

（二）交互性：强化互动式体验

在数字叙事领域，交互性是互动数字叙事领域理论研究的重点。21世纪以来，数字技术和新型媒介的出现使得基于数字媒体平台的叙事具有一个最显著的特征——交互性。这里的交互性是指用户与文本的关系。用户在社交平台进行叙事的过程实际处于人机交互和人际交互的语境中，推动叙事内容层层递进。例如，北京著名的798艺术街区，景区内有许多大型设计作品供游客免费参观，其中一座英伦风电话亭吸引了路过的游客，不断有人进入电话亭内拍照留念。在小红书上关于这一作品的笔记不计其数，在用户生成对电话亭相关游记文本的同时，就实现了游客与作品、游客与景区的交互。北京还有一处较为著名的交互性景区——世贸天阶，其"超豪华 LED 天幕"为整条商业街带来富于梦幻色彩和时尚品位的声光组合，使其成为一座吸引人潮的世界级奇观。人们在这里可以欣赏缤纷悦目的日夜景观，感受现代科技带来的富于梦幻色彩和时尚品位的声光艺术。你可以把想说的话发送短信到平台号码，天幕上就会展示出来。再如 NIKE 在菲律宾首都马尼拉建造了一个体育场，长约 200 米，形如一只鞋子，跑道内圈有 LED 屏幕墙，它可以记录和追踪你跑步时的动态图像，将你跑步的信息传到 LED 屏上。此外，在国外许多公园景区中也出现了极具交互性的设计，游客不再是简单地欣赏自然风光，而是可以借助一系列交互设计与园区共同进行文本生产，游客以园区提供的文本为基础，加之个体的想象力和能动性生产出此前未有的景区文本。

（三）沉浸性：推动深度化参与

沉浸（Immersion）是用户将注意力集中于正在进行的活动当中，摒弃不相关的知觉的一种精神状态。匈牙利籍心理学家米哈里·契克森米哈顿（Mihaly Csikszentmihalyi）进一步指出：人会依照心理驱动力去做自己想做的事，当使用者的技能和挑战平衡时，个人就会进入沉浸状态。一方面，新媒体格局下用户进行文本生产有 4 种叙事形态，通过视觉、听觉、嗅觉及触觉，构建虚拟现实的叙事空间，为用户带来感官上的沉浸体验。另一方面，用户通过自己的操作，控制叙事情节的发展，对叙事角色与情节有感同身受的代入感，相较于传统叙事，互动叙事更能使用户在情感上沉浸其中。国外景区尤为重视游客的沉浸体验，比如，法国的诺曼底海滩和美国的亚利桑那纪念堂，二者通过不同形式的文本呈现，有效提升了游客于景区游览时的沉浸感。诺曼底海滩是法国最有名气的"二战"纪念地，海滩上排列着 9000 多个大理石十字架，以绝对的数量冲击着人们的视觉，景区到处都是细小的设计，处处是景。美国亚利桑那纪念堂选址在船上，重现当时的历史场景，令人印象深刻。以色列纪念大屠杀纪念馆的展馆有超过 6000 万份相关文件，资料极其详尽。馆内设计呈独特的三角形，狭窄的玻璃顶是唯一的光源，营造了当年集中营的恐怖气氛，使参观者产生巨大震撼。

四、融合文本的跨媒介传播

旅游文化的融合发展是现代社会的一个重要特征。一方面,旅游文化是现代社会文化的有机组成部分,它在多元文化的交流、互动中以各种方式不断地进行融合,实现文化多样性基础上的统一,形成你中有我、我中有你、互利共生、共同繁荣的状态;另一方面,旅游文化通过各种渠道对其他行业、领域形成一定的影响——主要是通过与其他行业、领域的融合来实现并强化该影响,发挥旅游文化的外溢效应。因此,在媒介融合时代,进一步推动文旅融合显得尤为重要。

（一）文本选择:拓宽跨媒介传播可能性

在跨媒介传播的庞大链条中,最为重要的一环当属对于材料的选择,即所叙事的对象。跨媒体叙事本是一种自上而下的过程,为全局的体验协调着多种媒介,但在实践中它却以自下而上的形式展开,利用某种本身就能自治的且具有商业价值的故事进行。自从首部《指环王》将新西兰醉人的美景摄入银幕,新西兰就成为人们眼中现实版的"中土世界"。新西兰的壮观美景,如金色平原、高耸的群山和令人陶醉的峡谷,在大荧幕为《指环王》和《霍比特人》三部曲打造了一个如梦似幻的"中土世界"。在拍摄电影的过程中,摄制组曾到这个国家的超过150处地点取景。在拍摄前一年,摄制组就让杂草在裂缝中生长并建立树篱和小花园,人们最终得到了一个令人难以置信的真实场所,因此,它最终呈现的不仅仅是一部电影。2011年,为《霍比特人》一次意想不到的旅程创作了一套更为永久的版本,此后它又变成了一个有趣的游客中心。蒂阿瑙峡湾国家公园,又称梵贡森林,这个美丽的国家公园兼作双塔神话中的芳罗恩森林。由此可见,《指环王》的取景地具有丰富的旅游资源,即前文提到的"好材料",而影片也借助这一优势进行了文本的跨媒介传播,将有限的景观通过影像化的手段表现并加以艺术加工,成为世界范围内具有极大影响力的影视IP,也成功地对"中土世界"这一旅游景区进行了艺术价值和商业价值的赋能。

国内旅游景区中,前面提到的内蒙古红色旅游区——乌兰夫纪念馆是典型范例。乌兰夫同志是我国北疆最杰出的人物之一,本身拥有丰富的人物事迹和宏伟的叙事素材。乌兰夫的一生，是为蒙汉各族的平等、团结和共同繁荣不断奋斗的一生。乌兰夫同志的光辉事迹为纪念馆提供了丰富的素材，展厅分为22个单元，通过文物、照片、图表配合文字说明等形式，讲述了乌兰夫同志从一个普通蒙古族农民的儿子成为卓越的民族工作领导人的光辉一生。

（二）意境塑造：增强景区文本传播效力

旅游文化具有独具特色的表层结构与深层根源。其中，表层结构是旅游文化外在表现及其内容的分布状态，并对应不同的旅游消费与旅游供给；深层根源是旅游文化产生、发展、传播的源头、原因及完整过程，它是旅游活动后面隐藏着的"真正的故事"。无论是旅游文化的表层结构还是深层根源，都有特定的受众对之感兴趣，或是普通游客，或是目的地居民，或是旅游学家、人类学家等。特别是对旅游文化的根性溯源，最能强化文化认同、学科研究、自然怀古与精神教育功能，激发人们不断地去探寻、挖掘、研究与体验旅游活动后面"真正的故事"，丰富旅游活动的文化内涵。从长远来看，旅游文化在很大程度上会促进旅游目的地经济与社会的发展。因此，从业者在进行景区文本的跨媒介叙事时，要考虑到其背后的深层根源，寻找可以开发的文化附加值，从而塑造出每个景区独具的文化特色。内蒙古的红色文化主要通过纪念馆、名人故居和事件遗址这几类景区展现。因此，这些景区也就成为沟通红色符号和游客之间的媒介，对传播文化内涵、唤起红色景观记忆有重要作用。景区的设计者需要了解人物、事件的历史背景及场所周围的环境，再进行理解和探究，在思考之后塑造文化氛围浓厚的场所、意境，唤起红色景观记忆，加深游客体验感；同时，还可以借助多样化的实体产品来呈现景区背后的文化内涵，使得无形的景区文化物化于手，从而增强景区的文化氛围，提升游客的体验愉悦感。以苏州园林为例，苏州园林文化博大精深、古意悠长，是人类文明的瑰宝，具有非常重要的文化历史价值。整体来看，苏州园林艺术风格自成一派，有别于北方恢宏的建筑，苏州园林更多的是小巧、自由、精致、淡雅，也是重要的传统文化表现形式之一。此外，园林有很多古朴的艺术特征可以融合到当代的文创当中去，如变化多样的漏窗图案、古朴淡雅的园林建筑、寓意深厚的铺地纹饰等。此外，甲天下的苏州园林，每个园林都有自己独特的印记。提取每个园林的一个元素，将之组合起来，便可以创造一系列文创产品。苏州园林可深入挖掘的艺术特点和文化内涵很多，如若我们不能充分挖掘其价值，那将是我们的遗憾。再以鱼龙布依古寨为例。对八音坐唱、板凳龙舞蹈等古寨特色民族文化成果进行充分的保护与传承，为景区发展赋予了活力。只有对古寨旅游文化项目进行体验式开发，使游客融入布依族传统节日文化活动当中，才能让游客感受民族文化的魅力。游客在设计完美的旅游文化环境中，观八音坐唱，赏板凳龙舞，品布依美食，游古寨美景，真正感受布依族人民的生活方式，收获愉悦的旅游体验。鱼龙古寨的板凳龙舞蹈是贵州省省级非物质文化遗产项目。该舞蹈根据传说改编而来，最早使用八音坐唱伴舞，因节奏感不强，后改用鼓、锣、镲等打击乐伴奏，给亲临现场的游客带来了极为享受的视听盛宴，使其沉浸其中，感受到浓厚的文化氛围。

（三）融合思维：提升景区文本传播效果

随着媒介融合在文化产业的不断发展，跨媒介叙事成为新的媒介内容生产方式，如何利用当下多样化的媒介形态提升景区文本的跨媒介传播效果，成为从业者关注的重要问题。互联网的兴起使得旅游与文化之间产生了不可忽视的关联，甚至可以说，旅游文化传播已经成为我国旅游产业发展的重点内容。这就要求传统旅游业尽快利用新媒介和互联网环境实现自身文化传播的转型升级，其中关键问题便是如何实现传统文本内容的多元化表达、多样化转译，从而提升其在不同媒介中的兼容性。在媒介融合的背景下，如何利用跨媒介叙事这一生产方式提升传统文本与不同媒介的兼容性，主要方法有以下几点。

1. 优化景区文本叙事手段

以内蒙古红色景区为例，调查发现内蒙古红色景区叙事手段集中在图案、影像叙事、文本叙事几个方面，比较单一，没有特色，这在一定程度上导致游客难以融入叙事情境。比如，兴安村第一党支部、松山区柴胡栏子烈士纪念馆和乌兰夫纪念馆旅游区景观叙事方法相对单一，主要是文字、图片和老物件叙事，叙事手段缺乏艺术性和多样性。因此，景区应该运用多种叙事手法来讲好红色故事。首先，景区应该增加数字多媒体在景观展示和陈列中的应用，通过多媒体设备对红色故事的叙述，使红色文化更加容易被游客感知。这样既丰富了叙事手段，又烘托了文化氛围，使游客更好地融入叙事情境并获得沉浸感。其次，景区可借鉴国外知名景区的叙事手段，并结合本土文化应用到景区实际。比如，景区可以在英雄纪念日定期举办红色历史教育和文化传承交流会，尽可能邀请抗战老兵或其亲属来参加，讲述他们的红色故事，拉近游客和红色历史之间的距离。另外，景区可以复原历史事件中的场景，将隐喻、错视空间法、迷幻空间法等艺术手法与 CAD 绘图技术、3D 建模及水彩泼墨效果有机地结合起来，再现当时情境，营造情节氛围，使游客产生震撼。景区还可以引进高水平的研究团队，探讨景区叙事方法，设计讲授红色故事的课程，传承革命精神，创新红色文化传播。

2. 充分调动用户的参与性

用户参与是跨媒介叙事的重要环节，跨媒介叙事的最终完成不仅需要依靠受众在不同媒介之间进行"迁徙阅读"，还需要吸引受众参与互动并进行再创作。比如，在小红书上可以创建景区独有的地点标签，用户在进行图文创作时加入此标签，该笔记便会进入话题页面。以"龙湾潭国家森林公园"景区为例，点进景区话题主页面，用户不仅可以看到该景区的基本信息，如开放时间、行车路线、门票预订等，还可以按照热度排序查看其他用户上传的游记攻略，主要围绕"蹦极体验""打卡网红秋千""玻璃滑道漂流"等话题展开。用户可以在笔记下方留言询问景区相关问题，而当用户为其他笔记赞评时原创作者也能获得激励，从而实现 UGC（用户生产内容）创作链条的良性循环。

庐山景区也在近年推出了景区专用的 App，并在设计层面加入了许多交互可能性，有效提升了用户在 App 端的活跃度，进而增强其与景区之间的互动感。以 App 中的"个性化主页"和"游记"为例，个性化首页应该是这款应用最大的创新点。该流程将一键定制和行程规划作为创新点，还将景区周边与景区景点罗列出来，简化路线规划方法，优化旅游行程服务。"游记"的首页显示了推荐的人气游记，对于查看的游记可以关注、评论、转发、点赞。在首页的右上方有一个相机的 icon，点击即可进入发动态页面。点击旅途作品，进入页面，可以按照游记、视频两类进行选择性查看，两者皆可转发分享，进一步激发了用户的创作和分享热情。

媒介融合时代，各媒介之间的关系因内容的流动更加紧密，竞争与合作也双向发展。跨媒介叙事是在媒介融合背景下兴起的新的文化生产方式。作为文化产业的生产者，旅游文化的传播需要结合时代及文化产业发展的背景不断提升自身的竞争力，在其他媒介生产者协同合作开发内容时，充分发挥旅游特有的资源优势，深耕内容为游客和用户提供独有的深度体验。

第二节 视听产品的融媒体表达

习近平总书记在党的十九大报告中指出，随着中国特色社会主义进入新时代，我国社会主要矛盾已经转化为人民日益增长的美好生活需要和不平衡不充分的发展之间的矛盾。当前，以愉悦身心为目的的旅游逐渐成为人民追求美好生活的重要组成部分，旅游者也越来越注重旅游的文化氛围和文化体验。在经济转型、消费升级及产业结构调整等宏观背景下，人民群众对旅游的需求动机、内容、意图及价值诉求正在发生新的变化。人们从观光景区转向特色社区，从繁华都市转向悠久古镇，从购物场所转向文博场馆，赏艺术、看民俗、品历史、观演艺，越来越注重文化风貌和文化场景的体验，越来越追求有内涵、个性化、高品质的文化旅游，这已然成为一种时尚活动。因此，积极探索"文化＋旅游"新产业模式，既能够充分展现各个城市、景区的当地文化、风俗，发扬该地区的非物质文化遗产，同时又能以"文化"为底蕴吸引游客，以"文化"为亮点带动消费，促进当今旅游产业与文化产业的转型与发展。

在媒介融合的时代背景之下，移动媒体的普及，5G、VR、AI等新技术的兴起，"互联网＋"的便利，为文旅融合究竟如何"融"提供了更多的思路和方法。一方面，借助新媒体的优势，从视听、语态、传播、内容等方面入手，重新架构起人们愿意看、喜欢看的文旅融合视听产品，吸引人们的关注和对旅游地的向往。另一方面，探索新型媒体技术的应用，将"文化"和"旅游"两手并抓，双向互融，让人们在获得更为沉浸式、立体化、全面化的旅行享受的同时，也真正体验到当地文化的魅力。文旅融合构建新业态，成为各地进行供给侧改革的重要推动力，在行业经济向跨界经济转型的背景下，各地亟待整合文化旅游资源，并将其转化为产业优势和市场优势。

一、视频的融媒体形态与创新

2020年10月12日,中国网络视听节目服务协会在成都发布了《2020中国网络视听发展研究报告》,该报告显示,截至2020年6月我国网络视听用户规模达9.01亿,2020年网络视听产业规模达4541.3亿。在此基础上,各地政府部门和企业可以搭载网络视听时代的顺风车,借助互联网之力和智能媒体技术的赋能,顺应媒介深度融合的趋势,以转化姿态、融合形态、改变语态、适应生态的态度,积极探索"文化+旅游"的新路径,从形式、内容等角度出发,切实落实文化的"创造性转化"和"创新型发展",打造出一批优质的网络视听产品,为城市形象传播、当地文化宣传、非物质文化遗产传承起到良性促进作用。与此同时,一些优质的文化视听产品,凭借其精良的制作和智能媒体技术的嫁接,在互联网的"裂变式"传播下显示出巨大的潜力,吸引大批观众从"线上观看"转化为"线下游览",将视听享受变现为旅游消费,有效带动了当地旅游产业的发展。

(一)汇聚合力:以形式相"融"

1. 身临其境:打造沉浸式传播新体验

2020年,抖音上的文旅视频全年总量逾8.8亿,比2019年增长60%,全年文旅视频播放量逾9260亿次,比2019年增长约50%。文旅短视频发布量、关注度的爆发式增长,从侧面证明了文旅行业对短视频等视听传播形式的强大需求与动力。今天的旅游不同于过去走马观花式的欣赏,游客到达一处新的旅游景点,除了作为"他客"旁观当地的文化、风景、美食,更希望自身能够真正"融"入该文化旅游地,通过丰富的"沉浸式"体验增强自身的身份认同和参与感。随着VR、AR、云计算等技术越来越多地应用到"文旅"领域,大量特色红色文化博物馆通过数字化构建探索将历史故事、影像声效、场馆进行交互设计和三维建模,增强了游客的互动性和参与性。游客置身其中,所欣赏的不再只是冰冷的书面解释和历史物件,而是能够产生更为强烈的参与感和认同感。通过新智能媒体技术让历史文化"活"起来,和现代的游客产生交互,也使游客更为深刻地感受中国文化和革命历史精神。

传统的静静放置在橱窗展览的文物展示方式存在局限性、单一性,有趣、强交互性展示方式的开发迫在燃眉。如今，各地博物馆陈列展览越来越擅长运用计算机、图像处理、人工智能、增强现实等技术，形式多样，内容多变，以文字、声像、游戏等多元化的交互方式来烘托展馆氛围，进而拉近与公众的距离，达到博物馆可持续发展的目的。博物馆展厅是博物馆将文物对外交流的重要场地，故该场地的新颖设计和强互动性对博物馆而言至关重要。"陈列形式要求艺术风格的完整统一，也要求统一风格设计手法的变化多样。"

以重庆红岩革命历史博物馆为例，该博物馆结合当前的新技术，通过开发 AR-VR 融合交互展陈技术来提高馆内展陈水平，在文化旅游中传承红色革命精神，加强和改进新时期爱国主义教育，弘扬和培育中华民族精神，增强国家文化软实力，让游客通过沉浸在虚拟场景中获得震撼逼真的视听盛宴，在身临其境中深刻地感受历史、体验历史、尊重历史。该 AR-VR 展示系统利用了 AR 和 VR 的优势，即 AR 的沉浸感和 VR 的交互感。系统设计了两个部分，一是采用 AR 实现增强交互部分，二是采用 VR 开发虚拟漫游部分。虚拟的场景供公众去感受博物馆的内外场景，这种场景并不是真实存在的，而是采用计算机来构建一个虚拟的场景，公众带上感知设备可以感受到周围场景如同真实存在一般。公众通过外部的工具，采用摄像头去获取场景数据，利用计算机视觉跟踪注册方法来模拟真实存在的环境下的人为标记信息辅助跟踪，使虚拟与真实环境无缝重合，提高了展示的互动性。

展示内容选取《重庆大轰炸》影片中能代表民国时期重庆生活的场景，通过扫描识别源，调取每个场景所代表的重庆生活场景，让游客目睹民国时期重庆的生活风貌。系统中所呈现的场景主体是民国时期能够体现重庆生活面貌的街道、建筑、码头等，长度约 500 米，体验者佩戴 VR 眼镜即可置身民国时期的重庆街道，可在街道中穿行，可与街边商贩攀谈。VR-AR 系统的开发，使《重庆大轰炸》场景的画面更加真实，体验形式多样，随时交互切换也让用户感同身受，深刻理解历史中的重要事件。[①]

2. 融合产品：多媒介形式新样态

文旅视频产品的融形态的创新与表达，不仅是在新的媒介时代背景下，

---

① 张丽. AR-VR 融合技术在博物馆陈列展览中的应用探析［J］.文物鉴定与鉴赏，2020（4）：138-139.

探索新的智能媒体技术的融合和形式上的独特表达,更是在媒介融合背景之下,充分考量多种已有媒介形式的新组合,将图片、文字、视频、音效、动画、影像等多形式融合一体,既能在游客观看中丰富其视听体验,为其带来有意思有意义的媒介产品,又能够使游客在游览之余,借助移动端的传递了解更多的文化背景和历史底蕴。在多媒介形式的"融合"创新中,为文化和历史的现代表达和创意转化找到恰当的媒介载体,即以数字化的媒介魅力,探索融视频表达的新样态,传递中华文化的历史底蕴和现代内涵。

2020年,中国传媒大学电视学院进行了一系列数字文化·西安的模式探索,将数字化和媒介融合的思想融入西安文化的宣传发扬之中,促进西安旅游业的新转型和发展。首先,团队为西安永兴坊创作50个原创融视频,从非遗文化、当地美食、历史故事、文创产品等角度入手,全方位展现永兴坊的文化魅力和旅游价值。移动端的竖屏短视频的设计,充分考虑碎片化生活节奏下人们的阅读习惯,不论是在线上观看,还是在旅游当地扫描二维码进行补充阅读,都能够随时随地满足用户即刻浏览的需求。其次,融视频深入分析了用户如何在移动端获得最优的视听享受,以及如何做好当地文化的创新融合转化,将融视频做得有乐趣有内涵后,再将该视听产品的旅游宣传属性扩大为西安文化的宣扬和传承。

将图片、动画、文字、音频、视频、影像资料等多种形式组合在移动端以竖屏视频呈现,不是简单的形式"叠加",而是在思考的基础上"相融"。以西安永兴坊融视频为例,在时间上控制在1分30秒的长度,保证每则视频充分讲好一则故事、美食、文化的同时,避免用户产生疲乏感。在形式相融上,将文字、音频、拍摄视频、图片等加以有机融合。首先,竖屏视频放大了细节,同时窄化了文字空间,因此在该视频中,文字作为点缀的方式出现,起到强调的作用,这样减少通篇解释的烦琐过程。其次,该视频的音频呈现分为4部分,即背景音乐、现场同期、叠加音效、文案配音。将三种音频融入一分多钟的视频中,就需要在不同的视频位置做好音频处理,譬如在有同期声的视频画面中适当对背景音乐和配音进行弱化处理,强化同期声音,增强现场感和参与性;在单一的图片画面处,适当增加符合画面的音效,提高画面的生动性和体验感。在提高产品的亲近度方面,该融视频既采用多种动画切换的方式,有规律地切换画面让视频每一帧都"活"起来，同时融入了大量手绘和贴图动画，增长视频画面的活泼性，增强视频产品的亲和力。最后，用每则140字左右的文案"串联"起该视频，完整地介绍并展现视频内容的文化精髓，同时对观看者发出邀请，对永兴坊的文化旅游发展起到示范性的带头宣传和引导作用。

3. UGC+PGC：多传播主体形成价值互补

据CNNIC报告，截至2020年6月，我国短视频用户规模达8.18亿，占网民整体的87%，用户规模较2020年3月增长5.8%。凭借生动、形象的呈现形式，短视频作为信息传播载体的价值越来越被认可，逐渐成为各类互联网应用的基础功能。在此基础上，文旅产业搭载短视频的发展优势，顺势而为，借势而上，将更多文化创意进行短视频化的呈现和表达，在短视频市场上开展文化旅游的垂直领域深耕，创作出更多优质的视听产品。以短小精悍的文化故事营造或包装城市，构建起旅游景点或城市新的媒介景观，吸引更多的游客"打卡"，并在游客的自发生产和传播之下，引发新一轮旅游浪潮。

过去在电视媒体投放旅游宣传片的营销方式效果已式微，在移动互联的时代，大众将精力更多地投放在移动媒体上。流量资费的下降和第五代通信技术的提速，使得用户能够随时随地地观看移动端的视频产品。短视频凭借其低门槛属性，开创了人人都能创作视频的UGC（用户生产内容）时代。过去，人们每到一处景点的拍摄打卡只能存在自己的相册中，之后随着人人网、QQ空间、微信朋友圈的发展，人们能够将自己的旅行分享至自己的私域领域，向三五好友和亲人推荐和分享。而在今天，从微博到B站，从抖音到微信视频号，从大众点评到小红书，越来越多的社交分享平台开放，并激励用户进行短视频创作和分享，而"旅游"则成为大众热门创作的关键素材。一方面，创作者通过在这些旅行景点优质的"前台表演和呈现"获得大量的关注和热度。另一方面，欣赏者也能在创作者营造的媒介景观中，满足自身的旅行向往，实现身心放松。这样的短视频创作不同于以往政府企业搭建的文旅宣传片，没有宏大的语境呈现，有的是平视视角下的细节和兴趣捕捉，挖掘并扩大了城市或文化景区的独特魅力，带动了当地文化旅游产业的发展。

从业者可推动"文旅融合＋新媒介"的发展，利用短视频的用户创作和传播所扩充的城市景点和人之间的独特文化感知，同时引入PGC规范生产，构建"政府搭台，民众唱戏"的新创作模式，有规律、有渠道、有方法地帮助城市或景区进行文化旅游宣传。2020年9月，阿里云与台州府城旅游区合作发布了Vlog产品。该产品在景区及游客的视频素材基础上，运用阿里云最新的物联网及AI技术，自动生成"人+景"的Vlog短视频，让游客轻松获得专属的视频游记，并且游客可分享到各大社交平台，同时实现对景区风光和文化的互动传播。此次阿里云与台州府城旅游区的合作，融合了游客自身的视频素材和智能媒体技术的二次加工生产。该Vlog产品由智能采集、智能生产、智能分发三个模块组成，通过汇集人脸识别、自动生产、片段优选、视觉特效等AI能力，实现秒级生成，并支持主流社交平台的全网分发。阿里云Vlog产品从景区出发，但应用场景不限于景区，可用于产业园区、大型商超、美丽乡村、展馆会所等多个场景，为每个人提供更好的记录与分享体验，也让每一位游客成为该文化景区的代言人与宣传者。

（二）深入人心：以内容相"融"

1. 适应语态的接地气转化

在形式上融合创新的基础上，"内容"作为文旅视频产品的"里子"，其融合表达和创新同样影响着一则文旅视频产品的传播和口碑。在媒介融合背景下，受众不再是被动接收信息内容的接收者，而是内容的主动选择者和传播者。过去，宣教式的、宏大语境的文化旅游宣传经常投放并插播于电视剧的间隙广告之中，"欢迎您来欣赏……美景"的庄重老派语态反而会令观众印象分大减，使观众缺少前往旅游景点的动力和期许。今天，更多的文旅宣传产品开始探索年轻化的语态，以亲近化的表达、接地气的语言拉近与视频之外的用户距离。借助平民化、网络化、故事化、形象化的语言表达方式，弱化文旅视频产品的说教语态，让受众不再将其作为利益推广的"广告片"，主动赋予产品更多接地气的态度、感动人的温度、吸引人的力度，从而使视频产品更容易被受众接受，引发情感共鸣，最终达到情感认同，也使受众愿意来感受一方水土一方情。与此同时，年轻化、平民化的语态转化也是文化旅游视频产品主动适应移动互联网传播新态势的表现之一，创作者降低姿态平视传达，以有意思、有热度、年轻化的语态表达所具备的亲近感，自发吸引大量受众的观看、点赞、评论和传播。语态的转变是文旅融合产品主动融入大众流行文化语境的重要表现，同样也是文旅宣传者积极探索文化的创意型转化和创新型发展，做好文化的传承和发扬的路径之一。

互联网时代带来了更为多元化、丰富化的媒介产品，人们从千篇一律的被动接受到主动追求创作、传播，使越来越多的人认可那些有风格、有个性、有情感、有态度的媒介产品。

2020年6月，第三季《如果国宝会说话》正式上线，截至笔者撰稿日，在豆瓣上取得9.5分的高分评价。该文博类微纪录片自2018年上线以来，就凭借短小精悍的5分钟微记录形式、国宝"萌"出圈的话语和接地气的姿态赢得了大量观众的喜爱。该节目深挖文博文化内涵，开发了感性和"萌"的表达语态，让观众耳目一新。该片的视听语言可以用"呆萌可爱"来形容，似乎真的赋予了国宝以生命，让国宝能够与观众之间建立良好的、亲近的朋友关系。在纪录片开场导语解说词中就有"您有一条来自国宝的留言，请注意查收"这样一条提示。此设计立意独特且新颖，是典型的、接地气式的解说开场白，能够瞬间捕获观众的心，建立受众与节目之间的独特联动关系，拉近观众与节目中国宝之间的距离。该片将大众熟悉的网络"梗"使用得行云流水："穿上这双驼靴，你就是这条街最靓的郎君""跟高昌有关的词，拿出来都能上热搜"……这些活泼调皮的现代表达与之形成一种"反差萌"，同时也打通了历史与现在的联系，为这些文物注入了鲜活的现代气息。《大唐新样》更是加入酷炫的电子音乐，用现代"编程"思维拆解古代立狮宝花纹锦，在快节奏、非线性、风格化的剪辑中达到古今融合，将文物推到潮流的前沿。用年轻的语态、互联网思维打磨文化宣传新范式，是主动探索新时代如何拉近与当今受众之间的联系、如何让传统文化魅力真正释放并"飞入寻常百姓家"的重要方式。只有主动放低姿态，将表达融入现代观众喜爱的话语体系，主动建立和观众之间的联系，才能真正激发大众对中华文明的探索欲望。

2.巧借媒介破除空间之隔

近年来，影视剧、户外综艺节目的发展带动了多处景点的旅游产业经济发展。观众因为自己喜爱的明星在某景点拍摄，就纷纷前往定位"打卡"；因为明星推荐某处的美食，便跟风尝试。2019年的大热剧，《都挺好》让苏州成为"网红",剧中的"苏家老宅"和"食荤者"餐厅成为旅游者的"打卡地";《长安十二时辰》带火了西安的文旅,部分旅行社推出了"逛西市寻舆图团""重走追捕狼卫团"等文旅产品。这种围绕明星效应出发,以粉丝经济带动的旅游产业的发展势头过猛,难以拥有长久和持续性的生命力。其问题显而易见,以被动依赖影视剧爆红为驱动点,仅强调以影视呈现和影视热度来决定旅行内容,坐等大批游客前来观光打卡,存在一定的风险。譬如2018年,电影《从你的全世界路过》中的选景地稻城亚丁,蓝天、白云、湖泊等自然美景吸引了无数年轻人前往"打卡",但部分游客却因为不了解路线、季节和地理环境导致失望而归。究其原因,该景点在当时期待走红和带动旅游产业发展的背后,缺少相关旅游资源和内容的配套宣传,仅依靠影视驱动难以发挥持续宣传的效力。

影旅联动是借助影视剧推动文化旅游发展的全新方式,其将市场开发前置,以更自觉的方式提前布局,准备相应的旅行线路,完善配套设施,挖掘影视剧内外人文内涵。2019年5月,云南与腾讯共同发布了"云南新文旅IP战略合作计划"。2019年9月,作为同云南文旅融合新尝试的阶段性成果,腾讯新文创在"游云南929"文旅节活动期间发布了5个新项目。以正在拍摄中的电视剧《我们的西南联大》为线索而打造的"我们的西南联大"主题游学线路,是其中的重点内容之一,也是腾讯影业以前置性思维做影旅联动项目所迈出的第一步。"我们的西南联大"的游学线路开发,围绕着1938年长沙遭遇战乱,国立长沙临时大学向云南转移,湘黔滇旅行团艰苦跋涉约三千里到达昆明,后经火车到达蒙自,在联大蒙自分校文学法商学院授课这一历史背景展开,开发出"昆明—蒙自联大体验线路"。此次游学线路的研发,是与电视剧的拍摄并驾齐驱、紧密联动的。与此同时,随着剧情的发展,游学线路衍生出更多新的路径和内容。组织方披露:"一方面,从电视剧同剧本的构思、取景地设置,再到宣发资源的规划上,都前置预留了旅游开发的空间;另一方面,在开发剧本阶段,我们也前置启动了线路的研发,后续随着电视剧在云南的拍摄,整个游学线路还将不断动态调整,与剧集紧密联动。"通过这些不同的旅游线路,一方面能让更多游客,尤其是年轻人,在云南的大山大水中切实感受到西南联大莘莘学子的爱国精神;另一方面借助与电视剧的联动,探索文旅融合新方式，切实助力云南文化旅游产业升级，促进区域经济的可持续发展。

3. 深挖古韵的现代性转换

树立文化自信，实现中华优秀传统文化的继承和创新，让今天的年轻人接受并认同，关键需要找对路径和方法。摆脱生硬的、居高临下的说教套路，让他们真正感受到中华文化"活"在当下的魅力；赋予传统文化新的精神内涵，让文化与人们的生活产生实实在在的联系，挖掘文化的新时代意义。在此基础之上，借助让文化"活"起来的机遇，"文化+旅游"的融合模式同样迸发出全新的活力与生机。

2020年8月，浙江卫视推出一档全新文旅节目《还有诗和远方·诗画浙江篇》。该节目在浙江省钱塘江诗路、浙东唐诗之路和瓯江山水诗路三条"诗路文化带"开启文化探寻之旅，以"活动+节目+直播"的融媒形式贯穿前后，旨在带给观众沉浸式文旅体验的同时，全力打造浙江文旅发布"主窗口"，形象推介"主舞台"。整季节目如同一幅国画长卷，以"浙东唐诗之路"的重要地段——新昌为起首，以海宁"弄潮"为终篇，在诗文的引领下徐徐展开，用八个篇章"串联"起浙江诗路文化带的三条主线。不同于一般旅游节目以游踪为线索的结构模式，节目以"诗"为媒，将诗境、视境与实境打通，以脚踏实地的探访，追寻绿水青山里的悠远诗境，讲述浙江的山川秀美和风土人情。将"诗"真实化、现代化、媒介化，把观众带到古诗词所描写的实景之中，让观众通过与主持人和嘉宾一起体悟践行来感受诗境，体会诗意，领略诗情。如孟浩然的《宿建德江》，镜头把观众带到建德富春江上。白露横江，明月当空，清幽明净的自然美景，让观众真切感受到诗人创作此诗时的情景，加深了审美体验及对诗歌意蕴的领会。在节目中，主持人和嘉宾穿行于浙江的绿水青山、古村旧宅之中，赏景品诗，探幽访古，真让观众有"从山阴道上行，山川自相映发，使人应接不暇"之感。

"远方不远、俯身即见"是节目借诗歌向观众所传达的新理念，其着眼于传统文化在当代的延续和弘扬，设计的全民征诗活动，收到近万首诗作，一些朴实而富有时代气息的作品在节目中得到展示。一首首来自各行各业的当代诗歌，书写的是平凡日子，歌颂的是美好生活，而这一切都是这个时代鲜活的印记，都是他们生活依托的绿水青山和现代社会的生动写照。这些诗歌与古代诗人遥相对话，也在交相呼应中展现生活的变化和时代的变迁。作为文化和旅游资源的大省，浙江自古丽逸江南、山灵水秀，吸引了历代文人墨客游历、论学，留下了无数的不朽名篇。《还有诗和远方》所做的工作，就是通过系统梳理山水诗歌的精华遗产，在诗歌与地理、文化与旅游、历史与当下的结合中，打造一张让古老诗歌照拂今人心境的"宝藏文旅图鉴"，激发人们亲临其境的游历冲动。《还有诗和远方》将"文旅融合"作为破题点，以"探索浙江诗路文化，发现浙江文化之美"为主旨，既是以文化创新的方式助力浙江文旅产业高质量发展，也是用自己的成功实践，为更大领域的文旅产业联动营销提拟了可供借鉴的参考模板，同时引领旅游类节目4.0时代。[①]

4. 推动符号的流量转化

在万物皆媒的时代，被媒介化的"符号"在互联网的包装、传播、营销操作下，往往能够在网络上引发一轮轮"流量"热潮。实际上，传播者不应采取过度的商业营销和媒介消费，而应该思考如何将其变为"留量"，传递正能量，强化受众黏性，才能真正源源不断地发挥影响力。四川甘孜州理塘县不仅及时利用网络上一夜爆红的"丁真"的流量，同时深入挖掘符号流量与当地旅游景点和人文理念的联系与意义，积极将符号本身的流量与关注度转化为推动当地文旅发展的有力抓手。各大媒体MCN机构纷纷签下这位新晋"网红"。理塘县国资委旗下的理塘文旅也签下丁真，让丁真成为理塘县旅游形象大使。

如何借助丁真背后的流量宣传理塘县的地理风貌、人文景观，将聚焦于丁真一人的景观狂欢，转化为带动理塘县旅游产业实际发展的巨大力量，需要充分挖掘二者之间的深层关系，正确引导人们发现在丁真背后所蕴含的更多理塘县的美。2020年11月，四川甘孜州拍摄的旅游宣传片《丁真的世界》正式上线，该片以丁真为视角，讲述其生活的这片土地和人文，借助丁真的符号流量让人们看到养育丁真的这片土地所蕴含的无限魅力与纯粹。在这条微博评论的下方，点赞前十的用户都表达了对丁真家乡理塘的向往，大家透过这扇流量窗口所看到的是理塘更多的文化、美景和更多沉淀的东西。宣传片照亮了现代都市人返璞归真的期望，给理塘县旅游业的发展带来了新的希望。"我是丁真，

---

① 任宝华.还有诗和远方：用"山水诗歌"引领融合创新[J].中国广播影视，2020（17）：60-61.

欢迎大家来我的家乡做客。"——丁真在视频中代言和推介的文化、美景、家乡等特色文旅资源，营造了他精神世界里的归属感、人情味，成为最吸引人、打动人的情感内核。这种情感，也正是旅游产业走进新时代赢得高质量发展所需要的。

（三）案例：融视频开启旅游传播新场景

截至 2020 年 12 月，我国网络视频用户规模为 9.27 亿，占整体网民的 93.7%，其中，短视频用户规模为 8.37 亿，占网民整体的 88.3%。近年来，网络视频呈现出创作低门槛、全民深度参与的特点，微信公众号、视频号、抖音、快手等视频平台普及度快速上升，海量视听作品在文化传播和数字化建设中发挥了积极作用，在一定程度上推动了我国传统文化的创造型转化和创新型发展。因此，充分利用视听产品的表现形式，在 5G、4K 等技术的支持下实现文化内容的进一步创新传播，是当前传媒行业发展的重要议题。融视频是文旅视听创新的一个代表性案例。融视频是一种新型的基于图、文、声、像、影有机结合的移动端叙事作品，其创作与传播的目标是实现多元文化资源的创意转化，建立文化、知识、媒介、科技、场景等的联动关系，用于满足移动互联网用户对互动化、叙事化、场景化文化产品的广泛需求。

近年来，网络视频行业规模不断扩展，我国正在进入信息传播视听化的

图 3-1 永兴坊摊铺门口贴放二维码印刷板效果

时代，伴随着传播技术的升级迭代，网络视频在信息传播方面具有了更加普遍的适用性。其中，短视频从网络视频的各种形态中脱颖而出，逐渐成为移动互联网时代内容表达和传播的主要文本。融视频是在短视频基础上发展的一种创新形态，融视频之"融"体现在内容创作和传播机制两个面向。

从内容创作上，融视频托生于移动短视频，致力于实现轻量化的叙事模式和多元化的生产模式。由于媒体转型深化、网络平台崛起，微叙事模式开始被普遍运用于各类视频创作中，创作者多以凝练的话语和精巧的创意进行叙事。融视频借鉴微叙事的表达形式，通过创作系列化的微作品群，既可化繁为简，以单一视频完成短小的故事讲述，又可化零为整，呈现文化的发展脉络与宏观样貌。此外，融视频试图包容更加多元化的生产方式、视听风格、内容主题和话语形态，以实现文化内容的创新生产。随着多元化的媒介技术与表现形态不断发展，更多的创作主体正在进入短视频领域，不仅包括自媒体运营者和一般用户，大量专业生产者也成为形塑视听产品发展的一股重要力量。融视频与出版社、报社、广播电视台等传统媒体机构合作，致力于探索一条文献资源转化、内容融合创作的新路径。

从传播机制上，融视频可载于各类媒体进行传播，通过利用各种媒体的传播优势，将融视频运用于多元化的观看场景，拓展内容传播版图。融视频适配纸媒、互动屏、视频网站、短视频平台、社交媒体等传播形态，根据不同媒体的制式要求进行投放，试图满足社会各个不同用户群体的内容需求。同时，融视频可用于展览、旅游、教育、休闲等线上线下各类场景，充分发挥移动伴随的传播功能，为传统信息传播提供立体化的视听体验。通过打通不同领域、不同平台，连接不同人群和组织，融视频可构建起全网传播的视频生态格局和文化繁盛景观社会。在媒体融合的趋势下，融视频正在整合各方面的媒介技术、创作手段与分发渠道，以见微知著的形态，尝试建立文化内容与大众之间更为畅通的传受关系，为网络视频的发展带来新的突破口。

为了适应移动互联网时代的传播特性与用户需求，融视频突破传统网络视频的创作手法，试图通过内容创意和形式创新，对文化资源进行视听语言的转化，从而给用户带来新颖、生动、便捷、美观的视听体验。其主要特点包含以下三个方面。

1. 融合编码

融视频运用多元化的媒介语言进行编码，力图为用户打造沉浸式、立体化的视听体验。为了拓展竖屏视频的表现形式，融视频将图形、版式、配色、动画、影像、音乐、文字等媒介语言相融合，并试图突破各类型的边界，寻求新的连接方式。不同的媒介语言存在各自的叙事逻辑，因此，如何实现手绘图形与实拍影像、文字排版与解说配音、音乐音效与画面运动的相辅相成，是实现融合编码的关键。融视频的各种内容形态实现了"你中有我、我中有你"，形成了一种全新的媒介意象。画面文字是对关键语句、相关概念、诗词歌赋等内容的提炼和强调，以竖排文句或横排短语的形式呈现；画面图像和纹饰根据解说词填入画面，但这种匹配并非看图说话式的机械对应，而是拓展了文字的表现空间，丰富了用户的感官体验；实拍影像能够展现写实的画面风格，可竖幅全屏呈现，也可横屏嵌入画面，使视频成为构图的一部分，配合文字、图形等，使视频的表意更加丰富；音乐与音效通过再造"同期声"，可以打造一种身临其境的场景氛围；解说配音则将情感融进了视听系统，使视频叙事亲切生动。简言之，在融视频中，不同媒介语言都承载着意义，其组合并非简单的转码或并置，而是不同的媒介语言形成联动，使形式的交融激发出内容系统新的生命力。

融视频的编创过程具有非线性和一体化的特征。传统媒介产品策划、拍摄和剪辑的流程是线性的，而融视频以一体化创作方式，在 PC 软件系统和移动应用系统中融合处理内容生产到产品传播的各个环节。在以往的视频编创中，拍摄是创作的重点环节，而融视频的核心创作主要集中在编辑环节。根据蒙太奇理论奠基者爱森斯坦的观点，蒙太奇的影像表现手段大致可以分为场面调度和镜头调度。融视频将两种调度方式进行了有效融合，将拍摄环节的灯光置景、机位调度、镜头运动等操作方式运用到编辑的过程中，将摄制、剪辑、调色、合成等环节融为一体，建成了完整立体、风格统一的视听符号系统。融视频的制作可以借助多元化的技术手段，如粒子特效、MG 动画、三维建模、数码手绘等，运用丰富的表现手段，将不同的媒介语言封装在同一个视频中，并实现各自优势的充分释放和有效结合。融视频的"融"贯穿在产品形态和创作流程之中，只有突破了传统视频制作的线性思维，充分把握媒介语言和编创技术的互动互补关系，才能形成繁而不乱、圆融合一的美学风格。

2. 竖屏构图

随着移动互联网和智能手机的普及，用户开始习惯以竖屏观看的方式浏览内容。行业数据显示，移动媒体用户94%的时间都是竖直持握手机[1]。为了适应大众的移动内容消费偏好，融视频以智能手机作为主要传播载体，以竖屏构图作为画面布局的基本方式（宽度和高度的比例为9∶16或1∶1.34等）。传统的网络视频大多使用横屏制式，但是，横屏视频在竖持情况下只能占到手机屏幕的1/3，很大程度上浪费了屏幕面积。竖屏视频更便于用户看清内容，从而延长用户的观看时长，优化视听体验。当前，抖音、快手等短视频平台中虽已出现竖视频，但很多产品仅在主画面中嵌入横视频，在上下方使用色块、虚化背景或标题等来填充，实际上并未改变其横屏的本质。真正的竖屏视频应将素材元素饱满地填充到智能手机的屏幕空间，从竖幅构图的思维对画面元素进行排版和布局，相应的镜头运动和视觉动效也应适应人眼在观看竖屏内容时的视觉路径，为用户带来更加适应移动设备的视觉体验。

融视频的竖屏构图突破了传统的横屏思维，主要采用对称构图、三切分构图、纵向黄金分割构图等方式，以提高画面内容在竖屏的适配程度。竖屏视频对不同的景别具有差异化的表现力，由于左右空间局限，融视频对中景和特写景别的内容表现力较强，对全景内容的表现受限。为了解决这一问题，融视频多采用具有散点透视特征的绘画作品来表现全景画面，并增加摇镜头的动作，使实拍的全景影像能够在运动中得以呈现。如在"二十四节气里的中华文化"系列融视频《雨水》中，画面运用了万物生长的镜头，并仿照竖幅国画"中堂"和"条屏"的构图，将植物主体与画面文字形成了对角线呼应。又如在融视频《荐书——文明以止：上古的天文、思想与制度》中，画面用从左向右摇镜头的方式，呈现了原本以横屏摄制的大地日落全景，同样烘托出了日暮时分、由动转静的画面氛围。在视觉路径上，由于画面纵向空间较大，画面运动的顺序也以自上而下为主，减少横向留白的同时，使单位时间内画面信息的体量较为均匀，也适应了人眼对竖屏内容的观看习惯。再者，标题、字幕等文

---

[1] 喻国明，杨颖兮．横竖屏视频传播感知效果的检测模型——从理论原理到分析框架与指标体系[J]．新闻界，2019（5）：11-19．

字设计也以长句竖排或关键词横排的形式呈现，使文字与画幅和谐统一。总的来说，融视频的创作者要避免生硬地对横屏视频进行裁切或填空，要从时间和空间的调度上转化视频的运动与排布方式，打开竖屏视频的创作空间。

图 3-2 "二十四节气里的中华文化"系列融视频

3. 移动伴随

习近平总书记提出"要坚持移动优先策略，建设好自己的移动传播平台"。移动优先不仅仅要求内容传播要拓展平台或渠道，更需要把用户聚合到移动平台上，优化用户体验，深耕用户价值。未来几年内，5G 和 4K/8K 技术的普及为超高清视频的发展创造了条件，视频将成为内容输出的主要形式之一，泛视频化传播将成为常态。在此形势下，视听产品将从固定终端的大屏幕走向智能手机的小屏幕，移动伴随的视频消费模式将成为普遍形态。智能手机成为身体感官的延伸，移动设备的便捷性使受众摆脱了设备与空间的束缚，可以自由地观看视频。融视频在产品形态的探索中，主要以智能手机作为播放终端，同时支持跨屏联动，充分发挥大小屏幕各自的优势，为消费者带来多维度的视听体验。在旅游、参观等文化传播场景中，跨屏视频可以配合用户的具身在场实践，形成一种更加浓郁的文化氛围，物质、符号与媒介相连接，使用户能够更深层地体验并理解文化内涵。

在新的技术背景下，移动端视频创作的门槛降低，用户通过移动短视频App，能够便捷地拍摄和剪辑视频并上传网络，这使网络中的视听产品总量呈指数级增长，受众的注意力已经成了稀缺资源。因此，移动端的内容传播既要注重内容品质，在众多的作品中发挥引领作用，又要适应互联网的传播机制和大众文化的流行特质，用创意化的内容和创新型的形式来引流。移动端视频需要吸引用户的注意力，但是如果过分强调形式的浮夸绚丽，只会使内容表达停留在浅层，使深度信息受到稀释。当然，如果视频内容太过专业和晦涩，一般用户会难以坚持看完整条视频。融视频的选题需围绕新鲜的文化内容，并采用普通大众较为熟悉的话语形态，在奇观性与大众性之间进行调适，提炼内容亮点来吸引用户。同时，视频在节奏上还要有起有伏，保证用户注意力持续在线，理解内容并获得愉悦的视听享受。此外，由于移动观看会降低用户对视频解说词的收听效果，所以，融视频要通过合理排布画面文字来弥补这一短板，使用户通过观看画面关键词与短语，就能充分理解视频的中心内容。简言之，视频创作需要在内容与形式的丰富度之间实现平衡，要适应移动端的播放方式，从用户体验反推创作法则，让融视频的形式服务于内容表达，且有效传达文化内容的内涵与外延。

二、音频的融媒体形态与创新

随着全域旅游时代的到来，仅仅依靠自然资源和人文资源的旅游业态已经不能满足游客的需求，应该更加关注旅游目的地的生活方式和文化内涵。景区文化和生活方式的传播离不开景区解说系统的规范与优化。以优质旅游为导向，让文化引领旅游走进新时代，让人民群众参与进去，在旅游体验过程中拥有更多切实的幸福感和获得感，满足游客对旅游文化多层次、多样化的诉求，找到行之有效的、可操作的、可持续的解决方案。如今，自助游、自驾游的游客越来越多，他们更加注重旅游体验，更依赖于"自助式"的景区信息传播，因而景区解说系统更为重要。如果说视频产品的优质创作和打造能够吸引游客从"线上"转为"线下"的游览和消费，那么伴随在旅游过程中的内在文化的语音讲解和便携的音频指引，往往更能够给游客带来真正的沉浸式体验和互动式的参与感。与此同时，借助新的媒体技术赋能，在音频之上的融媒体打磨创新能够满足游客的个性化游览需求，真正考虑到不同文化背景、年龄层次、个性喜好等，在创新音频方向融合更多多元化、智能化的形式创新。

（一）"扫码听"：激发游客互动行为

随着中国旅游业的飞速发展，游客的旅游消费需求和行为正在发生巨大的变化，大众型旅游、观光游览逐渐被自助式、体验式的旅游方式所取代，一个完整的自导式解说系统可以为游客指出准确位置，指引正确方向，给予安全警示，提供服务项目指示等多项信息服务；可以增强游客对景区旅游资源及旅游产品的理解和欣赏，深化景区的文化内涵，提升旅游地的品质和品牌价值，提高游客对活动的参与意识，改变游客的态度和行为，促进游客、当地居民、管理者之间的和谐交流，实现目的地的良好持续发展。

在体验经济、"互联网+"及智慧旅游发展的时代背景下，二维码作为一种新型解说媒介不仅极大地提升了游客体验，也方便了景区对游客的管理，同时加快了景区的智慧化进程。从游客角度出发研究智慧景区二维码解说效果，不仅对智慧景区改进解说工作、提升服务质量意义重大，而且对拓展旅游解说研究领域意义非凡。

二维码解说指的是景区将需要解说的信息通过一定的技术集成到一个二维码中，游客通过移动智能终端对二维码进行扫码后即可获得相关解说信息。如龙门石窟景区将二维码从为游客提供简单便捷的解说服务，转化为能够为不同游客提供自主选择服务及与游客个性化互动的新音频形式。通过扫描二维码，龙门石窟将游客转为自身平台的流量，同时为其打造一系列的"可听"内容。目前，整个龙门石窟景区已经被移动网络覆盖，道路两边印刷着二维码的标牌，扫描二维码即可连接网络。每一个景点前设置二维码，游客只需关注龙门石窟公众号，扫描二维码，并回复对应的数字代码，就可以聆听详细的景点相关讲解。在其公众号的"云导览"中，游客每到一处景点，点击移动媒体端地图上的耳机按钮，便可聆听有关该地的历史语音讲解。在"云诗歌"中，龙门石窟开展"全民读诗"的互动活动，游客可以在景区参与和龙门相关的古诗词朗诵、跟读活动，并上传至该平台，共同完成龙门石窟的文化诗意的传承与构建，让游客在游览的过程中真正感受到景区文化的底蕴与内涵。

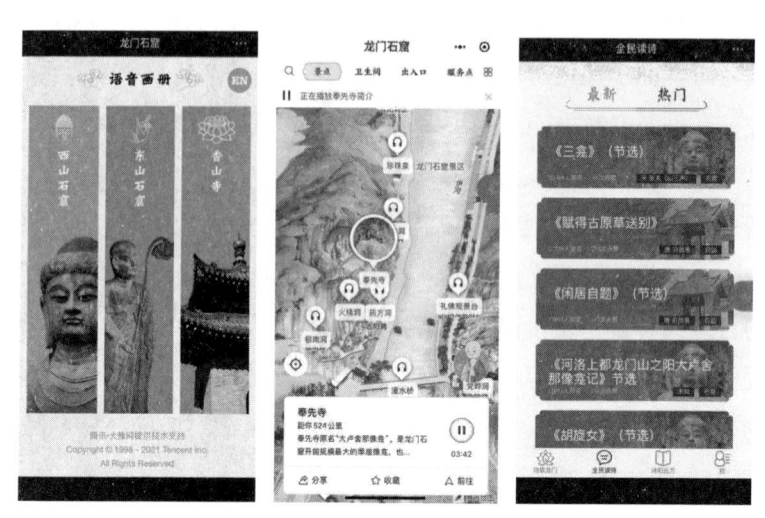

图 3-3 龙门石窟"云导览"

（二）"移动听"：旅游需求与场景接合

当前，中国游客的旅游需求不仅满足于观光，精神的享受和升华将成为更高层次的追求。完整的景区解说系统可以使景区产品更加立体、生动并富有活力，给游客带来耳目一新的游览体验，在全新的交互方式下，游客可以从多角度感受到景区产品的背景、参数及内涵。当下，旅游景区的解说系统完整与否将更受游客关注。在大众化旅游时代，景区游客人数爆满，建立完整的解说系统将对游客教育和管理发挥很大的作用，还能满足游客的个性化需求。而在媒介融合的背景之下，解说音频同样能够借助媒介技术，融合多种音频，打造更为现代化、立体化的融音频，并且可以依靠便携式的移动端媒体随时随地聆听，通过让景点、非遗、文化"活"起来，使人们真正了解它们背后的文化意义和历史内蕴。

2020 年，中国传媒大学电视学院同八路军驻西安办事处、盐池革命历史纪念馆、六盘山长征纪念馆等爱国主义教育基地合作，创立"移动听"的音频导览，以移动融媒技术手段，打造文旅融合新形态，创造沉浸式体验。该音频导览不同于以往单一的语音讲解，而是在讲述历史故事中配上相应的音乐、音效，让游客在爱国主义教育基地中边聆听语音讲解，边感受历史时刻。"移动听"微导览，通过让游客沉浸在移动音频中，深刻地感受历史、体验历史、尊重历史，进而发扬新时期爱国主义教育，弘扬和培育中华民族精神。

（三）"沉浸听"：技术融合与产品创新

非遗博览馆作为向公众开放的文化教育机构，收藏、保护、教育、研究、传承是其主要功能，这些功能的发挥和解说有紧密的联系。解说是沟通场馆和观众的桥梁，能够增进人们对非遗文化的理解与认知，引导人们对非遗文化传承的重视。解说系统是由多要素构成的具有特定功能的有机整体，也是实现展馆有效管理的重要手段，它可以较好地发挥教育功能、服务功能、管理功能和经济功能，从而起到良好的宣传作用。充分发挥新媒体技术的作用，搭建游客与场馆之间更为深入、立体、全面的沟通互动桥梁，可以通过技术融合下的新型解说来实现。

融合解说指通过充分利用先进的科学技术（如VR、AR、全息影像等）对解说内容进行信息化处理，以有效地提高解说效率，激发游客对解说内容的兴趣，使游客更深层次地参与及体验。以贵州省非物质文化遗产博览馆为例，运用技术融合的解说是该非遗馆讲解系统的核心，也是其最具吸引力的部分。它的主要内容是听筒式多媒体解说模块。该讲解模块由一块可触控的液晶屏幕和一个电话听筒组成，游客可以从屏幕上自主触控选择感兴趣的展品，屏幕上就会播放相关的讲解视频，游客只需靠近设备，即可听到视频声音。一方面，这种听筒式多媒体解说不同于需要依托外在移动媒体或者扫码程序的二次操作，游客身处文化遗产博览馆中，随时随地拿起听筒便可以获取自己想要了解的内容。另一方面，相应配套的可触控的液晶屏幕所展现的视频内容，同样能够与听筒内音频相辅相成，使游客可以全方位沉浸式地对历史文化进行深入了解。

（四）"定位听"：智慧解说与定制服务

智慧旅游是基于新一代信息技术（信息通信技术，ICT），为满足游客个性化需求，提供高品质、高满意度的服务，实现旅游资源及社会资源的共享与有效利用的系统化、集约化的管理变革。解说系统能够通过现场资料等将特定的旅游信息传递给游客，以此实现教育与服务功能，而智慧旅游系统则更注重利用现代信息技术满足游客个性化、多样化的需求。

智慧旅游解说系统是将智慧旅游与解说系统相结合，基于新一代的移动互联网技术，利用可携带的移动终端作为载体，构建兼具导游解说、功能集全、面向现代智慧旅游的智能解说系统。智慧旅游解说系统将智慧旅游和解说系统的优点结合起来，通过手机、平板电脑等终端移动通信技术，借助 App 应用软件为游客提供语音解说、旅游资讯、电子商务及其他各种服务。系统首先通过微信公众号、微博等社交软件向游客宣传旅游信息，然后以 App 的形式向游客提供景点信息、旅游规划、景点解说和电子商务等服务，构建景点解说和其他功能兼具的智慧型解说系统，打破了传统的解说模式。

高速互联网络和智能手机的结合成为自助旅游者的重要支撑，游客手中的智能手机/导游机成为自助旅游不可或缺的助手，它借助电子地图、GPS 定位等软件系统及专业旅游网站提供的导航、导游、导览、导购等信息服务，使一个陌生的自助游客可以在旅游目的地自由活动。随着科技信息技术的不断更新，将会影响甚至改变未来旅游的出行方式。旅游业要做到更好的转型发展，现代移动互联网技术是重要的影响因素。例如，西安大唐芙蓉景区推出的"李白讲唐智能导游机"便实现了游客走到哪儿，讲解到哪儿，利用 GPS 定位自动感应讲解点信息，让"李白"带领游客深度体验盛世大唐的前世今生。

三、媒体技术的应用创新

（一）应对挑战：疫情下的"云旅游"

"云旅游"是指游客通过基于云计算的旅游应用体验，对旅游资源、旅游经济、旅游活动、旅游者等方面的信息智能感知、方便利用，更为充分地享受个性化旅游活动及个性旅游定制服务。与传统旅游活动相比，"云旅游"融合了现代高科技技术的智能化旅游系统，把旅游活动从实地体验上升为"在云端"的体验，突破了地理和时间的限制，通过云计算的功能，让游客可以通过一个或多个终端设备，随时随地地享受旅游的乐趣。

"云旅游"的出现可以追溯到在线地图软件的产生和使用。最早利用Google Earth 在线地图和360°环形图片等技术,就把足不出户即能游览世界的旅游方式变成了现实。但是受到技术的限制和体验不佳等因素的影响,早期的"云旅游"并没有引起大众的关注。2020年"云旅游"流量井喷,被大众所认知,主要原因有两个:一是技术的发展,虚拟技术和传输技术等的进步为"云旅游"提供了技术可能;二是新冠疫情的影响,疫情让民众不得不宅在家中,而融图片、讲解音频、视频、旅游App等多种形式为一体的"云旅游"产品,恰好迎合了此时游客的需要,改变了过往的旅游消费模式,拓展了旅游产业的发展方向。

2020年,多家文旅企业结合自身的特点和优势,开展了形式多样的"云旅游"探索活动。2020年2月,以携程、飞猪为代表的部分OTA平台发布了"国内外景区语音导览"服务,借助"语音+图文"的形式,为宅在家中却想要游览世界的人们提供导览服务。该功能覆盖了超过3000家景区,包括博物馆、城市景观、主题公园等。敦煌研究院推出了"云游敦煌"的微信小程序,人们在家动动手指就能观赏到敦煌的壁画和雕塑。随后,国内8家博物馆携手淘宝主播,结合"实景直播+主播讲解+科普讲座+现场卖货"的形式,与2000万直播观众一起线上看展。3月1日,布达拉宫参与了淘宝的"云春游"活动,进行了60分钟的网络直播,直播内容包括布达拉宫常规参观路线、宫殿建筑工艺、文物古迹日常保护等,总观看人数达到92万人次,超过布达拉宫全年150万人次客流量的一半。3月18日,武汉举办线上直播一小时赏樱活动,3000多万人次通过直播在落英缤纷的时节"云游"了武汉的最美樱花。世界五大博物馆之一的大英博物馆也在快手平台以在线直播的方式开启了首次中国直播夜,吸引了200万网友在线围观。法国凡尔赛宫于5月14日在淘宝进行了全球首次直播,并由馆长亲自为中国网友解说。宴会厅、拿破仑加冕厅、路易十四卧房等都在此次直播中逐一呈现,让远在大洋彼岸的中国网友在线领略了凡尔赛宫的魅力。

直播流量数据足以显示出"云端"的巨大吸引力。可见,受疫情影响的全球文旅产业虽受到重创,但旅游产业与直播平台联动,也为文旅产业注入了新的活力。

图 3-4　云游敦煌 App 界面

（二）技术变革：5G 下的智慧文旅

5G 技术开始引领文化产品走向数字体验化。随着 5G 在音乐、动漫、影视、游戏、演艺等文化产业领域的深度创新和应用，具有可视化、交互性、沉浸式等特性的数字创意产品和服务将迎来大爆发。未来，人们可以通过移动智能终端，身临其境地体验各式各样的文化产品和服务。智慧旅游是现代旅游高度信息化的创新领域，它把一些旅游资源进行整合与激活，并服务于政府、企业、公众等面向未来的智慧旅游形态，是对传统旅游的创新变革。

近年来，在政府的引导和推动下，我国"智慧旅游"技术和平台正如火如荼地快速发展。2011 年 7 月，国家旅游局明确了旅游业发展战略目标，确立了我国智慧旅游发展的方向；2012 年，北京、武汉、成都、福州等 18 个城市被确定为"首批国家智慧旅游试点城市"，开启智慧旅游的发展典范；2019 年，文化和旅游部科技教育司发布《关于申报 2019 年度文化艺术和旅游研究项目信息化发展专项的通知》，以补助的方式支持信息化技术在文化和旅游领域的创新应用发展；2020 年，文化和旅游部科技教育司发布《2020 年度文化和旅游信息化发展典型案例名单》，全国 58 个案例正式入选旅游行业新型监管旅游平台，为全国智慧旅游的发展树立了良好的标杆。国家及政府各部门在智慧旅游发展过程中始终发挥着重要的作用，带动全国，鼓励技术发展，不断探索新型的服务平台，不断提供精细化、个性化的旅游服务，为游客及全国各行业提供权威、及时、透明的旅游信息，成为智慧旅游强有力的支撑。智慧旅游模式已经实现了与旅游产业深度融合，并取得良好效果。

5G技术是智慧旅游升级的支撑，在智慧旅游方面的发展与应用不断实现跨越式的提升，给游客带来全新的体验与旅游服务。在国内出现了很多依托5G技术与物联网、VR/AR技术融合，提供自助导览、全景直播、沉浸导游等项目的旅游服务，比如，在大型展会及博物馆中通过5G+全景直播技术对馆内外同步直播的探索；在旅游景点中通过VR/AR技术融合体验穿越古今的沉浸式体验；在交通枢纽中为乘客提供智慧车站App，为车站开发智慧车站管理平台。2020年，在医院服务的基于5G网络的送餐机器人、清扫机器人等相继出现。山东移动与浪潮联合打造的"5G+智慧旅游"解决方案在济南市大明湖景区落地，5G技术在智慧旅游转型升级中发挥着重要作用，5G技术在智慧旅游中的应用将为我国带来高度智慧化旅游的机遇。

5G智慧文旅即"5G+智慧文旅"，其中智慧文旅是指以大数据、物联网等现代科技为引擎，以当地自然景观、历史人物等特色文化资源为内在驱动，以自助游、定制游等旅游方式为载体的新兴旅游模式。5G智慧文旅便是将5G无线通信技术与大数据、物联网等现代科技结合，应用到旅游营销、管理、服务、体验等方面，以达到推动智慧文旅更进一步发展，助力景区全面智慧升级的目的。

1."5G+大数据"应用分析

在5G网络的支持下，大数据技术的数据信息采集、挖掘分析和可视化查询功能可以帮助景区对客流、营收、环境、安全等关键数据信息进行实时统计，做到景区运营情况的实时掌握和管理。此外，"5G+大数据"技术还可应用于景区联网无人机的专业巡检和安防、景区危险地带实时告警、景区内特色景点智慧推荐、景区资源优化配置、景区服务平台的智慧化营销系统等。

2."5G+物联网"应用分析

在5G网络的支持下，物联网借助射频识别、红外感应、激光扫描等传感技术，可实现景区的智能化管理。例如，物联网与射频识别技术结合，可实现游客身份的自动识别和智能消费、景区停车场停车时间的监督与控制等。其次，NB-IOT与红外感应技术结合，可实现对景区厕所、垃圾箱等公共设施的实时数据监测与管理。此外，物联网与摄像头、微波、电缆等传感设备结合，可以实时获取景区人流、车流信息，以便于景区的安防管理与控制。

3. "5G+人工智能"应用分析

人工智能技术需要大量的数据支撑，数据越多，模型就越精准，其应用就越深入。"5G+人工智能"技术结合景区内的监控设备，可实现对景区各个角落的精准监控、游客的智能检测识别、可疑人员实时报警及丢失走散人员快速查询定位等功能。此外，5G网络的D2D通信技术可以实现景区内各监控摄像头间数据信息的传输。因此，"5G+人工智能"还可应用于景区内跨镜追踪（ReID）和景区内行人管理等。

4. "5G+VR/AR"应用分析

5G通信的移动边缘计算技术可以使计算与存储功能进一步下沉至网络边缘，帮助AR技术降低运动到成像时延，为用户带来更好的感官体验。目前，5G+AR可应用于景区的AR全景视频点播/直播、AR互动营销、AR全景导航、景区历史风貌再现等。同时，AR技术还可与语音识别、图像处理等技术结合，为游客提供景区建筑物、展品智能拍照识别、智慧语音导览及实时翻译讲解等服务。

目前，"5G+VR"可用于景区内VR视频全景直播、VR体验营销、景区虚拟再现、VR全景智慧游览等。除此之外，5G通信的超高数据传输速率可助力将VR产品本地的存储和计算都放在云端，实现VR运行能力由终端向云端转移的目标，云VR由此诞生。"5G+云VR"可降低VR体验对终端硬件性能的要求，大大缩短VR产品的体积和重量。因此，其可助力景区为游客提供沉浸式参观体验服务，游客也可通过云VR实现景区内参观体验的多屏分享、多人互动等。

5. "5G+人脸识别"应用分析

目前，"5G+人脸识别"技术首先可用于景区的门禁系统，通过对游客进行面部识别来对游客的身份进行验证。其次，其还可用于景区内的大型活动安保，即通过人脸识别技术对参与活动人员进行身份验证，若发现可疑人员，则可及时向管理人员报警。最后，该技术还可为游客提供便捷的人脸支付服务。

6. "5G+图像处理"应用分析

由于4G网络速度限制，现有的图像数字加密技术大多依靠设计较低数据运算量的算法来保证图像安全性及高效率的性能要求。"5G+图像处理"技术可以与景区内的监控设备结合，用于景区内的智能视频监控高清化、智能视频监控多维采集、智能视频监控无线传输等。此外，其还可与人工智能、大数据、人脸识别等技术结合为游客生成定制的旅游打卡游记，从而为游客提供定制的自媒体服务。

（三）体验升级：VR下的沉浸式旅游

VR技术即人们常说的虚拟现实技术，是通过将计算机和软件资源进行集成，从而让用户能够完全进入实时和三维的虚拟环境中。在视、听、触、味、嗅等感觉可以通过计算机模拟出来的情况下，用户可以拥有真实的感觉，调动各种感觉器官，并操作计算机与环境进行交互。随着人们消费层次的多元化转变及智能手机的普及，传统景区"扫景点""走马观花"式的消费习惯已经无法满足游客要求，传统景区依托"智慧景区"这一概念进行优化升级已成为近几年来的主流趋势。在移动端从功能机到智能机性能的一次次跨越式发展，智能手机以便捷性、智慧化、社交化等特点已经成为集娱乐、购物、社交、游戏等于一身的智能终端。虚拟旅游即将游客手中的智能手机作为智慧景区的数据收集载体，通过VR/AR等数字技术，将景区的一系列智慧内容植入小程序、App、微信、支付宝等第三方软件平台上，突破游客游览的时间、空间维度，克服其他客观因素，以多种方式呈现出不同景区独一无二的文化内容，全方位发掘游客消费潜力，从而拉动特色民宿、地方餐饮、民俗文化等服务业经济增长，实现景区集群化发展、产业资源联动，推动区域经济协调发展。

社会的发展和人们的需求为虚拟旅游的诞生提供了先决条件，也为其进一步发展提供了可能。虚拟旅游是指在对实际旅游景观研究考察的基础上，通过对虚拟现实技术的应用，利用VR技术的沉浸式特性，让用户在佩戴专用的眼镜或是其他设备时，于全系投影的三维立体景观中进行身临其境的观赏和浏览。虚拟技术和旅游行业的快速发展是相适应的，也丰富了现代旅游的研究内涵。虚拟现实技术可以对现实，甚至超现实进行模拟。游客对景点的多样性和深度的要求在不断增加，在游览残缺古建筑时，对其曾经的形状和场景会有强烈的好奇心。虚拟现实技术既能够应用到残缺的景点甚至已经不存在的景观，也可以应用到仍在进行规划的景观和人类不可能达到并进行观赏的景观，让人们在游览自然风光和放松心情的同时，实现自己未来的愿望。

现阶段的 VR 技术应用最广泛的是桌面虚拟现实，即通过信息技术和仿真技术，以计算机作为媒介，使设备输入和虚拟世界交互，根据实际场景建立模型。通过分析现阶段采集的旅游数据情况，根据旅游者的偏好设计旅游系统，制定 3D 地形景观图，让人们在网站上 360°观看景区的全景。根据文物实物建立三维模型的数据库，可以让参观者从各个角度观赏和研究文物。同时，建立漫游系统用于景区的宣传，根据需要改善数据模型，并进行美化，即通过对实际环境和地理位置的参考，通过对地域资源和人文资源的运用，使模型更加符合实际。此外，应用听觉感知和视觉感知，让参观者的感受更加真实。

通过对景区历史文化、民俗文化等差异性进行深度挖掘，全面开发景区文化、旅游、民俗、博物馆、非遗等 IP 资源，建立独具特色的数字经济体验馆，以 VR 手套、VR 头显、全息投影、微型投影仪、液晶投影机等硬件为载体，利用 AR、VR 等数字手段将景区的差异性元素呈现给游客，以古装换衣镜、VR 还原历史场景、AR 古迹寻宝、"文旅 +VR/AR" 精品项目、影视、文化漫游、异地体验等形式，通过人机交互体验打破空间与时间的限制，为游客提供"身临其境"的畅快体验，让客户在视觉、听觉、触觉等感官世界体验虚拟的"真实"旅游环境，进一步提高景区"智慧化"核心竞争力。

例如，法国阿维尼翁教皇宫通过 AR 技术复原 14 世纪教皇宫的辉煌场景，通过用平板电脑定位并扫描，为游客复原当年教皇宫的恢宏场景，再通过不同地点的 AR 寻宝，为每一个完成寻宝的游客送上电子纪念品，游客寻宝完成后留下电子邮件地址，便可收到纪念品。再比如，秦始皇陵兵马俑博物馆通过对秦国变法到统一六国的历史再塑，让游客通过 VR 设备深入秦军攻城现场，产生穿越历史的真实体验。很多景区捷足先登，通过无人机、摄像机拍摄，让游客不仅能 360°游览，更能站在无人机角度俯瞰大地，甚至可在不同地点看到同一景点一年四季的不同景色。利用数字技术打破空间限制和时间限制，让游客在家便能看到景区的各个景物，这些都能够极大地激发游客的消费欲望，促进区域旅游多次消费。①

（四）多元领域：AI 赋能下的智能旅游

AI 作为新生的互联网技术，在文旅融合创新中扮演着不可或缺的角色。2020 年，全国 65 个景区推行的刷脸票务系统，就是 AI 在旅游业的大规模应用。AI 在这里主要用于解决游客排长队购票入园的问题，既而将游客的时间释放引导到购物、休闲、娱乐等景区的二次消费上。刷脸票务系统只是 AI 应用在旅游业的一种方式，或者说是一个环节。旅游作为一种线性服务，最需要有一个轴心把游客、景区、门票、交通、住宿等场景数据串联起来，某一环节的数据缺失，势必会破坏整个产业链的连续性，也决定了用户最终会消费哪些服务，AI 正是这样一个轴心。基于 AI，可以很大程度上解决景区的一些痛点问题，如淡季引流、旺季管理、商户统合、黄牛假票等。智慧旅游系统包括旅游智能助理，可以解答游客的路线等问题；AI 导游，可以实现实地的、个性化的导游讲解；刷脸入园系统，有效帮助景区缓解入园高峰期拥堵、售检票不畅等问题，防止出现假票、逃票、漏票、黄牛票等问题。

四、产品创作的流程创新

文化产业和旅游产业的融合，是通过对各自产业价值链上的价值进行细分，借助文化创意者的智慧和新的技术手段，以产业之间价值链融合或延伸的方式，进入彼此的传统产业领域，再结合其内部价值对两大产业价值活动进行优化重组、整合及创新，最终整合而成涵盖两大产业核心价值的新价值链。文化与旅游的互动本质是文化和创意对旅游业价值链的渗透、辐射和延伸，促使旅游产业价值链增值和增殖，以实现资源、文化、生态、经济和社会的可持续发展。

文化创意产业和旅游业的全产业链融合模式，是以两大产业链的主要节点，如资源、产品、营销和消费为融合路径，整合两大产业的优势资源和渠道，通过技术引入和创新，滋生新产品、新业态，从而实现全产业链的

---

① 寇蔻，赵嘉悦，刘银娟，姚威风. VR 和 AR 等数字技术与智慧旅游相融合的研究与应用［J］. 旅游纵览（下半月），2020（2）：57-58.

融合。①

(一) 资源融合：价值整合开发

文化资源和旅游资源的融合是文化旅游产业融合发展的基础。全产业链在资源环节的融合，包括将文化资源与旅游市场需求对接和运用文化创意理念开发旅游资源两大主要途径。文化资源在融合中，通过对接旅游市场需求，将文化资源中对旅游者有吸引力的、可以为旅游业所利用的资源，利用市场手段加以挖掘，增强参与感、体验感，实现文化资源的旅游功能开发。文化资源开发之初的旅游功能预留及文化产业规划中的旅游功能强化是文化资源和旅游市场需求对接的主要路径。文化资源在开发之初，对于具有明确的旅游开发价值的，应在开发之初结合旅游市场的需求，设计、打造文化旅游体验类产品，提供文化旅游发展的咨询等配套服务；对于尚不明确其旅游潜力的，可以通过留白方式预留发展空间；随着文化产业的发展和旅游市场需求的明确，组织者可通过规划和功能性调整等方法弥补不足。

(二) 产品融合："媒介+"与"文化+"思路

产品融合是文化和旅游融合发展的核心，是由潜在资源到现实生产力的转变，是两大产业深度融合的体现。全产业链模式在产品环节的融合，既包括利用科技手段，推动科技、文化和旅游的融合，也包括通过创意创新，推动文化和旅游的融合发展，从而形成全新的文化旅游产品。文化旅游产品在不同环节、领域、内容等方面的组合创新，也是全产业链模式在产品环节融合的重要内容。文化创意资源经过创新性开发利用，形成新的旅游产品，既扩展了旅游业的内涵和外延，也满足了旅游市场多样化的消费需求。

在产品融合这方面，要善于利用媒介融合时代"媒介+"的新思路，将其与文旅产品相结合，给文创产品赋能以融合时代的创新理念。"文化+"的发展，不仅让旅游文化资源成为文旅实体产品，在旅游景点发挥文化传播、产业链创新、品牌消费升级的价值，而且借助媒介融合的发展趋势，以融视频、融音频的媒介产品形式进行二次升级呈现，在互联网营销及传播层面，附加更多的情感价值。这种"线上+线下"的联动融合新玩法，真正从各个角度考量

---

① 吴丽云. 文化和旅游全产业链融合模式研究 [J]. 中国旅游评论, 2018 (4): 149-154.

新时代消费者的实际需求，最大程度传达文旅融合背后的文化价值，多方面创造产品的消费机遇。

（三）渠道融合：建立多领域连接

文化和旅游在融合中，借助文化创意创新营销的方式和手段，利用新媒体和网络平台宣传、销售文化旅游产品，从而实现文化和旅游的渠道融合。文化和旅游产业在销售环节的融合，首先，文旅产品可以借助已有的旅游销售渠道宣传、销售文化创意类产品和文化旅游产品，拓展产品原有的销售渠道。其次，国内的在线旅游企业已形成了涵盖景区门票、演出门票、旅游线路、住宿、餐饮等产品的平台销售体系，文旅企业可以充分利用上述在线旅游企业强大的平台销售能力和庞大的用户群，进行产品的宣传和销售。文化类企业还可借助旅行社等传统旅游销售渠道组织、销售文化旅游产品。第三，旅行社等传统旅游企业，在组织旅游产品和旅游线路方面有着得天独厚的优势，可以更精准地把握消费者的需求变化。因而，文旅企业可以通过旅行社对现有的文旅产品进行组合，以不同主题形式纳入传统旅游线路，或是通过将文旅产品与经典的旅游产品、旅游景区相结合，进行联合宣传促销。

同时，文旅企业可以将文化创意思维用于旅游产品的宣传和销售中，创新旅游宣传营销渠道。通过打造旅游节庆活动和事件营销方式，扩大旅游产品的宣传；通过热播剧、电影、真人秀节目等方式宣传旅游景区，促销旅游产品。如张家界景区策划的飞机穿越天门洞、蜘蛛人徒手攀爬天门洞、翼装飞行穿越天门洞等创意营销活动，引发新闻媒体和潜在消费者的关注，取得了良好的宣传效果。再比如，《爸爸去哪儿》《极限挑战》等综艺节目的热播，带热了北京灵水村、广东佛山等地，这些都是渠道融合推动旅游发展的典型案例。

（四）消费融合：文旅消费与创意加持

全产业链模式在消费环节的融合，包括旅游消费中的创意融合和文化创意中的旅游元素完善。旅游消费环境的创意设计，既可以帮助企业创新产品，也可以提升消费者消费体验感。如迪士尼等特色主题酒店，将迪士尼元素融入房间的装饰、物品和服务中，大大增强了酒店对消费者的吸引力。在旅游餐饮企业中，海底捞通过对等候环境和服务的创意设计，将消费者的等待时间变成享受优质服务的过程，既提升了消费者的消费体验，也为企业赢得了忠诚顾客。

旅游消费和文化创意的融合还包括在旅游消费过程中运用创意思维进行的创新型设计，通过增加游客参与式体验的方式增强游客对旅游产品内涵的认知度，提升游客的旅游体验质量。传统旅游项目以静态展示为主，体现的仅仅是观光功能，缺乏体验性和深度游览性。随着新技术的进步和人们需求的多元化，现代人对旅游有了新的要求。赋予传统文化以新的生命力，就要通过高新科技手段，采用情境体验、动漫形象、创意理念、游戏玩法、影视场景、个性创意商品、生态建筑景观及丰富演艺内容等方式将静态的文化旅游产品活化起来，这样才能满足旅游者完美的深度文化体验感。

第三节　物理空间与实用物的融媒体表达

一、旅游空间的文化基建

城市基础设施是一个广泛用于规划的概念，指与城市社区生活联系在一起的设施和服务。在一个健康的城市社区中，这样的基础设施有助于经济发展和社会进步。[①]基础设施建设的投资拉动是一时的，但由此带来的交通便利可以推动人员流动、物资流通，从而带动市场活跃，促进经济发展，推动文化互融互通。这样的经济文化拉动是更为持久和深远的，也更能体现新基建的内在价值与意义。

文化基础设施建设是一个地区、一个城市文明程度的重要体现，是体现城市文化底蕴的靓丽名片，是发展文化事业和文化产业的重要保障和平台，是构建公共文化服务体系的重要支撑，也是塑造城乡形象、提升城乡品位、提高城市竞争力、增强文化软实力的重要手段。作为文化创新的重要载体，文化基建的多元化创新与创造性发展，对提升地域文化特色的商业变现能力有良好的推动作用。新基建带来的由基础设施向上层建筑的全面深化改革，只有在全面提升国家治理体系和治理能力现代化的进程中更新文化治理手段和治理模式，才能更好地助力文化发展，真正让文化"更基础、更广泛、更深厚"。

---

① 吕飞，于婷婷.城市文化基础设施廊道研究初探［J］.城市建筑，2012（8）：137–139.

旅游空间的文化基建，将文旅产业与城市发展、旧城改造、智慧城市建设等紧密结合，通过文化基建的提质、扩容、增效，不断创新文旅产品供给，活化文化资源，改进文化表达方式，促进城市文旅产业向数字化、融合化、高端化发展，助力文化旅游产业结构升级。旅游空间的文化基建，一方面，有助于补齐地方旅游业统筹规划、创新管理等方面的短板，另一方面，可以切实推动文化和旅游深度融合发展，让游客获得更多层次和更加多元化的文旅体验，真正实现"以文促旅、以旅彰文"，有序推进文旅融合转型升级和高质量发展。

（一）以真实为基础，建立文化认同

对于旅游文化产品来说，场景的真实性就是其所在的独一无二的地域文化，包括历史文脉、建筑艺术、传统风俗、饮食文化等。地方丰富的文化与美学元素能够赋予空间明确的文化真实性（Authenticity），并以此连接本土居民和外来旅游者。在真实性环境设计上，最重要的是服务于当前消费场景，通过覆盖全感官的空间环境设计，最大限度塑造场景的文化意境，凸显产品的文化价值。文创旅游空间的开发，必须选择消费者所熟悉和认同的文化符号，并时刻强化这种认同归属感。[1] 这样，在促进旅游新场景、新业态发展的同时，才能够为旅游业创新发展提供新的想象空间。

（二）以文化为特色，满足用户期望

城市文化是一个城市的形象和灵魂，是展现城市吸引力、提升城市凝聚力、形成城市竞争力的关键环节。文化基建应当与地域文化、城市特色相辅相成，相得益彰。在风格统一的基础上，整合文化资源，突出地域特色，打造一批地域特色明显、能够展示和发扬当地传统文化和精神风貌、在国内甚至国外具有影响力的文化品牌。发挥当地人文和区位优势，重点保护发展当地特色文化，充分发掘、合理利用优秀的文化遗产和丰富的文化资源，打造一批具有地域特色和时代精神的文化艺术精品，让地域文化走向更广阔的发展舞台。

不同的空间场景有不同的发展目标，例如，对于一些艺术区而言，最重

---

[1] Jones D, Smith K. "Middle-earth Meets New Zealand: Authenticity and Location in the Making of The Lord of the Rings" [J]. *Journal of Management Studies*, 2005, 42（5）: 923-945.

要的在于推动艺术家的创新能力，并通过艺术家之间、艺术家与艺术机构之间的互动提升创新活力。对于文化旅游场景，其自身的产业属性决定了在实现文化价值、突出文化特征的同时，还要实现文化价值与经济价值。正如有学者指出，在文创街区的场景建构过程中，应当以特定区域的文化和价值观打造差异化场景，形成独特的场景链接，吸引游客进行"卷入式"消费体验。

在西安大唐不夜城，大到周边仿唐建筑，小到配电箱上的回纹造型，"唐风元素"无处不在。大唐不夜城的核心区域设置了大唐佛文化、大唐群英谱、贞观之治、武后行从、开元盛世5大主题雕塑，所有的建筑都参照唐代建筑体系设计，灯柱、花缸、垃圾桶也统一设计成唐代风格，就连陈列在街道两旁的商铺，如"大唐炸货铺""李白的茶""嘻游记"等，也充满唐朝气息，让游客身临其境，梦回大唐。当然，步行街在以唐文化为主线设计的同时，也注重将传统与现代相结合，如设置充满艺术气息的唐仕女雕塑，摆放网红"大唐不夜城不倒翁"小姐姐的宣传广告，邀请"网红"石头人进行行为艺术表演，邀请国际乐队现场舞台驻唱等，让传统与新潮在特定的文化场景内交融碰撞。

（三）以用户为主体，促进品牌传播

在尊重文化真实性的前提下，设计在空间中真实发生并需要消费者互动参与的活动，更能够进一步吸引消费者的注意力，深化他们对旅游空间的文化内涵的理解，让他们更好地感知场景并产生购买意愿。一方面，通过打造一批风格相近的文化基础设施，增强旅游景区的整体性，为游客带来身临其境的沉浸感。另一方面，通过拓展景区内已有建筑物对人文艺术和游览娱乐的定义，打通展示与体验、商业与文化、历史与未来、传统与时尚的定义，让游客不仅成为景区内容的消费者、体验互动的参与者，更成为景区文化的共同创造者和特色内容的传播者。这种身份认知的变化会使得消费者在消费行为上也更加积极主动，更加认同文创产品的多重价值。

二、旅游空间的交互场景

我们常常谈到的消费升级是指从必需品到非必需品、从物质到精神消费

>> 第三章 旅游文化传播的全媒体创新 <<

的一种升级过程。而经济升级往往意味着产业从第一、第二产业转向第三产业即服务业。两种升级均指向未来，文化服务是未来升级的重点。

（一）需求升级：调动参与动力

社交网络的出现，相伴而生出各式各样个性化、小众化的受众参与需求，也因此孕育出数以万计因为共同的兴趣爱好或审美取向相聚在一起的圈层与群体。"打卡"，在网络语境中意为摆脱某种坏习惯或达成某些领域的自律而定期定时做的一种记录，继而演变成"新生代对某种坚持事宜或态度的记录"[1]。"打卡"活动的背后，是在互联网传播平台中快速汲取热度与流量，是在社交平台的"志同道合"群体中寻找身份认同，从而实现个性展示与情感"链接"。

随着各类美图软件与短视频平台的迅速普及，拍照留念、发布"打卡"、点赞评论，已经成为互联网时代青年人中十分流行的一种消费模式。2020年8月，《人民日报》人民文旅研究院联合中国经济体制改革研究会互联网与新经济专业委员会共同发布《全国文旅"网红打卡地"TOP20价值推荐榜》。该报告从文化、旅游、传播等各领域邀请行业专家，对本价值推荐榜的20个"网红打卡地"进行点评。这些"网红打卡地"有几个共同特点。首先，打卡地本身具有美感，可供多种拍摄角度和拍摄意境，满足游客的摄影需求。例如，青海的"天空之镜"茶卡盐湖，纯净的水面倒映出蓝天白云，天地连成一线，被拍人漫步浅滩仿佛走在天地之间，颠倒翻转毫无违和。其次，能够突出个性或某种特殊的文化特质，满足游客彰显品位的需求。例如，廊坊丝绸之路国际文化交流中心、成都THE BRIDGE廊桥等地。再者，能够提供不同的游览体验，满足游客的新鲜感和参与感。例如，西安的永兴坊，"喝了摔碗酒，事成功名就"，所谓"一声声摔碗声将一年的晦气烦恼全部带走"，一项摔碗酒活动带活了整条美食街。最后是有共同回忆，能够唤起游客的同源情感。例如，贵州都匀影视城，将粉丝转化为游客，表现出"影视+旅游"的充分融合。

场景应同时涵盖基于空间的概念，并基于行为与心理的环境氛围。相比

---

[1] 李智，柏丽娟. 虚实共生：场景视角下移动社交短视频"网红打卡"现象研究——以抖音App为例[J]. 视听界，2020（6）：29-32.

传统媒体的视频内容，海量用户提供的海量视频大大提高了影像对现实空间的覆盖程度，碎片化的视频最终可能会拼贴出接近现实物理空间的视频空间。海量、碎片化视频所呈现的空间，在一定程度上可以满足人们"世界那么大，我想去看看"的探索欲。从个体角度看，他们拍摄的视频中空间的选择与呈现方式，一方面与视频生产者的自我表演策略有关，另一方面也与视频世界里用户间的相互感染相关。虽然"网红"地点会影响人们在视频生产中的空间选择，但人们去"网红"地点"打卡"不仅仅是为了蹭热度、跟风，也是为了在视频世界与现实世界之间建立一种联系。人们不仅想生活在视频世界，而且希望能时时回到现实世界。[1]

对于旅游场景而言，不仅仅要展现出符合消费者期望的文化特征并继续塑造这种期望，更需要通过合适的手段去说服消费者，让他们相信在旅游空间中所感受到的文化特征是得到历史传统和现实社会承认、支持的。旅游者在空间体验的过程中，通过对历史的见证了解、与当地社群的交流沟通，就能够在合法性层面形成认同。文化的展示主要通过"社会时间"来强调合法性。"社会时间"在马克思主义中是相对于历史而言的对象性的存在物，在社会现实面前，社会时间可以成为而且就是历史本身。[2] 社会时间用来标记社会历史发展中的重要事件，并强调时间对于当事人或社会的重要意义。[3] 通过对地域文化内涵的挖掘、提炼、展示、赋能，实现对文化场景历史价值的活态转化，引发游客的文化认同，进而显现出景点内文创产品作为空间组成部分的合法性地位与文化价值取向。

（二）服务升级：互动体验打造

1. 沉浸式体验

匈牙利积极心理学家米哈里·契克森米哈（Mihaly Csikszentmihalyi）和斯蒂斯·贝内特（Stith Bennett）认为，游戏（play）是一种不同于焦虑和无聊的体验状态，并基于对画家、攀岩爱好者、国际象棋选手、运动员和艺术家的观

---

[1] 彭兰. 视频化生存：移动时代日常生活的媒介化［J］. 中国编辑，2020（4）：34-40，53.

[2] 赵莉，王聚. 论历史唯物主义视野下的社会时间观［J］. 理论界，2020（6）：8-12.

[3] 吴晓美. 湄洲岛妈祖文化旅游场域的三维构造——一个人类学的视角［J］. 旅游科学，2013（2）：83-94.

察，提出了"Flow 理论"。① 米哈里在另一本书中认为，"Flow 体验"是一种应对可控"挑战"的主观体验过程，处在"Flow 体验"状态的个体在超越这些目标的过程中可以获得持续的反馈，并能根据这些反馈调整他们的行为。② 这种生理与心理共同参与，通过动态反馈持续进行自我调节的"动态平衡过程"，又被称为"心流"。在心理学上，心流理论也被称为沉浸理论，并作为研究沉浸式体验与评估的主要判断依据。③ 其中，无视外界存在达到忘我状态的融合意识与行为的整体感受，则是如今我们所常说的"沉浸式"体验。④ 它是个体体验到的一种积极的感受，这种感受能够给人以充实感和兴奋感、幸福感，因此，也被称为"最佳体验"（optimal experience）。以沉浸式体验作为旅游方式的产业类型主要分为以下几个方面。

（1）沉浸式酒店

沉浸式酒店是以某种文化主题或艺术作品为主要内容，为客人打造的一体式度假体验空间，通过推出不同的体验活动，如亲子玩乐、游戏互动等，让顾客彻底沉浸在酒店营造的独特场景之中。在2019年8月举办的迪士尼D23粉丝大会上，迪士尼曝光即将建成星球大战主题沉浸式酒店。据迪士尼发布消息称，该酒店建在佛罗里达奥兰多迪士尼乐园世界度假区，名为"星球大战：银河星际巡洋舰（Star Wars: Galactic Starcruiser）"，已于2022年3月1日起开始接待客人。游客们带着自己的Magic Bands智能手环进入航站楼式的酒店大厅后，会有Cosplay成为星球大战的电影角色员工上前接待。游客刷手环"上船"后，可自主选择自己想要在这艘船（酒店）上扮演的角色，并换上角色服装开始沉浸式体验。通过一系列"选择"，游客将会"打出"自己的角色支线剧情，完成一段独属于自己的冒险之旅。

---

① Csikszentmihalyi M., Bennett S. "An exploratory model of play" [J]. *American Anthropologist*, 1971, 73 (1): 45-58.
② Nakamura J, Csikszentmihalyi M. "The concept of flow. Oxford handbook of positive psychology" [M]. *Oxford University Press*, 2009: 89-105.
③ 徐铷忆等. 境身合一：沉浸式体验的内涵建构、实现机制与教育应用 [J]. 远程教育杂志，2021（1）：28-40.
④ 王红，刘素仁. 沉浸与叙事：新媒体影像技术下的博物馆文化沉浸式体验设计研究 [J]. 艺术百家，2018（4）：161-169.

（2）沉浸式艺术体验展

在传统审美观念中，观众和作品之间的关系是"静观"，存在空间和心理上的距离和隔阂。但当代艺术更多谈到的是"融入"，强调主体与对象相互渗透。沉浸式艺术是一种主体对客体的全方位包围。2019年6月，由国博（北京）文化事业中心、皕博国际文化传媒股份有限公司联合主办的"心灵的畅想——凡·高艺术沉浸式体验"，在中国国家博物馆拉开序幕。本次沉浸式体验采用全新的360°全景全息视频影像技术，完美还原凡·高200多幅原作，带领观众体味一场多感官艺术盛宴。项目负责人介绍称，体验展采用全新的360°全景全息视频影像技术，通过灯光、音乐、沉浸式影像、VR交互体验、投射映像等技术手段，完美还原了凡·高200多幅原作，通过与观众建立互动，促进观众从一个主观的、全新的角度来思考艺术，打破观众对沉浸式体验的固有印象，引导沉浸式体验向更加多元、互动的方向发展。

（3）山水实景演出

山水实景演出通过环境氛围营造和演职人员的表演还原故事真实场景，为游客打造"另一个时空"。大型桂林山水实景演出《印象·刘三姐》是中国第一部"山水实景演出"。从2004年3月公演至2019年7月，共演出7000多场，接待国内外观众1800万人次，营业收入超过20亿元，开启了山水、文化、旅游融合发展的新模式。① 经过多年发展，山水实景演出逐渐成为国内旅游目的地的文化标配。但在日趋激烈的市场竞争环境下，现有的实景演出质量参差不齐，营收增长乏力。很多演出号称"实景演出"，实际就是露天演出。对此，中国实景演出创始人、《印象·刘三姐》总策划梅帅元曾表示，真正的文化旅游除了山水观光之外，最核心的还是晚上游客们能找个地方娱乐，找个地方欣赏本地的城市记忆、地方记忆、民族记忆或者国家记忆。所以怎么做到"天人合一"，在山水之间把这个地方生长的文化挖掘出来，成为地方实景演出的"破题关键"。

2017年5月，长江首部漂移式多维体验剧《知音号》全球公演，该剧是以大汉口长江文化为背景，用电影的方式打造的实践性情景剧。这艘"知音

---

① 国务院新闻办公室.文化和旅游部举行第十届全国杂技展演新闻发布会，http://www.scio.gov.cn/xwfbh/gbwxwfbh/xwfbh/whb/Document/1659169/1659169.htm，2021-01-31.

号"以20世纪二三十年代民生公司"江华轮"为原型。体验剧目采用全国独创的演出形式，不只是实景表演，更是互动式、参与式的演出。船和码头即剧场，不分观众区和表演区，剧情就在游客身边上演，每一个角落都有故事发生。观众可以在船舱内部自由行动，体验船内每个角落发生的故事，沉浸剧情之中，追看、感悟、共情，最终成为演出的一部分。这种交互式体验，让船上每一个角落发生的故事都与观众每刻的呼吸与体验紧密共生，被导演比喻为"漂移的城市记忆博物馆"。

2. 互动性参与

第一媒介时代是单向被动的，以阅读、收听、观看为主。第二媒介时代，则以互动和人际为主要特征。到了第三媒介时代，沉浸传播将成为主要的传播方式。[①]当个体与媒介融为一体，成为媒介的一部分，也就拥有了更广泛的定义和更多融入、参与、创造媒介发展的可能。"2017/2018国际羊毛标志大奖"（International Woolmark Prize）全球总决赛在意大利佛罗伦萨举行。为了能够让观众拥有更佳的参展体验，从单向观看到互动参与，Factory Fifteen团队创作了一个有趣的互动墙。人经过或者是触碰到墙面，会看到不同色彩的线条在眼前分裂、爆炸。这一交互装置吸引了众多观众参与，成为整场活动不可或缺的亮点。对于文化旅游行业来说，个体的沉浸式体验和互动性参与，能够激发目的地的创造活力，延展文化旅游的服务边界，拓宽文化服务的创意思路。

3. 个性化定制

随着互联网正在向万物互联的阶段发展，新媒体内容与技术相互驱动、融合，传播场景的终端形态日益丰富，传播模式多样。[②]在此背景下，文创产品的衍生性被消解，实用性商品也成为媒介本身。实用物在被使用的过程中，也在传播着符号中蕴含的文化意义。同时，实用物作为传播媒介还发生在文创产品被赠送的过程中，不仅产品本身的意义被携带并传达，赠送者还会在介绍礼品时将其中的中国故事讲述出来，此时的意义是被再解释的意义，包含了赠送者自身的记忆与理解，进一步将其中文化创意的传播效果进行了深化。"敦煌诗

---

① 李沁，熊澄宇.沉浸传播与"第三媒介时代"[J].新闻与传播研究，2013（2）：34-43，126-127.
② 彭波.互联网下半场新媒体演进趋势分析[J].现代出版，2019（6）：9-14.

巾"小程序将敦煌藻井的概念延续到丝巾上，邀请用户以"层"的叠加变化创作丝巾图案。8 款主题图案，近 200 组装饰元素，原型都来自敦煌图案，经由设计师再创作，既保留了文化原味，又符合当代审美，赢得了广泛好评。2020 年，在此基础上，敦煌研究院与腾讯再次携手，推出"云采丝巾"项目。除了 8 个藻井主题之外，新增了九色鹿、翼马、青鸟、守宝龙 4 个瑞兽主题设计，4 个瑞兽主题图案均取自敦煌石窟的壁画。用户不仅可以用敦煌壁画中的图案自行设计丝巾，并通过腾讯云的 AI 技术进行"云试戴"，还可以一键购买。用户每购买一条丝巾，将为敦煌莫高窟第 427 窟数字化保护进行公益捐助。云采丝巾的快递包装也是一件精美的文创产品。顺丰首次为云采丝巾推出特别定制的九色鹿主题环保快递盒。用户收到快递后，可将快递盒改造拼装成一个具有纪念意义的立体九色鹿工艺品。通过数字创新，项目在打造数字文保标杆的同时，探索实现商业价值和文化价值的双向赋能，让优秀传统文化在新时代焕发新的活力。

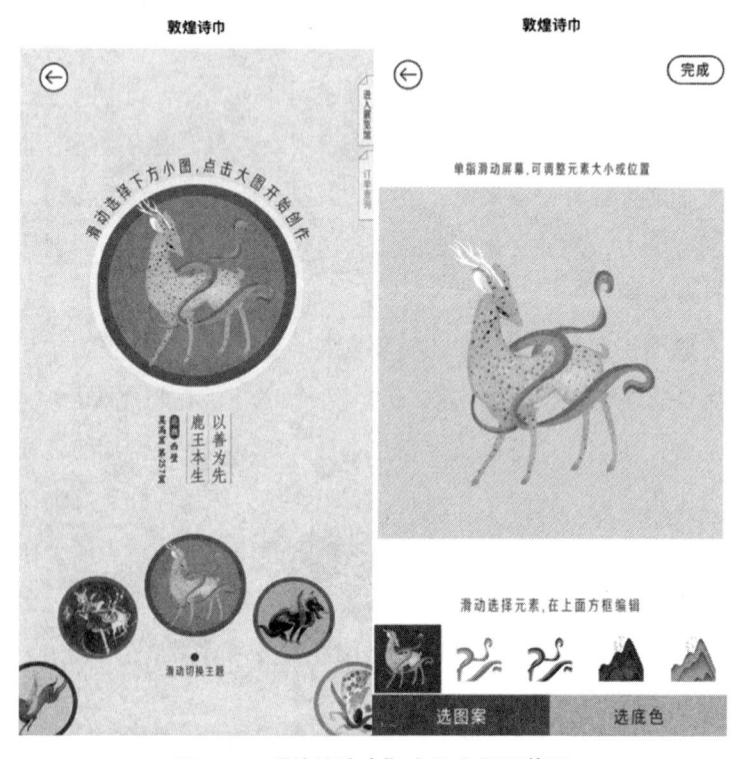

图 3-5 "敦煌诗巾"小程序界面截图

三、媒介产品的融合创新

近年来,互联网等技术迅猛发展,催生了一大批新型文化业态和模式,推动了中华优秀传统文化创造性转化、创新性发展。美国媒介理论家保罗·莱文森(Paul Levinson)认为,手机把人类的"说话"和"行走"有机结合起来了。5G环境下移动互联的普及让"边走边扫,边扫边看,边看边游"成为可能。"数字创意+产品"模式以数字创意激活文化元素,丰富了地域文化产品的供给。数字文化产业以数字创意为核心资源和竞争力,不仅仅将内容以数字化的形式呈现,而是要通过创意和演绎,对地域文化进行创造性转化和创新性发展。[①]

(一)文旅出版创新:形成跨媒介内容互补

融合出版强调内容的数字化、生产模式和运作流程的数字化、传播载体的数字化和阅读消费、学习形态的数字化。在融合出版的跨媒介叙事中,文创产品的生产者和传播者就是要运用多元化的编码形式,并提供较稳定的解码规则,将中国故事以多元化的方式讲述,为接收者带来一种全景式的文化创意体验。数字技术的推动,互联网正在向万物互联的阶段发展,新媒体内容与技术相互驱动、融合,传播场景的终端形态日益丰富、传播模式多样。[②] 融合出版在文化旅游中的应用形态丰富,可作为视听产品的入口,发挥引流作用。在文化旅游行业中,融合出版产品的样例如下。

1.融媒体折页

将旅游地的解说文稿或介绍文稿转化成系列融音频,即在配音基础上添加音效和背景音乐,并通过在印刷载体上放置二维码,使用户能够用智能手机进行扫描和阅听。折页运用音频编创的专业技能和互联网技术,使旅游者能够在景区拿取使用。

[①] 李翔,宗祖盼.数字文化产业:一种乡村经济振兴的产业模式与路径[J].深圳大学学报(人文社会科学版),2020(2):74-81.

[②] 彭波.互联网下半场新媒体演进趋势分析[J].现代出版,2019(6):9-14.

图 3-6　展览馆融媒体折页

2. 二维码海报

竖幅二维码海报能够使音频在手机终端进行传播，海报可以直接通过社交平台进行分享，也可以搭载在公众微信号、微博等平台，在呈现文字的同时配备音频作品，并通过海报中的图形和图案，烘托旅游文化传播的视觉风格。

图 3-7　二维码音频海报示例

3. 掌上数字书架

掌上数字书架产品能够结合文字、音频与图片，将音频、视频、电子书等媒介产品进行融合展示，通过设置"顺序阅听""目录导览及选择阅听"等功能，为用户提供便捷的使用功能。用户可通过扫描二维码进入书架，无须下载 App，避免了信息泄露的风险。数字书架设计能够良好适配不同设备，方便

>> 第三章　旅游文化传播的全媒体创新 <<

电脑和移动终端用户使用，能给读者带来更好的阅听体验。

图 3-8　二维码数字书架示例

4.出版品配套设计

出版品配套产品也可以发挥文化传播作用。在中传文创品牌文件袋设计中，设计团队将中国故事中的非遗文化元素、剪纸艺术、国画艺术、节气文化及日常生活中的中式花纹图样都作为设计元素，以不同的构图和底色配合手机镜头孔的位置进行设计。此时，文件袋就成了一种典型的实用物媒介。在为文件材料进行配套保护的同时，对观赏者讲述中国故事，也使其成为使用者的一种身份或品位的象征。文件袋超越了实用性装置，成为一种时尚风格和审美理念的表征，实现了审美价值与功能价值相融。

（二）文创产品创新：实现全程创意生产观

近年来，在国家政策的带动下，国内文化创意产业迅速发展，文创产品依托文化创意设计服务的繁荣，也取得了显著的成绩。以故宫文创为代表的文化创意产品获得了消费市场的热烈反响，也将中华民族优秀的文化故事落地到生活，切实提升了大众的日常生活审美化。在媒介融合时代，中式文创产品成为一种三维出版类型，载于多元媒体平台，公之于众并获得版权，通过传播与接收，发挥着讲述中国故事的作用。中式文创产品是设计师对中国传统文化符号进行解释的再造产品，通过全域传播，文创产品的符号文本又在被不断解释与再造，实现了文化意义的无限生产。

文创开发既强调用新创意、新媒介、新技术手段进行文化创新创造，又主张对传统文化进行符合时代要求的创造性转化、创新性发展。文创产品是文化符号的实用性载体，符号所传达的意义是由社会群体所特有的文化总和所赋予的。当社会群体对一定的文化符号产生认同，他们就会追求这种所有物来显示自己的身份和地位并进行个性表达。因此，中式文创产品的开发、交易和传播能够激发传统文化的新时代活力，推动中国当代文化的创新与繁荣。

在媒介融合时代，文创产品的生产和研究观念应基于一种全程文创生产观，即将设计与传播置于文创产品价值开发的一体两翼。其中，设计通过整合创意素材，创造和改变空间素材来为产品添加意义；而传播是通过场景设置、语境创造及故事驱动，也就是创造和改变时间素材来为产品添加意义。随着时间的推移，传播策略还可依据信息反馈进行阶段性调整。最终，设计和传播将引导消费者，文创产品中的意义被释放，以激发最广泛的文化身份认同。传播对文创生产的意义在于，一方面，通过媒体的宣介和营销照亮了承载于产品的文化创意，使之被更多的受众所接收；另一方面，通过消费者的评价、转发、推荐等传播形式，文创产品才能够真正走进人民大众的日常生活。

在文创设计的过程中，设计师应优化创意编码的方式，通过静态或微动态的文创产品呈现，激发消费者内心的潜叙事，进而完成对中国故事的讲述与传达。在符号学中，潜叙述（sub-narrative）指的是符号链可以被接收者理解为具有时间和意义向度，也就是基于文本，接收者想象的内容要多于符号链本身的呈现。在设计阶段，文创产品的符号表达就是要尽可能地激发消费者内心的潜叙事，生发出更多的文化想象与身份认同。

1. 创造中国故事的点睛之核

符号学中有"展面"和"刺点"等概念，在独立艺术作品中，各要素可以既有展面也有刺点；在系列艺术作品中，某些作品是展面，另一些作品是刺点。展面从属于文化，其寓意是浅泛的，易被破解，具有均质化、自动化、平均化的特点，感染能力不强。刺点往往是一个细节、局部或某个单一文本，它是对文化"正常性"的断裂，也是对常态的破坏。在文创产品的符号组合中，以创造刺点的方式进行符号媒介的融合，往往能够为消费者带来意外的体验效果，进而充分激发消费者内心对中国故事的"潜叙事"。上海博物馆通过与迪士尼的品牌合作，将米奇的形象作为外部轮廓，将中国商代的青铜器纹样作为内部填充的纹理，给人以新奇的视觉感受。在消费者的潜叙事中，中国的古代文化元素与国际化的当代文化品牌交融，展现了中国与时俱进的文化包容心态。在系列文创产品开发中，某一个产品也因可以与其他产品形成结构性的互补关系而成为刺点。如《国家宝藏》第二季《你好，历史》中的52Toys超活化仕女手办，该系列作品中的5个仕女各与一种小型现代元素进行了融合，其中一个仕女怀抱一只巨大的熊，比例出挑，给人以深刻印象。该系列作品中其他仕女设计风格统一、比例均匀，唯有巨大的熊打破了这种常态感，创造了刺点，在这组文化符号中实现了一种结构化点睛，提升了系列文创产品的吸引力和感染力。

2. 体现中国故事的美学精神

符号文本具有聚合轴与组合轴这两种展开向度。组合关系就是将符号组合成为一个有意义的文本，而聚合关系则是一种需要凭借文化记忆才能够透析其中表意潜质的符号系列。文创产品的设计应突破文化元素的组合关系，多创造能够激发联想的聚合关系。文创产品的设计可在传统中国文化和传统中国艺术中寻找文化符号，并运用精神性的方式进行组合，将解释方式放权给消费者，促使消费者进行文化记忆的勾连，进行自由的潜叙事。苏州博物馆将瓷器色彩作为墨水的颜色，通过销售墨水，使消费者自制符号并自由解释。设计师在设计产品时并未选择具象的纹样或纹样的色彩，而是将其以墨水的形式生产，以不同瓷器的彩墨颜色命名，如苏麻离青、胭脂水釉等，将之印刷于墨水瓶之上，形成一种符号的聚合。消费者在用彩墨进行书写的过程中，其文化体验参照了彩墨名称，调动了想象力，拓宽了对中国传统水墨文化的抽象记忆。因此，设计师需要从消费者的体验维度反向创新文创设计，创造更多的符号聚合关系，以便消费者体验更深层次的文化内涵。

3. 建构中国故事的解释框架

文创产品的设计师可巧用伴随文本，建构中国故事的解释框架。所有的符号文本都是文本与伴随文本的结合体，伴随文本提供了框架因素和前情提要。文创产品的伴随文本包括产品简介说明、包装设计等，这些文本既显现出文创产品的创意理念，同时还是协助消费者进行潜叙事的指示牌。设计师需统筹伴随文本的呈现方式，使文创产品与伴随文本形成表意互补。在苏州博物馆的木刻镂空冰箱贴中，设计师为产品取名为"苏州园林中的古蕉叠""笼翠珠和绕莺腾"。文创符号的载体为实用物——冰箱贴，但是载体形状为圆形木环，木环的外形和产品命名都成了伴随文本，圆形使人想起园林中圆形门窗，木材质带来一种古朴的质感，建立起了设计纹样与产品命名之间的意义关联。伴随文本的整体设计使整个文创产品在消费者的脑海中展现出一幅生动鲜活的苏州园林意象。在互联网内容平台，伴随文本还可以是视听形态的短视频或图文插画，文创产品通过故事场景、历史场景或生活场景的伴随呈现，可将消费者带入更广阔的叙事空间，感受传统文化的魅力。2020年，故宫文创与毛戈平联合推出"气蕴东方美妆造型大秀"，秀场在光影和立体设计中展现了中华文化的审美趣味，将故宫美妆烘托得灵动典雅，造型秀成了故宫文创美妆的伴随文本，通过空间设计和形象塑造，展现了文创设计背后的美学理念，充分引发了用户的潜叙事，增加了文创产品在用户认知中的内涵厚度。

4. 文创设计的多维再现

在文创产品开发与设计流程中，设计师可创新文创产品的设计方式与呈现方式，为消费者带来独特的文化体验。融媒体技术包含智能识别、移动传播、大数据、智慧服务等形式，可赋能文创产品的生产、传播和消费等各个环节。近年来，智媒算法开始被运用于文创产品的生产环节，如北京大学的高峰将人工智能技术运用在水墨艺术创作与平面设计中，将齐白石的《虾》作为风格转换目标，然后通过深度学习神经网络技术，收集千余张齐白石画作和真实虾的数据，通过生成对抗网络技术来实现画家的绘画风格，即自动将虾的照片转化成为齐白石风格的水墨绘画。[①]AI技术的运用将生物照片进行了"齐白石化"处理，智能文创设计把现实生活与大师的经典艺术相连，比起简单的拼贴，创意转化的对象不再是现成的"作品"，而是画家的"风格"，设计成品的概念和创意也更加鲜活流动，成为营销亮点。在呈现形式上，许多文创产品开

---

① 高峰，焦阳. 基于人工智能的辅助创意设计［J］. 装饰，2019（11）：34-37.

始运用 AR 等新型技术,如陕西历史博物馆的《让文物活起来》4D 立体图册,扫描图册的二维码下载 App,将手机摄像头对准书上的文物,就可以看到三维效果,同时还可以触屏实现与文物的互动与合影。文创产品的融媒呈现可以让消费者获得更加深入的文化沉浸感,文字、图片、模型和场景等要素的结合能够触发接收者的多维感知,唤起接收者更多的想象与共情。

5. 文创产品的多样定制

融媒体技术可以用于提供更为贴心便捷的功能,从而提高文创产品的实用性和独特性。如提供产品的定制功能,让消费者参与产品的设计过程。在腾讯与敦煌研究院签订的战略合作"数字供养人计划"中,洛可可·洛客文创设计中心与羿唐丝绸的加入,合力孵化了敦煌文创产品——敦煌诗巾 App,让消费者自行设计并定制丝巾。与此同时,团队还推出了"数字丝鹿"和"飞天与神鹿"两款设计师丝巾。定制功能的背后是对敦煌艺术的深度考察,设计团队对敦煌壁画进行深入研究和调研,从莫高窟 735 个洞窟中提取植物、动物、建筑、人物、佛像等元素,包含 200 多个壁画细节,经过取舍进行多次二度创作,建立了丝巾定制图片数据库。定制化服务一方面实现了文创设计的交互性,让每一位用户都可以拥有一款属于自己的独特款式,另一方面推动了用户对敦煌艺术的深入理解,从配色、纹样、笔触、比例等微观视角,认识敦煌壁画的美学风格和创作特点。在融媒体技术的"加持"下,服务创新的目标就是要优化文化资源的创意转化方式,同时在展示和消费环节中丰富消费者的符号解释方式,以定制化、交互式、体验式的产品呈现形式,让用户获得充满意义和价值的个性化体验。

6. 文创意义的多元呈现

文创产品的营销传播应充分发挥语境表意的作用,运用文字、图片、视频、三维场景等媒介语言,对文创产品中的文化内涵进行辅助呈现。如文创系列短视频、直播或电商页面等,将文创产品的内涵进行提炼,以简洁动人的文字讲述故事,渲染气氛,用高雅的视听享受吸引用户。故宫淘宝的商品简介深谙此道,如在古风套瓷固体香水的产品页面,文案并未详述香膏的历史场景或古物来历,而是用"归来衫袖有天香"作为产品标题的首语。此外,紫薇香、梅花香、橙花香和栀子香四种香味的香膏分别被命名为"高山流水""冰清""心清闻妙香"和"一片云"。这些修辞创造了消费者进一步理解文创产品的语境，可以调动消费者富有层次的感觉或情绪。在短视频等视听产品中，与其呈现文创产品的使用过程，不如再现文创产品的设计与创意流程。对于一般的功能性产品，视频带货适合强调使用效果，以促进消费者的购买欲望，但是文创产品的价值重心在于其背后的理念和创意。因此，营销类的视听产品应重点显现产品背后的历史故事或文化背景。同时，为了契合智媒算法的识别与推送，短视频等网络文本应积极地与已有的垂直类别相融，如文创口红的视频被设置"美妆"标签，文创胶带的视频被设置"宅"标签等，以便适应算法识别到熟悉的内容，并推送给高存量的已有群体，避免创意类视频因独特性过强而导致传播冷启动问题。

第四节　旅游文化传播的矩阵建设

按照联合国世界文化发展委员会的定义，"文化是独特的精神、物质、智力和情感特征的综合体，不仅包括艺术和文化，也包括生活方式、人的基本权利、价值系统、传统民俗和理想信念"[1]。广义上它等同于"总体的人类社会遗产"，狭义上它是指"社会的意识形态及与之相适应的制度和组织结构"。同样，城市文化的内涵也有广义和狭义之分，广义的城市文化是指"城市居民在城市发展过程中所创造的物质财富和精神财富的总和"，狭义的城市文化是指"城市居民在城市长期的发展中培育形成的独具特色的共同思想、价值观念、基本信念、城市精神、行为规范等精神财富的总和"[2]。

城市旅游文化传播，即以城市旅游文化为内容的传播活动，是塑造和传播城市形象的重要途径。美国社会学家刘易斯·芒福德（Lewis Mumford）认为，城市形象是人们对城市的主观印象，是通过大众传媒、个人经历、人际传播、记忆及环境等因素的共同作用而形成的。置身于全球化时代日趋激烈的竞争中，城市形象的经济功能、社会功能和人文功能不断增强，成为城际差异化竞争的重要资本。城市旅游文化的传播也伴随着大众媒体的空前繁荣和网络媒

---

[1] 卞敏.城市文化与地域文化[J].阅江学刊，2011（2）：39-44.
[2] 刘文俭，马秀贞.城市文化解析[J].中共杭州市委党校学报，2005（2）：8-13.

体的兴起，在媒介形态的交互重构中，不断构建新的感知维度。

一、旅游空间的融合式传播

（一）提高旅游空间传播的沉浸性

沉浸式传播最主要的特点是人与媒介的深度融合，使受众拥有"亲自参与并置身其中"的感觉，从而在信息传播活动中获得参与感与归属感，加深认同感和美感，达到"裂变式"的传播效果。2017年6月，故宫博物院推出VR体验，让禁宫里的文物和古籍里的文字都活起来，不仅吸引游客与之简单互动，如触碰和修复"文物"、体验文物考古现场、回顾紫禁城的建造等，也使传统文化的形态实现了丰富和再造，使传统文化通过与人建立紧密的共生关系得以进化。①

近年来，伴随着沉浸式传播理念的提出和发展，许多博物馆开始运用沉浸式传播手段来打造互动式的参观模式。利用沉浸式传播手段打造互动体验式博物馆，还可以采用以内容引发观众共鸣，以演示环节与观众进行互动沟通，以经典形象与粉丝进行真实的空间交流等方式，吸引观众的注意力，激发潜在观众的参观热情，进而大大增加博物馆的参访总量，在新时期履行博物馆职能，让公众更好地享受博物馆的丰富资源，利用新媒体提升博物馆传播能力。目前，新媒体技术在博物馆展览中得到了广泛应用，通过新媒体技术的应用，博物馆逐渐拉近了与观众的距离。在新媒体技术的帮助下，观众可以根据自己的喜好和不同需求，通过手机或平板电脑等媒体设备进行扫描，以此了解展品的详细信息。游客通过参与这种良好活动的方法，逐渐对博物馆和文物产生好感。

莫高窟通过数字采集、三维重建的技术手段，集成了一个基于通用PC的高效率沉浸感互动漫游系统。人们可以像进行实地游览一样走在三维的空间中，通过自主交互，在洞窟各个房间中来回走动，从各个角度观看神态各异的塑像，仔细欣赏高清晰的壁画中展现出的每个小故事，体会当时的各种风土人

---

① 董阳.寻找传统文化的"打开方式"[R].人民日报，2017-06-14.

情。系统还配有虚拟导游，可根据游客的兴趣进行多媒体解说。同时，在景区游览时，游客可以打开"数字敦煌"资源库平台，观赏敦煌石窟精美绝伦的画卷，打破时间和空间的限制。在"数字敦煌"资源库的基础上，莫高窟推出了"细品敦煌艺术，静待春暖花开"网络线路游，包括飞天、藻井、千佛等装饰图案和以介绍壁画中民俗生活、史迹画、建筑、乐器等内容为主的4条精品展上参观路线，让游客"零距离"认知敦煌文化艺术，实现沉浸式游览体验。

西安广播电视台与中国传媒大学于2020年展开合作，对西安永兴坊的美景、美食、工艺品等非物质文化遗产进行融视频的制作。文化旅游融视频每部时长90秒，从著名特色景点、非物质文化遗产、红色旅游景区等入手，介绍其历史故事、名人逸事或重大意义等，将实拍画面与动画、图文等元素相结合，语言通俗、语态活泼，具有良好的传播效果。融视频以故事驱动的形式，为游客讲述景区美食、景观、文物等背后的文化内涵，使游客在体验旅游空间的同时，能够徜徉在文化长廊之中。游客只需扫描景区中墙壁铜牌、展架折页上的二维码，便可在手机屏幕上观看到无广告、快速载入的视频产品。同时，结合5G技术，拓展网上"云游"特色历史建筑群、博物馆、红色景区等，可以建设数字孪生景区；依托融音频、融视频等影视类载体，依托腾讯视频、抖音、Bilibili网站、快手等传播平台，打造沉浸式城市文旅在线产品，深化发展在线文旅，搭建多元信息传播矩阵，扩大城市文旅传播效果和渠道。

（二）创造数字旅游传播的连接性

新媒体打破了传统媒体的赋权机制，人人都具备在网络空间释放话语的生产能力，言说者的主体更加多元，移动场域中的生产机构、传播平台、观看场景、受众反馈共同形塑着视频内容的创作。文旅传播需要适应网络传播环境和移动消费场景，通过推出景区跨屏传播、展览与直播同频、演出与系列短视频同步推出的方式，让旅游者在空间游览的同时，将传播链从在场拓展到在线的场景之中。在线产品应适应新媒体环境下用户的使用偏好和观看习惯，以新颖吸睛的产品形态实现发声。从业者可根据不同的传播渠道、展示场景和受众反馈，及时调整内容主题与作品形式，以契合网络传播场域的阶段性热点，并满足场域中多元主体的需求。随着专业生产的媒体信息投放到网络平台，网络视频开始成为拉近观众与专业内容之间距离的重要方式。在传统文化的传播场域，我国的政府组织、传媒院校、主流媒体在拍摄渠道建设、文化资源挖掘、内容精致化生产方面具有压倒性优势。精英化的内容表达虽受到广大知识分子好评，但是在普通大众的覆盖面、抵达率和认同度上仍具有局限性。旅游空间中的新媒体作品应突破宣教式传播，在内容和大众之间建立桥梁。文旅传播文本应以专业生产、媒介联通、语态融合的方式进行内容生产与传播，"串联"起传统文化生产场与新媒体内容生产场，以创新性的产品形态作为场域联动的交汇点，推动高品质文化内容获得更多理解与认同，以润物细无声的方式进入大众生活。

（三）强化旅游文化传播的视听化

随着技术革新与场景变迁，旅游文化传播应契合当前网络传播视听化的传播趋势，从策划、创作到传播等环节都试图进行视听转化和内容创新，对文化资源既要实现深度挖掘，又要进行创意转化，目标是得到大众广泛的理解、欣赏和认同。

1. 运用故事驱动的策划理念

概念不能完全表达事物的意涵，而形象、故事却能够让人感同身受，使人接受所传达的信息并难以忘记。故事能够高度浓缩情感、认同、印象等象征价值，通过通俗而生动的形式展现生活方式，是文化产品生产的主要形式。文旅视频要运用故事讲述的方式，让用户对文化内容产生兴趣，并产生深入了解的意愿。中华文明孕育了丰富的多民族和多地区文化，瓷器、茶艺、皮影、剪纸等传统工艺风靡全球，其背后的历史和故事亟待挖掘与传播。文旅媒介文本要运用故事讲述的方式，在策划环节做好内容设计，将传统文化资源转化成文化创意产品。"数字文化西安"系列融视频，通过对西安永兴坊的传统美食、民间工艺、非物质文化遗产等主题进行挖掘，将传统文化转化成一段段短小精湛的故事。这些故事并非凭空虚构，而是要进行田野调查和选题论证，对非遗传承人、传统美食厨师、手工艺匠人等进行实地访谈，获取鲜活的故事素材；同时，还要通过查阅书籍史料，考证故事的真实性，并将制作工艺、历史变迁、发展脉络、文化特色等知识信息与故事创意进行融合，以实现在活化文化资源的同时，提升视频内容的价值厚度。

文旅传播不仅要挖掘故事，还要讲好故事，使内容能够给予用户认知上或情感上的满足。人物和情节是故事的两个重点要素，故事可围绕大众比较熟悉的人物展开，如与主题内容相关的历史名人、区域名人等，名人逸事总是能够吸引大众的关注。情节则需要进行编排与再创作，在符合史实的基础上，保证故事生动有趣，并融入相关的介绍性信息。如在讲故事的过程中，解说配音具有重要的作用，解说者需要拿捏情感，斟酌语速，通过娓娓道来的讲述，以口语的交流形式输出意义，让用户产生交流之感，乐于接受视频中的故事内容。文旅传播要经历作者编码和用户解码的过程，才能够实现意义的流动。因此，内容要尝试把生产者的文化传播目标和用户的社会文化语境有机地结合起来，充分融合当前的大众文化元素，如网络平台中的"梗"、流行语等，提供更多个性化、趣味性的内容产品，推动用户对视频中的故事产生认同。

2. 秉持互动表意的编创思路

文旅传播要充分调用不同的媒介语言，实现不同表意单元的互补联动。这就要求创作者不能将不同媒介形态的素材进行简单的挪移拼贴，而是在各类媒介产品形态中汲取思路，灵活整合。创作追求的并非纷繁复杂的形式，而是要根据不同的主题需求，调用适配的媒介语言进行编码。对于文化类题材，一个区域或民族往往具有独特的美学特征，视频创作应高度提炼特定文化的视觉特点，以微观主题作为一个侧面，以小见大，展现出一个地区的整体文化特色。文旅传播应实现内容表意上的功能互渗，短视频的画面运动应根据内容需要，进行有节奏的显隐，以确保突出叙事重点、画面内容流畅，使受众能够被视频的动效所引导，从而关注并看懂视频的主线内容。图片和图形等静态元素要避免机械匹配的方式，需要通过不完全对应的组合模式，促进观者不断进行心理思考和影像推测，使融合文本能够传达出超越文字本身的更丰富的意义。简言之，文旅融合传播要充分发挥各环节的创造力与整合力，使用户获得立体化的感官体验。

3. 实现传统文化的视听活化

中华民族在漫长的历史进程中创造了积淀厚重、特色鲜明、形态多样、丰富多彩的物质与非物质文化遗产，承载了民族物质生活和精神生活的各个方面，是民族创造、传承和享用集体智慧的结晶。文化的活力并非源于复制传统，而是来源于从传统出发，同时应对现实挑战，呼应时代需求。文旅传播文本要充分挖掘中华民族的历史文化资源,活化优秀传统,实现创意重组,创新文化传播。相较于以往严肃的说教和枯燥的识记,新媒体文化作品表现出轻量化和娱乐化的特征,人们能够在轻松愉快的氛围中接受其中的内容,达到良好的传播效果。文旅传播内容在新媒体平台中进行传播,就要适应扁平化、参与式、互动式的传播机制,彰显美学特色,实现价值引领。如北京非遗系列、西安永兴坊系列视频选择以物质与非物质文化遗产为题材,以精致的视听语言展现美食、工艺、器物的细节与质感,以故事讲述的形式呈现其背后的传统文化精神。创作团队把传承中华民族优秀传统文化的大命题投放在短视频的小生态中,使文化真实可感,易于引发受众共鸣。

文旅传播内容要将传统文化进行创造性转化,就需要在宏观尺度下实现价值引领,并在微观尺度下生成高水平的创意内容。创作者要用生动的视听语言,将隐性的文化价值进行显性表达,用考究的构图配色、生动的音乐配乐、婉转的解说配音和巧妙的动画特效分层次地展现内容主题,让受众对其中的内容产生向往,进而引发共鸣。这就要求创作者具有对文化资源的挖掘与提炼能力,总结创意转化法则,并进行真诚的情感介入,实现意义与情感的流动,打通受众理解和认同文化价值的新途径。因此,文旅短视频要注重反映时代变迁,关注人民生活,用人们熟悉的媒介消费方式,从形式和内容双向提升品质,满足当代受众的内容消费需求,生动展示我国传统文化的独特魅力。

二、网络空间的社群化传播

大众媒体时代,以文字文本为主导,旅游文化的传播以展示、告知为目标,强化组织者的主体建构作用,注重符号的解释功能,自我形塑、理性色彩浓厚,相对忽视旅游文化和城市形象传播的感性认知特色,以及受众主动参与内容解读、意义构建的创造性作用。按照创新扩散理论,传播效果的核心是以受众为本的媒介选择,城市文化的传播本质上也是基于媒介选择的创新扩散过程。20世纪末,伴随精神文化生活的极大丰富及媒介的空前繁荣,地缘文化传播融入了越来越多的人的元素和媒介的元素。互联网时代新媒体的不断涌现,微博、微信、抖音、Facebook、YouTube、Instagram等社交平台的兴起,使城市旅游文化的表达面向新的技术语境和平台空间，极大地改变了以政府为主导、以大众媒体为依托的传播格局。

（一）网络化传播

移动互联网的发展一直都是从硬件到软件全面更新迭代的发展。智能手机、iPad、智能手环、智能手表、智能眼镜等便携移动和智能穿戴设备已经成为城市文化所负载的最常态的新媒体终端。移动支付、城市交通、信息服务全方位全角度地"契入"城市，城市旅游文化的符号传播活动因移动互联的功能而催生出新场景。人们还可以用手机开展工作，进行学习和娱乐，可以说达到了离不开手机的程度。这与手机的不限时、不限地点、不限人群和场景的使用方式分不开，人们的个人信息乃至隐私信息都在手机上通过互联网进行记录和保存。这种"定制款"的服务，让每个人在网络世界里感受到现实世界可能缺乏的存在感。人们通过移动互联网，可以用社交媒体进行交流和发表公开评论，用搜索引擎找寻需要的信息，传播的内容多样，呈现形式多为文字、图像、音频、视频、h5定制、网络直播等。在新媒体时代，移动终端借助其独具的技术优势，展现着具大的传播功能。

1. 广泛性与可及性

2019年1月，市场研究机构"我们是社交"（We Are Social）和互随社交（Hootsuite）数据显示，全球互联网用户近44亿，占全球总人口的57%。受智能手机和移动数据的推动，新增移动互联网用户的占比更大，全球手机互联网用户占全球人口的比例达到52%；2018年，有超过1亿人获得了他们的第一款移动设备。在全球76.76亿人中，超过2/3的人已经拥有手机，且其中超过半数手机为"智能型"设备。移动互联网用户分布广泛、数量庞大，其成为消除数字鸿沟、实现网络可及的最大实践领域。

目前，报纸、杂志的订阅量相较于互联网出现之前呈现断崖式下跌。进入移动互联网时代以来，多家报纸、杂志已经不再出版纸质版，而是直接转型为网络媒体，输出方式也只通过互联网平台。更有多家传统媒体倒闭或宣布停刊，当下，移动互联网拥有极为强大的用户规模，旅游文化的互联网传播具有前所未有的优势。观众并非一定要到景区或场馆，通过智能手机就可以实现旅游文化资源的可及。

2. 即时性与在场性

移动通信网络的建设和发展让我们可以随时随地地接收信息，分享图片和视频，只要你有一部智能手机和畅通的网络。视频通话、网络直播使得"天涯共此时"的古老愿景在今天不再是神话，移动互联网传播的即时性让人们的工作和生活也产生了变化，比如：许多人不再有固定的上班时间，即使正在度假也可以远程完成工作事宜的沟通；在逢年过节无法团聚的家庭里，即时通信让远在千里的亲友也能感受在场与共时的氛围；线上游览和 VR 全景体验，使游客足不出户就可以完成线上游览，欣赏景区的历史与文化，在疫情防控常态化的当下具有极大的现实意义。

3. 丰富性与多元性

在移动互联网整体发展的同时，新的传播技术也应运而生。新技术的应用丰富了传播者的手段，而受制于旧有传播技术所形成的那种线性的、点到点的旧传播格局，则在新型技术手段的发展下被突破。对于生活在互联网时代的受众来说，信息获取的成本更低了，而效率无疑更高了。同时，多方向的渠道和更加个性化的分层方式，为受众提供了更加人性化、个性化的信息服务，用户因此能得到的信息也更符合自身的需要。越来越多的用户会主动选择获取文化旅游信息的途径。仅仅在智能手机平台上，人们就拥有相较过去更多的信息渠道。此外，人们可以选择使用社交媒体、官方发布平台或是即时通信工具等方式获取自己想要的信息。与此同时，对于提供文化旅游信息服务的传播主体来说，在筛选信息时面对的数据量较以往而言，不仅爆发性增长，而且更丰富和多元。

4. 双向性与互动性

在旧有的传播格局中，受众对于信息的接收往往是单向的、被动的。在移动互联网时代，双向传播与互动传播成为可能。在互联网技术的支持下，拥有移动终端平台的人有了自主选择的窗口。面对从搜索引擎到即时通信工具再到各种社交属性的软件，人们会从自身出发，主动选择获取信息的方式和途径。而新技术的应用，也大大降低了传播行为的门槛。从内容制作到信息发布，每一个人都能成为独立的传播主体。今天，在旅游文化的传播行为中，每一个个体都可以对获取的信息进行再加工和再创作。换句话说，个体既能成为传播的接收者，也能成为旅游文化传播的发起者。这让文化传播行为本身的互动性大大加强，打破了传统旅游文化传播的单向特征。

（二）影像化表达

新媒体格局下高度"影像化"的趋势，改变了信息交互的方式，改变了受众接收信息及参与传播的方式，为长期自上而下单向传播的城市文化带来了巨大挑战，基于影像叙事的视觉文本在城市文化传播中不断强化、升级。基于视觉传播的城市文化传播，正在快速消解既往大众传播的路径依赖，重新定义网络时代与智能时代关于媒介、文本、符号、场景、关系的内涵与边界。影像的穿透力在国内城市微博、微信、抖音、知乎、B站、网络社区等新兴媒体平台进行的城市文化和形象传播中体现更为明显。2018年的《短视频与城市形象研究白皮书》显示，抖音城市形象视频的播放量是全平台均值的1.2倍，其中仅重庆李子坝轻轨单条播放量就高达1亿，重庆一个城市的短视频播放量超过百亿。这说明影像的叙事话语体系更加贴近互联网受众需求。

影像内容更容易吸引受众的注意力，使受众在观看和解读中，形成了对旅游文化和城市文化的直接导入，激发其认知。在这一认知过程中，知觉活动中包含的思维成分和思维活动中包括的感性成分之间是互补的，视觉文本的多元生产和反响机制，实现了城市文化的认知路径从感性呈现走向理性弥合。

媒介文本形态的影像化转向，为受众提供了丰富的视觉形式与视觉话语，利用丰富的视觉元素为旅游文化与城市直观"画像"，成为城市旅游文化传播的标配。张艺谋为成都拍摄的《成都，一座来了就不想离开的城市》形象片，首次由受众的主观视角切入，跟随镜头进入城市的平行空间，在直觉与情感之间建立了受众与城市的认知和想象。2016年，以简短直观、富有创意的形象片、幽默生动的动漫、互动参与度极高的短视频等方式塑造区域品牌形象成为趋势。英国宣传片《创意英国》利用时间轴与动画，展示了英国在工业文明进程中青霉素、蒸汽机等发明的巨大贡献和创新基因。

同时，城市空间与影像叙事进一步交织。城市广场、博物馆、商业区、景观大道、城市地标等新兴的城市景观被赋予新的视觉意义。各种灯光秀、夜游带、创意主题墙等，根据一定时期的宣传主题设计形成了特定的城市视觉风格。如迄今为止全球最大规模的灯光城市行为艺术——广州亚运会开幕式"绿色一分钟",将绿色从亚运体育场馆、广州塔、珠江两岸、万户千家一层一层地向整个广州延伸。

(三)本土化演绎

某一旅游地在长期发展过程中,经过积累、沉淀、改造、创新,必然形成特有的文化,这些文化构成了旅游地的本土性。本土化演绎具体表现为两方面。其一,从普通话到方言延伸听觉符号。当前,普通话被公认是城市的通用语,方言被游客视为是一种补充式"亚语言"。但其实,方言作为中国多元地域文化的一部分,凸显了不同城市的性格。抖音短视频构建的城市形象在挖掘城市深层文化根基时,不约而同地使用方言这个利器。在抖音短视频App上,《西安人的歌》短视频使用西安方言演唱,具有强烈的地域识别力。受众被西安方言的独特音韵吸引,引发跟风拍摄。西安方言瞬间成为最能代表西安城市形象的听觉符号。其二,强调以个人视角延伸本土视觉符号。城市建筑物、商业、交通属于城市视觉识别系统,是城市形象最外化的表征。穿楼而过的重庆李子坝轻轨站、马鞍山"逆流而上"的怪坡,已成为"抖友"高频打卡的"网红景点"。抖音短视频App构建的城市形象,不再拘泥于在宏大叙事框架中展现景观承载的历史、人文价值,而是侧重于由市民与游客"发现"景观的独特视角,强调从个人视角出发,注重城市景观在受众心中自然真实的体验。这些由个体参与的城市形象宣传往往比政府主导的宣传更加注重情感、体验、互动,成本更低,传播更广,形成了与主流媒体话语体系的多元互补,在"记录""观看""互动"中,城市形象成功实现了受众作为观看者、参与者、行动者的认知合一。

2016年,在网络上被称为"比官方宣传片还震撼的香港旅游短片"《繁华的香港》(Hong Kong Strong),就是由旅行电影人拍摄的非官方影像。《韩国首尔的朋友第一次来上海震惊了》《日本妹子游中国上海》等不仅有来自YouTube的海外视角,亦有国内受众对上海的贴身记录;不仅有航拍上海、4K摄影及高清摄影等偏向宏大叙事的视频,也有Vlogger发布的《童年回忆杀!上海废弃乐园美国梦幻乐园探险!》《上海国际部vlog|汉服文化周》等关于上海工作、生活、购物、学习诸多方面的私人叙事。在受众参与的上海城市形象的个人文本中,最具有影响力的是上海地铁在青年亚文化视频网站的营销。

自 2019 年 4 月起，抖音短视频 App 在全国多个城市展开年度 IP "抖 inCity 美好生活节"的活动推广。该活动以线上网民拍摄短视频打卡推介城市，形成"话题裂变"；线下联合本地 KOL、MCN、粉丝、品牌等进行互动营销活动。最终，在抖音上，该话题总播放量超百亿，累计点赞 4.8 亿，发布视频数 48.9 万，直播在线人数近万人。抖音短视频 App 已将"城市"作为最重要的主题 IP 之一，城市形象也通过抖音短视频 App 线上线下双向联动的传播方式，实现立体沉浸式体验传播，催生出多个"网红城市"。技术赋能带来的传播革命，使人们进入了全新的跨媒介交互传播场景，多元协同彻底打破了现实空间、虚拟空间的隔离，实现了线上线下的泛在连接。在关系与意义的整合中，构建了全新的视觉修辞空间，受众作为富有感知的个体进入叙事流，以自我视角演绎对旅游景区的认识，在传播要素的整合中实现着本土化的视觉转向。

三、融合媒体的引导式传播

（一）注重议程设置，实现可持续性推广

利用网络热点，再造社交场景。文化总是在人与人互动的过程中生成，在社交平台的人际交往中，符号持续被生产和交换，其中的意义得以不断释放。移动传播的本质是基于场景的服务，即对场景（语境）的感知及信息适配。关于决定符号意义的各种因素，场景（语境）可能是最重要的。[①] 借助网络热点氛围及在氛围下高密度的社交行为，其他文化信息可以同步获得一定流量。其中，网络热点促使传统文化符号被大量采用与生产，而社交场景则推动了符号的接收与再造。

在节气、节日时间，大量公众号推文则在特定的节庆氛围中寻找着组织文化与中国传统文化的结合点，通过图像组合、文案耦合、创意构图的方式呈现设计符号系统，有效促进自身主体信息的传播。2021 年春节，河南卫视春晚的舞蹈节目《唐宫夜宴》"美"上热搜，并被《人民日报》点赞。舞者身着齐胸衫裙，扮成丰腴的唐宫乐伎，神态娇憨，与众不同。整个舞台还运用先进

---

① 彭兰.场景：移动时代媒体的新要素［J］.新闻记者，2015（3）：20-27.

技术,"串联"起多件国宝级文物和古代名画,被网友形容为"唐朝少女的博物馆奇妙夜之旅"。歌舞《唐宫夜宴》在制作上运用了"5G+AR"的技术,让虚拟场景和现实舞台结合,将歌舞放进博物馆场景,在内容上包含大量的文化元素,充分展示河南特有的历史文化:舞蹈开头的博物馆展厅中,与乐俑们一同"出镜"的还有出土于安阳殷墟的妇好鸮尊、春秋时期的莲鹤方壶、中国最早的乐器实物贾湖骨笛;少女们莲步穿行的天地间,依次出现了《簪花仕女图》《捣练图》《千里江山图》等中国古代名画,以及出土于山东嘉祥徐敏行夫妇墓中的《备骑出行图》壁画,令人耳目一新。趁着唐宫小姐姐在网络上迅速走红,河南卫视把握机会,积极进行议程设置,加急制作并进行模式创新,于2月25日元宵节前夕播出了以唐宫小姐姐为视角的晚会"河南卫视元宵奇妙夜"。这场晚会没有主持人,由唐宫小姐姐进行串场,观众仿佛被她们带领着欣赏了精彩的文化节目。晚会时长半小时,过渡自然,歌舞的表演也跳出了舞台场地的禁锢,进行实景拍摄,洛阳大唐盛世、开封清明上河园、登封观星台等河南名胜古迹令人啧啧称奇。微博热搜话题"河南元宵晚会是实景拍摄""河南卫视元宵奇妙夜"等一天之内微博阅读量过亿,制作唐朝少女和文物文创产品的呼声极高。

  河南卫视的成功经验如次。首先,改变对话模式,重视互联网传播。2021年,河南卫视元宵晚会在微博、B站等互联网场域的传播效果十分显著,打破了原有上传下达式的传播模式,在评论区与观众进行实时互动,年轻化、网感化的对话内容与方式获得众多网友的好评。在晚会的结尾,导演组还不忘致谢网友与粉丝,以字幕形式表达了对观众朋友们的称赞和感谢,令网友十分感动。其次,重视互联网传播,制作内容增量。河南卫视元宵晚会将完整时长的晚会与精彩歌舞的单独片段一起呈现在微博上,同时发布晚会中的未播画面,从不同角度将节目内容凝练成具有网感化的微博话题,并加入与该主题相匹配的视频片段,引发网友广参与泛讨论,如微博话题"被河南元宵导演遗忘的神秘嘉宾""河南元宵导演称汪苏泷很敬业""河南元宵芙蓉池美轮美奂""河南元宵霍尊演唱莲鹤方壶"等。官方媒体注重议程设置,把握适度效应原则,不时实现内容增量的传播,保持与网友的互动,"热度"不减。没有统筹的引导和规划,互联网扁平化的传播形态无法促进某一景区长久地被网友关注,因此，景区地方政府应当密切关注与景区相关的网络热点和文化热点，包括电视节目、影视作品、网络视频等，进行融合式的议程设置与传播管理，引导形成可持续性的营销推广模式。

（二）搭建全息平台，开辟"旅游+"模式

如果说移动互联时代的大数据、定位系统实现了基于兴趣的个性化、定制化的精准传播，那么5G时代则是基于低时延、高速率、广覆盖的技术和更加智能的边缘计算等，进一步将更多高质量的视频内容直接融入用户不同的生活场景或者网络环境。通过共同的"信息+体验+场景"的观看方式，构筑了全新的情景入口。视觉内容被赋予更为强大的认知功能，以极具交互能力的社交浸润式传播，成为兼具真实感、沉浸感、代入感、认同感的共情工具，打破时空界限，打通新的信息传播环境，成为聚合新的社会关系、新的网络社区、连接线上线下社群的重要方式和途径。

人民网舆情数据中心集中优质资源组建人民网舆情数据中心旅游智库（以下简称"旅游智库"）。依托丰富的舆情服务经验，旅游智库以舆情研究为根本，打造舆情管理、整合营销、高端交流平台三大产品体系，助力旅游舆情健康发展。舆情中心打造了舆情管理体系，与旅游智库合作，提供旅游舆情全方位服务、舆情与品牌管理培训、大数据排行榜及深度研究报告等服务；通过建立科学评价体系，形成可持续性评估的第三方评价机制，实现数据化、可视化的排行榜产品；针对旅游行业的现象、问题、案例进行研究，形成不同主题的培训，为旅游目的地的科学管理梳理思路；同时，还为客户提供舆情监测平台、舆情预警、舆情报告、危机舆情处置、舆情会商、危机应急处置及风险防控体系等全方位舆情服务。除此以外，人民网还依托舆情中心，精心打造环球旅行体验师宣传活动，通过资深旅行体验师的无人机航拍、短视频、互动直播、微博话题营销等方式，实现精品攻略创作、民宿酒店餐饮体验分享等OTA平台与自媒体平台的感观体验式传播，发挥粉丝效应与人际传播的效能，实现旅游目的地品牌塑造的目标。从业者借助全息导航平台，可完善整合营销体系，拓展信息传播渠道，扩大信息传播覆盖面，增强活动互动力，强化与公众沟通的能力，提高公众认知度和认可度，提升内容吸引力，达到最佳的信息传播效率，真正执行"内容为王"式传播策略。

（三）制定宣推主题，引导旅游传播舆论

旅游地应注重主题宣传，围绕红色旅游、工业旅游、黄河旅游带、旅游城市群等展开新形式、新创意、新思路的主题宣传活动，实现不拘一格的宣传格局，达到跨区域与跨空间的立体式宣传效果。随着人们信息沟通模式的改变，以旅游资源宣传为中心的传播方式已不能单独在竞争日益激烈的旅游市场中帮助城市成功突围，而游客文本因趣味性、创新性与互动性等特点而广受青睐，其作用与号召力与日俱增。但是，游客文本具有碎片化、微观化的特点，旅游地政府应启动引导式传播，运用故事讲述的方式，软化宣传话语，提高主题传播内容的接受度和认可度。在文化和旅游部的战略部署下，全国旅游产业一个"中央牵头，地方协同，部门抓总，中心抓建，企事业单位协同创新"的工作体系正在构建中。在对外宣传中，官方的旅游宣传内容可与旅游文本良性互动，以此提升旅游文化外宣的时效，强化传播受众对旅游地区的识别度。2016年8月，杭州旅游官方英文图书《杭州一瞥》（*Hangzhou at a Glance*）从海外游客角度出发拟定了10种不同身份的游客，来探索杭州的方方面面，从个人视角呈现杭州的文化特色和旅游体验，在对外传播过程中产生了良好效果。引导式、互动式的传播策略不仅能够确保传播内容围绕着区域发展的阶段性目标展开，而且能够最大化激发媒介传播与空间传播的联动效应，推动文旅融合的全域发展，同时校准旅游传播舆论，有利于开创各地文旅推广的新格局。

第五节　给抚州文旅全媒体传播的建议

旅游产业是地方经济社会发展和城市转型、优化产业结构的重要引擎，因地制宜利用创建全域旅游示范区的契机，通过旅游业的天然综合性和广泛关联性来促进其他产业的发展和优化，是必须面对和解决的重大发展课题。文旅融合作为国家战略，与传统旅游相比，注重各部门、各产业在融合中共同发展，更加突出丰富游客体验的休闲度假模式，不再局限于传统产业的"吃、住、行、游、购、娱"6大要素，而是全产业的旅游化融合，构建全域一体化的服务体系。抚州要在全域旅游推动下，着力做好顶层设计，加强旅游产品、

基础设施、旅游服务、人才培养、产业融合等方面的供给侧改革，将抚州打造成具有产业特色、文化特色、服务特色和运营特色的文化旅游强市。

一、挖掘内涵：强化文化符号传播

在传播城市文化的过程中，要综合考虑社会和历史因素，深入挖掘城市文化的独特内涵，找准城市文化的核心价值元素，合理利用各类资源，因地制宜，围绕城市主视觉符号，为城市量身定制整体品牌形象，而不要急功近利、东拼西凑，导致城市文化的割裂和资源的浪费。

在具体操作层面，首先要组建智库团队，搭建高端交流平台。旅游智库通过策划泛旅游领域的主题论坛、峰会、沙龙等多种形式，为旅游业搭建头脑风暴与观点碰撞的平台，实现信息的分享、共享，挖掘特色地域文化符号，创新文化传播模式。其次，传播主体要提高语篇构建能力。据调研，抚州市民的文化符号传播意识不如上海、西安等城市。顶层话语的语篇构建是信息传播的基础，抚州各职能部门要引导话语主体认知城市的核心文化内涵，普及与提高文化符号的传播与对外传播能力，还要加强普及教育，提升居民的媒介素养，从政府、媒体到大众，协同提升文化符号传播力与城市形象表达力的建构。

二、文化引领：强调媒体议程设置

《短视频与城市形象研究白皮书》将城市形象的建构路径分为三类：前移动互联网时代——政府规划、媒体执行，城市形象定位不清晰；移动端图文时代——官方民间话语分野，城市形象认知降维极化；移动端短视频阶段——政府与民众共同讲述。媒体要从弘扬中华优秀传统文化的角度，积极主动开发城市文化传播的新面向，寻找能够代表城市历史文化的象征性符号，促成现代文化与传统文化的有机融合，既在移动互联网时代广泛的受众市场中打造文旅资源的认知度，同时也为潜在的传播主体与消费群体提供对当地文旅资源的积极认知框架。

三、技术依托：重构参与沉浸场景

在当前的视觉传播语境下，文本及修辞的全新转向，正将城市旅游文化的建构与传播指向新的传播进路。技术赋能下，影像的生产、存储、传播在实践层面得到了极大丰富，视觉元素一跃成为传播的关键要素，彻底改变了内容生产模式与传播模式，需要依托新技术为文化旅游的参与提供新的场景。一是，公共事业单位如科技馆、博物馆、图书馆、艺术馆等，可以利用VR设备进行传统文化知识教育和艺术熏陶，这是普通市民近距离感受抚州文化魅力的主要阵地；二是，高校、主题公园、VR小镇、现代农业示范区等，主要面向课外科普体验和研学游的中小学生和乡村休闲旅游的家庭，可以将VR和娱乐、观影、科普、教育相结合，以此来培养中小学生对抚州文化的浓厚兴趣；三是，博览会、展销会、研讨会等，利用特定事件或时机进行文化的营销传播；四是，微博、知乎、抖音等社交平台引发话题，进行多渠道传播；五是，抚州文化的知名学者、非遗传人、手艺工匠等运用自媒体或公众号通过定向传播增加有效达到率；六是，VR文化圈内的关键大V通过微信、QQ等社交群与粉丝进行实时反馈的抚州文化互动。

党的十九届五中全会明确提出，"推动文化和旅游融合发展，建设一批富有文化底蕴的世界级旅游景区和度假区，打造一批文化特色鲜明的国家级旅游休闲城市和街区，发展红色旅游和乡村旅游"，进一步明确了文化和旅游融合发展的要求。要准确把握当地文化旅游产业发展面临的形势，坚持用"创新、协调、绿色、开放、共享"五大发展理念指导全域旅游与文旅融合发展，努力把文化旅游产业发展成为贯彻新发展理念的支柱产业。抚州要认真贯彻落实习近平总书记关于文化和旅游工作的系列重要论述精神，依托旅游的产业化、市场化手段丰富文化产品的供给类型和供给方式，用文化的养分滋养全域旅游，丰富全域旅游的内涵，进一步提升抚州的吸引力和影响力。

第四章　文化旅游的体验价值提升策略

随着现代消费社会的不断发展，消费者的感受日益成为商业逻辑关注的核心。因此，文化产品的开发周期已经逐渐从最初的创意、生产、流通三阶段划分方式过渡到创意、生产、流通、消费和需求分析的五阶段划分方式。对于文化旅游业而言，消费者在旅游的过程中经历了怎样的行程、收获了怎样的体验，直接决定了消费者的满意程度和再付费意愿，并且会通过社交网络让这种体验感受进一步影响其他消费者。因此，把握好文化旅游的体验价值生产原则，努力从文化发掘和空间建构两个层面提升产品所能够给予消费者的体验价值，已经成为文化旅游业关注的核心命题之一。

拥有丰富传统文化禀赋的独特旅游目的地，在其体验价值开发的过程中不能一味模仿一些新奇的文化旅游开发模式，也不能借新奇的感官刺激来获得消费者的称赞。旅游地的体验价值开发应当遵循最高级的开发形式——找准自身的文化原真性定位，贴合消费者心中对历史人物等文化符号的原真性幻想，让消费者在满足感官体验、情感体验和精神体验的基础上加深自己的历史认知和文化认同，从而真正实现促进经济发展和满足人们精神需求的良性循环，为社会的全面发展贡献独特力量。

第一节　文旅融合视域下的体验价值理论

随着社会的不断发展，传统审美文化的类型和规则正在逐渐改变，传统文化产品生产、流通和接受中所特有的边界与界限逐渐消失，新的文化产品类型依据新游戏规则来运作。在此背景下，文化和旅游的深度融合带来文化旅游业总体的发展转向，文化消费领域的体验经济理论取代了传统的服务经济理论，旅游目的地所蕴含的价值也从原本独一无二的展示价值扩展为现代商业逻辑支持下的体验价值新内涵。

一、从服务经济到体验经济

"体验经济"（Experience Economy）这一概念最早由美国著名未来学家阿尔文·托夫勒（Alvin Toffler）在其《未来的冲击》一书中提出，1999年由美国战略地平线LLP公司的两位创始人经济学家约瑟夫·派恩和詹姆斯·吉尔摩在《体验经济》中得到初步完善。[①] 在经济学的语境中，"体验"指的是一种独特的可被供给的商品，它抓住消费者的注意力，吸引消费者积极主动地参与其中，并且引发强烈的感官体验和心理情感活动，最终创造出独特难忘的经验；而"体验经济"则指的是"企业以服务为舞台，以商品为道具，以体验作为主要经济提供物"的、一种更加注重提升心理生活质量的经济形态。体验经济的独特之处在于为消费者创造了独特的心理情感体验，这使得体验经济能"向下兼容"地为工农业和服务业赋能，摆脱标品和标准化服务不得不陷入同质化竞争的尴尬境地，让传统意义上的商品和服务在体验经济中得到升值，同时寻找到新的生存空间。也正因此，在派恩和吉尔摩1998年发表于《哈佛商业评论》（Harvard Business Review）的《欢迎进入体验经济》（Welcome to Experience Economy）一文中，两人高呼服务经济已经到达顶峰，而体验经济的时代已经来临。这是一个继农业经济、工业经济和服务业经济后的全新的经济发展阶段。

从类型（guest participation，两极分别为消极参与和积极参与）和参与度（connection，两极分别为吸收和浸入）两个维度出发，派恩和吉尔摩将体验划分为4种类型，分别是娱乐体验（entertainment）、教育体验（educational）、逃避现实体验（escapist）和审美体验（aesthetic）。娱乐体验的体验者通过自己的感官被体验客体所吸引而获得愉悦感受；教育体验的体验者在积极参与的同

[①] ［美］约瑟夫·派恩，詹姆斯·吉尔摩.体验经济［M］.夏业良，鲁炜等，译.北京：机械工业出版社，2002.

时受到体验客体的教育，体验客体能够积极作用于体验者的身体或思想；逃避现实体验的体验者完全沉浸在自己作为主动参与者的体验客体中，获得完全忘却当下现实生活的体验感受；审美体验的体验者在深度观照体验客体时获得身临其境之感，但他们自己对体验客体极少或没有产生影响。需要指出的是，对体验的细分并不是要产品提供者局限在其中具体一类中，这四类体验也不是严格互斥的；相反，从不同角度出发，生产方恰可以为不同的需求设计出不同的体验，而最丰富、完整的体验正是这四种体验的交织，被两位学者称作"甜蜜地带"（sweet zone）。

派恩和吉尔摩进一步对体验产品的设计进行了讨论。简要来讲，两位学者为产品的生产提出了以下5个原则：第一，为体验赋予主题；第二，协调体验印象和积极暗示；第三，消除负面暗示；第四，融入值得纪念的事件；第五，调动所有感官。此外，两位学者还指出，生产体验产品的特殊之处在于消费者和提供者的互动关系。因此，相关工作岗位中职员的表演技能、表演方式和角色要求也应被重视。

在营销学领域，哥伦比亚大学市场营销学教授伯恩德·H. 施密特（Bernd H. Schmitt）借鉴了体验经济学的理论，提出了"体验式营销"（experiential marketing）的概念。与传统的市场营销理论更加注重产品本身对消费者的效用（utility）不同，施密特将眼光放在了消费前后，即使用产品前后消费者的体验上，认为这才是消费者行为和企业营销研究的最关键之处。更具体地讲，施密特将体验式营销定义为"从消费者的感官、情感、思考、行动、关联五个方面重新定义、设计营销理念"。

在当今，体验经济的意义已经远远超出了派恩和吉尔摩所认为的避免商品和服务的同质化竞争，或者为产品谋求新的生存空间；它更体现了后福特主义工业化时代中消费者注意力的日益重要，以及消费者对精神文化产生巨大需求的时代必然。特别指出的是，在文化旅游业中，消费者也日益不满足于过去对不同于日常生活的"奇观"（spectacle）的简单消费，而更加注重以文化、知识、个性、品位为主要内容的感情思考，希冀在旅游中得到娱乐、教育、逃离现实和审美的综合文化体验。对文旅体验的生产者而言，这样的体验不再是若干服务的简单叠加，而是要格外注重文旅的整体性体验和精神价值开发，明确消费者可以从体验消费中获得的价值。这是进一步进行文化旅游开发的必然前提。

二、从展示价值到体验价值

文化艺术带给个体怎样的价值，是艺术、审美、景观这些概念自诞生起就相生相伴的核心问题。而文化产品能够为消费者带来怎样的价值，则是随着技术文化的发展和文化产业的形成所出现的新问题，这一问题脱胎于文化艺术的价值问题，却又逐渐呈现出自身的独特姿态。

德国哲学家瓦尔特·本雅明（Walter Bendix）曾提出，艺术品原作具有"光韵"效应，这种"光韵"效应产生膜拜价值，来自独一无二的原真性和此时此地的在地性。观赏者亲临独一无二、原真性的场所，所体验到的敬畏感与崇拜感，就是膜拜价值。随着机械复制技术逐渐介入，艺术品实物的复制品克服了独一无二性，艺术品的膜拜价值被面向大众传播的展示价值所取代，艺术品原作的"光韵"消散殆尽。随着媒介技术手段的不断升级，艺术作品的神圣性逐渐消失，与古典艺术作品相比，现代艺术供人观赏，神圣性和神秘性逐渐减弱，艺术作品更多地被用来满足大众展示和观看的需要。这是现代产业化发展的必然趋势，尽管法兰克福学派未能正视文化产业对于满足人们文化精神需求的切实意义，但文化产业仍然在精英文化的猛烈批判下坚实发展，并且对普通民众的文化生活产生了传统精英文化不曾带来的深刻改变。

同时，随着20世纪六七十年代后美国社会经济的动荡波折，人们对于传统理论描绘的美好蓝图和新秩序体系逐渐失望，对于精英政治文化的信仰逐渐动摇。在此背景下，理查德·彼得森提出了日后产生广泛影响的"文化生产视角"，并且与霍华德·贝克尔的"艺术界"理论相互呼应补充，对传统文化研究和传统社会学研究提出挑战。此后，越来越多的学者开始从正面思考如何将文化产业纳入文化研究的总体框架中，研究文化产业能够和应该带给消费者的价值，而非仅仅批判文化产业对膜拜价值和展示价值的消解。

社会发展与理论批判的这种激烈碰撞，其背后所代表的是人们价值观念逐渐产生了变化。正如《气氛美学》作者格诺特·波默（Gernot Bohme）所说，相比于永恒的神圣的美，人们如今更希望从转瞬即逝的东西当中体验幸福，因为人本身就是转瞬即逝的。波默认识到这种对纯粹感性的再追求，因此从康德以来的理性批判回溯到鲍姆加通的感性基础。

实际上，自审美、艺术被提出后，强调感性和身体体验的美学主张就一直存在，也为之后文化产业的价值再发现提供了更加有力的理论依据。娱乐体验、情感体验或审美体验是"身体觉醒"的标志。尼采主张"身体出场"，将身体视为一切事物的起点，莫里斯·梅洛·庞蒂（Maurice Merleau-Ponty）强调身体图式体现在各个身体感官和感知行为的统一，强调当某一感官起作用带动其他感官协同加入时，还可以产生想象、回忆、语言和推理的运行。种种观点都在强调相比于理性的评价与判断，包括了感知、情感、精神的全部体验，才是对个体而言最为重要的。

身体作为主体的意识觉醒成就了身体美学，美国实用主义美学家理查德·舒斯特曼（Richard Shusterman）从身心合一的视角出发，提出让身体成为日常生活的中心，让美学发挥日常生活的引领作用。身体美学的理论框架分为分析身体美学、实用主义身体美学和实践的身体美学这三个基本层次。其中，分析身体美学将身体感知和实践的基本性质描述为我们对现实的知识与构造；实用主义身体美学在分析身体美学的基础上，提出通过身体改善的特殊方法来重塑身体，进而改造社会现实；实践的身体美学则提供了通过身体操练实现身体完善的方法。这三个层次提供了从理论支撑到实践论证的系统体系，并且具有很强的现实意义。舒斯特曼将身体作为一个有机中心，将身体看成对知识的派生的欲求，即谋求知识和真理的基础，体现了身体中的精神和认知因素，实现了身和心的统一，反驳了身心二分的传统。

自康德以来，精英艺术观总是强调审美无功利、艺术自律，然而以身体美学为代表的实用主义美学则通过论证身体作为中心，强调审美判断不应该建立在完全的理性上，将审美的主动权与话语权交还到每个人手上。身体意识的觉醒与身体美学的观照，昭示人们在体验经济时代开始强调身体化的体验价值，强调自己所感受到、体验到的才是最重要的东西。

体验意味着人们亲身体验的一切，尤其是数字技术的发展，已经使得文化产品和文化产业能够提供给人们包括视觉、听觉、触觉、嗅觉等在内的综合性感知,以至于产生VR、AR等能够"欺骗"现实感知的文化生产技术。体验价值指文化消费者从文化产品或服务中所体味到的源于个体身心感受的价值,包括感官体验、情感体验和精神体验。精神体验作为体验价值中的最高级别,又能够为消费者带来类似于膜拜价值的,甚至影响价值观念的高峰体验,从而实现现代技术下文化艺术价值的循环发展。

第一,感官体验。感官体验是体验价值的第一阶段,也是受到文化技术发展影响而迅速发展变化的阶段。当今,感官体验不仅仅涵盖人们所拥有的各类型感觉,也呈现出一体化的立体发展趋势。感官体验是人最基本、最直接的反应,不需要任何的思考与任何的文化知识背景,也是最容易满足的层级。在五官与外界接触过程中形成的快感、痛感、质感都属于感官体验的范畴,为接下来进行深入的情感体验与精神体验奠定基础。

第二,情感体验。在人们享受文化产品与文化服务的过程中,所获得的一方面是直接的感觉,另一方面则是需要进行进一步思考解读的各种信息。当感觉与信息共同作用于个体,并使得消费者因为个性好恶而产生喜、怒、悲、恐、爱、憎等不同情感时,便形成了情感体验。情感体验需要将接收到的感觉和信息进行处理,是一种"间接体验"。人的情感会对感官所感知到的对象进行投射而赋予其本身不具备的属性,不仅表现为情与物的融合,更表现为人与人之间的互动。因为人的情感与自身的经历密切相关,所以想要达到情感的共鸣,不仅仅需要有感官上合理的刺激,更需要讲透文化产品与文化服务背后的故事,从而让消费者能够投入期望的情感态度,真正实现对产品的认同。

第三,精神体验。在文化消费的过程中,如果产品所蕴含的故事与精神文化能够引起消费者的强烈情感共鸣,就能够超越单纯的体验享受,为消费者带来一种心灵的震撼。与情感体验上简单的喜怒哀乐相比,精神体验更强调一种价值感召、信仰诉求和认同构建的高峰体验,强烈的情感波动使人们因为产品中的故事对自己的生活经历、处事方式进行再思考,进而达到思想精神上的升华,是一种"内省体验"。精神体验不是我们日常生活中体验的主体,却最有价值,最能够体现文化产品正外部效用的核心所在。在追求精神寄托的过程中,先进的文化生产技术更容易使人们进入精神体验当中,但只有真诚动人的故事内核、立意高远的价值观念,才能够让人们产生精神层面的震撼与认同。

这种思想精神上的升华，与人们最初面对文化艺术时的膜拜敬畏之感有着相同的作用，能够使个体的独特感受在群体层面逐渐达成一致，带来精神境界不断提升，并由此展开下一阶段的体验感受，实现文化艺术在当代产业逻辑下的价值循环再造。

在文化旅游业的开发过程中，需要遵循的也是从感官体验到情感体验再到精神体验的价值逻辑。现代技术的发展为体验价值的开发尤其是感官体验的实现提供了必要的硬件基础，在此基础上，生产者需要通过创意故事将文化艺术资源进行当代的全新解读，通过现代消费者喜欢的形式激发其情感体验和精神体验，从而真正促进文化旅游体验价值的全方位提升。

第二节 文旅融合视域下的体验类型

体验价值的开发是文化旅游消费的核心关注，在体验经济理论中，约瑟夫·派恩和詹姆斯·吉尔摩其实并没有关注如何发掘其中的文化价值，而是着重商业运作的基本方法。但是两人仍然指出，最高级的体验经济应当是带来个人观念变化的体验，并且在随后的《真实经济：消费者真正渴望的是什么》一书中进一步指出，仅仅提供使用功能、引起感官刺激的体验已经无法满足消费者的需求，只有重视挖掘原真性，特别是能够激发人们对更高生活标准追求的影响原真性，才能在市场竞争中脱颖而出。这一论断弥补了体验经济理论框架中在文化价值发掘方面的空白。

在越来越刻意营造、企图引发轰动的体验经济中，世界变得越发不真实，消费者在做出购买决策时，产品或服务的原真性已经成为他们的基础考量。吉尔摩将消费者可感知的原真性分为5种类别，分别对应5种经济供给形态：第一，自然原真性（Natural Authenticity），指自然商品，为非人工制造或合成的；第二，原创原真性（Original Authenticity），指人造商品，由企业原创，非模仿或抄袭；第三，独特原真性（Exceptional Authenticity），指服务被具有针对性地提供给不同用户，注重差异性和个人体验；第四，延伸原真性（Referential Authenticity），指体验可被延伸到一种文化语境中，如由历史引发的灵感或由共同记忆引发的共鸣；第五，影响原真性（Influential Authenticity），指商家所提供的商品价值往往包含着一些超越功能性、即时性的价值，因此仅仅提供使用功能是无法满足消费者的需求的。因此，影响原真性需要对世界产生积极的影响，如能够激发人们对更高标准的追求，并提升人们的生活预期。其中，两位学者更是提出，影响原真性需要拥抱艺术，赋予意义是最为关键的步骤。尽管派恩和吉尔摩没有明确提出品牌原真性的概念，但是其划分的五种原真性类别所对应的经济供给形态——自然商品、人造商品、服务、体验及空间或组织设计，皆可被涵盖进品牌的范畴。品牌原真性的塑造，正是通过对产品、服务、空间和企业文化等品牌内部的不同层面进行意义添加和特性阐释而实现的。

在现代文化旅游业的发展过程当中，发掘其文化价值并应用在产业运作中，首要的任务就是结合自身的文化资源禀赋，思考如何能够转化为文化旅游的各种类型的原真性，从而给予消费者最真实、最有意义的文化体验。而对于以传统文化资源为主要开发优势的城市，不同类型的原真性也对应着不同类型的文化旅游体验价值。

一、回归真实的自然体验

在社会当中，人们总是倾向于相信存在于自然状态中的事物是真实的，尤其强调对于非人工合成的自然物有着较强的信任感。因此，在文化旅游开发的过程当中，通过开发自然原真性产生的自然体验，能够在市场竞争中获得优势。

其具体运用如次。

（一）空间布局整合自然物

在空间布局的设计中整合自然物，尽可能地保留长期以来的地理样貌、植被等自然因素。尤其对于中国传统园林来讲，许多历史文化景点都少不了自然植被的参与，例如，陕西黄陵轩辕庙中的轩辕柏，传说为轩辕亲手所种，树高20米以上，被称为"世界柏树之父"；北京潭柘寺内的帝王树，被视为帝王基业的象征，相传自辽代至今已有近千年历史，被北方佛教徒视为菩提树的代表；江南园林中具有代表性的沈园，更是将自然植被与陆游的爱情故事相结合,打造了"断云悲歌""诗境爱意""踏雪问梅"等十景。中国自古以来便讲求自然景致与生活环境的完美融合,这些自然植被的存在不仅强化了消费者的真实体验,也成为一段段历史故事的绝佳见证者,更具代入感。

(二)产品环境设计:使用自然元素

在产品的开发设计、景区的环境设计上重视自然元素的使用,以强化消费者的自然体验。应当努力让自然资源成为文创产品开发的有机组成部分,可以是单独的自然资源开发,也可以是在产品中运用自然元素。例如,在许多旅游文创产品中,都会使用原木的纹理,强调返璞归真的观感和触感。苏州博物馆设计的秘色莲花杯,杯身使用青瓷工艺制成,同时搭配了用黑胡桃雕刻的杯垫,保留了黑胡桃木原有的纹理,并且整体设计风格较为厚重,还原出自然的感觉;再如在各文化旅游景区的指示物设计当中,许多景区已经改变了以往突兀、单调的建设思路,而是使用更加贴合该景区自然环境的木材和石材进行设计,保留其原本的纹理,更好地融入周边环境当中,拉近人们与自然的距离,增强人们对文化旅游设计的信任感。

二、着眼创新的原创体验

在消费的过程当中,人们往往倾向于认为具有设计独创性的东西是真实的,期望在文化产品当中看到从未有过的新想法,而非在其他地方已经见到过的类似事物。因此,在文化旅游的体验价值开发过程当中,生产者要注重在文化创意和技术创新两个层面努力思索。

(一)着眼文化创意,发掘资源禀赋

尽管受限于技术条件、资源实力等,生产者未必能够在产品功能性上实现新突破,但是由于每个地方都拥有独一无二的文化资源,所以可以尝试在产品功能性和故事性的结合上实现创新。以各类博物馆文创产品中常见的冰箱贴为例,作为各博物馆进行文创开发的基本产品之一,其功能设计基本已经定型,然而故宫博物院却结合自身的宫廷文化积极思考,将宫殿牌匾和冰箱贴结合,制作出"冷宫""太和殿"等立体冰箱贴。这些脍炙人口的文化元素巧妙地融合在常见的产品形式中,使冰箱贴在原有的功能基础上成为人们摆拍的热门道具,得到人们的认可与信赖,引起了丰富的情感体验。茶包作为人们生活中不可或缺的消耗品,也能够成为文旅创意产品的突破点。苏州博物馆将明代四大家之一的唐寅作为文创开发的对象,结合其怀才不遇、屡经坎坷的生平经历,将他的醉态设计成茶包,使人们在泡茶的时候能够看到醉态的唐寅挂在茶杯边缘,随茶附赠的唐寅小传更能够让人了解其令人哀叹不已的人生经历。

(二)着眼技术创新,创新故事载体

当文化技术发展成熟,并且生产者有实力投入技术研发的时候,为行业开发出新的文化产品,可以实现生产者、消费者、行业、社会多方的共同受益。文化旅游的技术创新可以提供更好的旅游服务。例如,泰山景区在2019年与百度合作,进行了中国首个AR智能导览景区建设。在文化旅游业的发展当中,景区导览、讲解一直是需要关注的重要组成部分,传统人工导游服务投入精力大、讲解效果难以保证、服务人群也存在较大的限制。但随着AR技术和定位技术的发展成熟,游览泰山的游客可以加载基于真实场景的3D实景沙盘,该实景沙盘能够清晰展示各条游览线路,在各个景点只要扫描即可获取语音导览的讲解,并且可以与石刻进行真实生动的虚拟现实交互。文化旅游的技术创新还可以让构想中的文化场景走入人们的生活,随着各类动态捕捉等交互技术的不断发展完善,以一地的文化旅游资源为蓝本举办体验展览已成为当下流行的举措。例如,在2018年由郎园等共同举办的《桃花源记Sanctuary:探寻五感世界的密境》艺术展中,法国艺术家让·查尔斯·佩诺(Jean-Charles Penot)从《桃花源记》中汲取灵感,利用投影、灯管等当代的互动式媒介技术,在繁忙的北京CBD邀请观众体验山区的自然风光及少数民族的歌舞、纺织、晕染等技艺。通过展览的技术创新,钟情于中国民间文化的艺术家希望将富有特殊魅力的地方文化在不断城市化的今天绵延不断地传承下去。

三、突出个性的独特体验

在文化消费中,人们倾向于认为能够提供极致的人文关怀、关注个体差异化需求的文化服务是更加真诚、真实的。在当今社会的文化消费过程当中,人们希望自己得到足够的尊重与支持,希望自己的声音能够被听到,这为服务提供者提供了全面提升和个性定制两个层面的发展建议。

（一）提质增效：文旅服务的全方位提升

文旅产业的长期健康可持续发展不仅取决于经济效益创造能力，文旅服务水平及消费者的体验度也至关重要。只有将旅游服务水平提升到与社会一般服务相同甚至超越一般服务的水平，才能使得人们在旅游的过程中收获良好的体验。为达到此目标，我国文旅相关部门各主体已经在近年来展开了多层次、全方位的服务水平提升规划。

如在"厕所革命再发力"新三年计划的推动下，我国旅游景区厕所数量不断增多，管理系统和电子信息系统不断完善，"厕所革命"的实施效果成为景区评定和复核检查中的红线。厕所革命不仅解决了景区如厕难的问题，而且以此为切入点，推动旅游景区在服务质量提升、高新技术应用、社会文明进步等多方面进行改革发展，通过卫生设施的智能化与信息联网，带动景区总体并入智能网络。一系列基础设施的建设，其根本目的是提升文化旅游服务的总体质量。

此外，以近年来持续引起关注的民营美术馆为例。相比于传统的各类博物馆，民营美术馆一般聚焦于现当代文化艺术品的展陈，因此需要投入大量的人力和物力对展品进行解说，在各项公共教育活动中培养受众习惯。以今日美术馆为例，作为国内最为成功的民营美术馆之一，今日美术馆率先打破传统国内美术馆的部门设计架构，将安保与讲解彻底分离，投入巨大精力用来培训素质过硬的展览解说人才，成立单独的公共教育部，进行体系化的当代艺术教育。通过这些举措，极好地解答了游客在观览过程中可能产生的疑惑，满足了消费者的求知欲，使他们能够更好地沉浸在艺术氛围里。这种关注到游客的切实需求并加以针对性解决的做法，值得文化旅游业企业学习推广。

（二）手段创新：旅游服务的个性定制

线上数据的利用使得文化旅游服务得以关注到每个人的个性需求，使得参观游览活动具有别样的生机，使不同的消费群体的选择权与文化需求能够得到充分满足。如芝加哥艺术博物馆推出的数码互动产品 Journey Maker（旅程创造者），使儿童能够在网站上的奇妙动物、超级英雄、时空旅行、愉快游戏等八个不同的主题中进行选择，随后根据主题选择相关的馆藏文物完善构想。例如，超级英雄主题就需要选择自己面临的灾难、得到的帮助、遇到的敌人或朋友、拥有的超能力和需要帮助的人，每个问题的选项都是以博物馆藏品为基础展开的联想。儿童在输入自己的名字后，网站就会计算合理的参观路径，生成个性定制的线下游览地图，提升儿童对博物馆的参观意愿，使儿童对馆藏文物有更深入的了解。

文化旅游业的创意开发不仅需要提供能够满足用户需求的定制化方案，还需要在此基础上"领先一步"，即实现对个体的文旅消费需求的定制化引领。比如，相比于博物馆自身的某一件藏品，受众往往会更感兴趣了解一个艺术家或一个艺术流派整体的特色和发展变化，这就要求博物馆必须努力寻求相互合作，充分利用电子资源，实现不同博物馆间相关文物的有效联动，使得受众所了解到的文化知识不局限于一家博物馆的藏品范畴，从而对文化艺术的历史脉络和整体风貌有更为清楚的认识，并且对涉及的相关文化旅游目的地产生兴趣，促进产业消费的良性循环。

四、认同附加的延伸体验

在文化消费的过程当中，人们倾向于将涉及其他情境的事物视为真实，从自己所知的历史文化知识当中寻找合法性认同。因此，文化旅游业开发要关注到目标消费者所能拥有的共同记忆与消费渴望。对于现代文化产业而言，获得认同、满足幻想是消费文化的核心逻辑，因此这种延伸体验的获得是得到消费者认可的关键所在。在美国学者克拉克提出的场景理论中，能够被人们感知并产生积极影响的场景由三方面要素构成：原真性、戏剧性、合法性。其中，原真性指向真实，戏剧性指向互动，合法性指向认同，三者的结合其实就是延伸体验的价值内涵。基于此，文化旅游开发要注重满足期望和认同构建两个方面。

（一）满足期望：对接真实需求

文化旅游开发不仅要尊重客观真实，也需要了解消费者期望的真实性，将二者结合作为资源开发的准则。在构建过程中，生产者首先要了解消费者心中对旅游目的地文化形象的认知与期望，并且充分利用原有优势，发展完善为新的品牌形象。通过创意手段实现原真体验塑造，并不会使消费者认为沿线文化旅游是对景观和相关文化的简单重复或者刻板说教，而是认为其具有一种融合性、再生性、现代化的原真性，具有自身的形象魅力。

在此过程中，首先要将文化遗产或当地文化资源作为开发的根基，深入了解自身文化资源的价值内涵，了解其背后蕴含的历史文化价值，进而制定切实可行的策略，避免出现随意挪用其他文化或者文化解读过于浅显的情况，避免让消费者产生原真性质疑。天一阁的文化遗产开发是这一理论的典型例子。因为明侍郎范钦在其居所的海量藏书，天一阁成为"有文化"的标志和象征。也因此，在文旅开发的早期，天一阁的整个宅邸中仅有藏书楼（即宝书阁）是对外开放的。藏书楼固然吻合天一阁"有文化"的标签，但如果仅仅开放藏书楼这一座小小的独栋古建筑，而无视与之相关的其他历史建筑，则不免让"有文化"太过浮于表面，很容易让观众对面前的小楼的盛名产生疑惑甚至不信任。现今，天一阁宅邸的所有建筑和园林都已经全方位开放。同时，宝书阁连同尊经阁、东明草堂、明州碑林、秦氏祠堂等一系列建筑遗址，也构建出了一整幅文人士大夫生活的图景。更重要的是，天一阁有意强调了这些历史遗迹与书籍保存的关联和渊源，比如，将与藏书相关的誊摹、晒书、碑林、晋砖等文化遗产都一一呈现在游客眼前。对游客来说，这真正让天一阁的"有文化"得以丰厚和扎实，也让天一阁的原真性得到了确认。

其次，以创意设计弥合期望与现实。在准确把握文化旅游资源所具有的历史文化价值内涵后，需要仔细分析这些价值内涵有多少仍然适用于今天、有多少是观众所期望感受到的，通过怎样的方式可以有效呈现。这一过程需要在传承文化精髓、适应现代社会、满足消费期待三方面兼顾。比如，有着上千年历史沿革的东阳木雕以层层叠叠的复杂空间结构和细致精巧的雕刻手法而闻名，这也正是观众所期望能观赏到的美术形式。但一些改良的尝试却有意将复杂的空间结构平面化、精巧的弧线雕刻直线化，使得木雕看起来像是大规模机械生产的产品。尽管是出于适应年轻人审美的初衷，但是在工业化高度发达的今天，这样的呈现方式无疑不符合观众的期待，破坏了东阳木雕的原真性，也折损了东阳木雕背后的文化价值内涵。相比之下，一些非遗技艺的改良在提高生产效率的同时努力满足大众的审美期待，因此获得了很好的市场反馈。

(二)认同构建:增强延伸体验

文化旅游开发要注重和历史文化、社会群体产生联系,以建立起合法性认同,从而增强消费者的延伸体验。

第一,突出历史意义。在引导文化旅游体验的过程中,需要对其背后的历史文化进行介绍,无论是导游的讲解介绍还是各类形式的讲解介绍,都是必不可少的辅助说明手段。同时,也可以通过还原历史情境等沉浸式体验手段强调其中的历史文化价值。比如,宁波博物馆的民俗风物专题馆将古董文物的陈列融合在精心设置的仿真场景中,以1:1的比例还原了十几家老字号门店、数十人的婚礼轿队、错综复杂的甬府官邸等历史遗迹和历史场景,让参观者仿佛置身于百年前的宁波老街、十里红妆、梨园戏班和大院人家之中。参观者即使没有阅读文物旁的说明标签,鲜活逼真的市井生活场景也能让其体验到宁波人的民俗生活,感受到老宁波独特的文化魅力和历史底蕴。在空间资源、财力资源等多方面限制的情况下,通过现代数字技术手段对历史文化场景进行还原,也是当今许多旅游目的地会采取的方法。

第二,用户分享展示。在国内,许多文化旅游目的地都有游客留言簿的设置,最初是一种较为原始的获得评价反馈的手段。随着旅游交互式的不断提升,用户评价反馈已经成为文化旅游场景的有机组成部分。数字技术的发展使得即时互动已经不仅仅包括观众能够与艺术展品进行互动,以及博物馆能够根据地理位置、图像特征等随时提供语音讲解、补充说明等即时服务。实际上,这种即时互动已经扩展到美术馆、观众与艺术家三者间的多种对话。美国俄亥俄州的克利夫兰艺术博物馆引入的 Gallery One 项目,就搭建了互动性极强的高科技画廊,在画廊的电子屏幕上,可以根据游客做出的表情、动作来改变馆藏作品的表情、姿态,并且提供了14种不同的有趣的身体姿势游戏,邀请游客探索艺术家的技巧、艺术背后的文化和情感。更为独特的是,通过画廊中一面不断演变的藏品收集互动墙,游客不仅可以仔细了解自己感兴趣的藏品,还可以给藏品留言,并与其他游客进行对话。这不仅加强了观众对藏品的记忆,更使游客在多方互动当中感受到社会群体对其合法性的认同。

五、价值引领的观念体验

在文化消费的过程中，人们倾向于认为能够向真实世界施加影响、带来正向改变的事物是真实的，这些体验能够将人们引向更高的目标，使人们产生更高远的价值观念，为人们对更好的未来和生活方式提供一种提前体验。费瑟斯通指出，消费文化的倡导者并非不加反思地接受某种生活方式，而是有意识地在工具理性维度和文化表意维度间进行权衡，将生活方式变成一种生活的谋划，变成对自己个性的展示及对生活样式的感知。理想的文创产品应该真实可触，带给人互动体验，甚至可以融入生活，进而改变人们的生活方式和日常生活，这是体验经济的核心追求，是原真性的最高级形态，是文化产业生产应当追寻的目标。这种产品应当经过精心的设计，但不是盲目地反映传统文化价值，而是应当有所取舍，选择最能够代表现代生活中人们在日常生活压力下渴望、幻想的生活情景的文化意象。这就要求文化旅游开发中达到明确价值立场、引导生活变革两方面的目标。

（一）提炼主题：明确价值立场

在现当代的许多艺术创作当中，我们能够看到一些具有很强现实意义和历史责任感的思考。对于许多游客而言，旅游的目的多种多样，但即便对于第一目的是休闲娱乐的游客而言，如果方法得当，就不会在享受生活惬意的同时排斥观念价值层面的反思。相反，许多文化旅游目的地尽管花样繁多，却缺乏基本的故事内核与价值观念，也因此难以形成良好的口碑，更无法拥有忠实的用户群体。

世界主题乐园报告显示，在全球范围内，拥有明确故事主题的游乐园，其各项指标均好于缺乏明确主题、仅强调娱乐性和刺激性的主题乐园。在世界范围众多的主题乐园中，我国的方特主题乐园集团新增游客量已经连续多年位居全球主题乐园品牌前十。以2019年为例，方特新开园的四座乐园均以表现中华历史文化主题为核心，分别为荆州方特东方神画、邯郸方特国色春秋、嘉峪关方特丝路神画和长沙方特东方神画。方特系列乐园持续深挖中华文化精髓，采用虚拟现实、全息成像等一系列国际领先的专业技术，将代表中国精神、文化内涵的经典故事转化为深度的文化体验,既令人耳目一新,又让人产生文化共鸣,极大地提升了产品的感召力和方特品牌影响力。在园区中,方特先后打造了《牛郎织女》《梁祝》《孟姜女》《女娲补天》《楚乐》等一大批具有深厚中华文化底蕴的特色文化主题游乐项目,让传统文化以崭新视角和面貌呈现,全新诠释着人们为幸福而勇往直前的精神,以及对美好未来的执着追求和向往。可见,对于文化旅游业开发,尤其是以中华传统文化为主的旅游开发,在以文化创新和科技创意诠释传统文化的同时,其朴素而高尚的价值观不应被忽视,而应当成为贯穿产业开发的精神内核,无论是对于爱情的热烈追求,还是对亲情的执着守护、对于自然与宇宙的高觉领悟等,都可以成为文旅开发的强大精神支柱,无论是对于产业自身的发展完善,还是对于社会文化的繁荣发展,都具有重要的意义。

(二)理念引领:倡导生活变革

拥有明确的价值立场并使消费者在不抵触的情况下愿意了解,其实已经是对文化旅游产业开发和体验价值开发的较高要求。然而,文化旅游业的发展还可以在此基础上更进一步,通过一系列的活动设计,甚至仅仅是微小但匠心独运的文创产品开发,就能够为游客的生活带来持续而美好的改变。

举例来说,"衡山先生手植藤种子"是苏州博物馆文创团队推出的第一件广受关注和赞誉的产品。其背后的文化内涵是450多年前"吴门四家"之一的文徵明亲手种下的一棵紫藤。这棵紫藤如今依然生长在苏州博物馆内。博物馆每年会采集、晾晒、筛选出3000颗优质种子,3颗一盒,限量销售1000盒,始终供不应求。"衡山先生手植藤种子"尽管没有过多的文化创意产业设计的痕迹,仅仅是将自然物进行包装处理,但是其所承载的文化价值远大于许多文创商品。消费者在拿到种子后需要进行种植,需要在了解紫藤的生态习性后坚持浇水和定期打理,这使消费者的日常生活发生了改变,种植紫藤成为消费者日常生活中富有仪式感的组成部分。在日复一日的互动当中,不仅能够激发出消费者更多了解吴门四家等文化历史的兴趣,更能使得消费者切实体验到文人生活的意趣。可以说,这种与自然的互动符合文徵明晚年醉心山水、不问仕途的豁达,"空灵之美"的文化内涵就是佛家禅宗的"悟",主张在普通的、日常的、富有生命的感性现象中,特别是在大自然的景象中,去领悟那永恒的宇宙本体。

在文化旅游的体验价值开发过程中，如何运用多种多样的手段发掘蕴含的文化价值是从市场竞争中脱颖而出的关键。文化旅游的融合发展趋势，其根本目的在于更好地满足人们日益增长的物质文化需要，推动传统文化的继承与发展，增强民族文化自信，促进产业的转型升级和乡村振兴。对照不同的资源形态和体验类型，文化旅游目的地应当从自然体验、原创体验、独特体验、延伸体验和观念体验5方面入手，建构当地独特的文化体验价值，为产业的发展提供源头活水。在此基础上，则需要遵从服务业的各项发展要求，以丰富的物质世界支撑绚丽的精神世界。

第三节　体验经济视角下的空间升级

文化旅游业带给消费者的不是单纯的文化精神和体验，而是在实体空间、设施的帮助下满足消费者衣食住行的各种需求。因此，文化旅游业的体验价值提升也需要包括庞大复杂的实体空间建设。

英国旅游学教授吉利安·瑞克（Jillian M. Rickly）等指出，游客旅游的目的在于将当地遇到的人和事与自己的身份建构结合起来，旅游的快乐来自征服某个特定的目标，与周围环境产生联结，产生值得记忆的事情[1]。而当消费者相信这些具有原真性的时候，就更愿意投入其中，加深自己的情感和记忆。在另一篇文章中，他进一步指出，游客会对一个地方的不同原真性做出回应，包括原创性、象征性、感官体验等不同层面。总的来看，原真性理论通过情感和记忆与更多设计、规划的实际考虑相结合，在真实生活和旅游体验理论之间架起一座桥梁，这种原真性建构和旅游体验不仅仅是开发商的创作，更是共同建构的结果。

结合旅游产业实际设计中的需要，吉利安指出旅游空间设计要注意5方面。第一，要注重物理空间的基础设计，为旅游体验提供基础，根据现实环境决定相关活动的类型、边界等，重视旅游基础设施之间的密切互动与对游客

---

[1] Jillian M. Rickly. Existential Authenticity. Place Matters[J]. Tourism Geographies: An International Journal of Tourism Space, Place and Environment, 2013, (15): 4, 680-686.

流动的管理，通过营造适当的气氛激发情感的反应；第二，要把握拟像和超真实性的边界，符号和模拟元素对吸引游客的想象力很重要，但需要平衡拟像和真实的景观特征，以避免模拟超现实和高度想象空间导致人们感觉不真实；第三，要设置适当的标志提醒，使游客既能够沉浸在原真性当中，又能够得到恰当的提示以满足旅游中产生的各种需求；第四，要考虑旅游中遇到的各种角色带给人们的感受，游客在旅游当中遇到的每一个人，都会构成旅游感受的一部分，影响原真性的判断，因此旅游开发需要重视关于人员的所有细节；第五，要考虑到营销环节的相关引导，旅游的真实性在于满足人们的期望，营销要用适当的框架和沟通以确保游客参与体验并树立正确的情感目标，这是重要的情感铺垫，让游客建立起难忘的记忆和情感。

反观国内，对于将体验经济、体验价值应用于文化旅游空间塑造的研究相对较少，这些策略在国外相关旅游地的建设中发挥了一定的作用，但尚未走入中国。以国外成功的实践经验与理论探索指引国内旅游空间的全面建设，具有一定的现实意义。结合国内发展体验经济、开发文化旅游空间的实际需要，可以将与空间开发紧密相关的四点总结如下。

一、景区空间的设施优化

旅游产品和服务发生在一定的空间中，承载这些表演的舞台不应当被忽视，空间环境的设计决定了旅游空间能够提供的服务类型，也决定了旅游空间的边界。因此，针对不同主题的旅游目的地，需要基础设施、环境空间的设计配合，既发挥功能性，也发挥艺术性。

在纯粹的自然公园中，由于旅游观光的目的以享受自然风光为主，旅游空间的基础设计主要是服务于游客的合理导流，一方面确保游客不会蜂拥在自然环境中，影响旅游体验；另一方面也防止自然环境因为太高的承载压力而受到破坏。我国现有的景区空间研究也多顺应这一思路，从景观空间格局、空间要素来切入。然而，在体验经济的视角下，物理空间的建设其实是在搭建舞台，为消费者提供享受旅游产品与服务的良好氛围，因此在今后的旅游空间设计中，需要准确把握旅游目的地的建设目标，服务于旅游体验价值营造的总体要求。

有学者结合体验经济理论，关注景区空间结构尤其是景区廊道空间的设计，认为景区物理空间结构要实现"出得来"和"散得开"的规划目标，而廊道则需要切实发挥交通功能、审美功能、生理和心理调节功能和景观功能。实际上，对于其他景区物理设施而言，在其建设的过程中也都需要考虑在这四方面发挥作用。

首先，这些设施要服务于最基本的旅游路线规划，应当让游客受到无意识的引导，不知不觉地按照最佳旅游路线行走，而不会因为某些设施的存在打乱线路规划，浪费不必要的精力；其次，这些设施应当注重带给人们美的感受，强化所能体验到的旅游价值，如在视觉、听觉、嗅觉上带来的不同艺术体验，都需要纳入考虑；再次，这些设施需要照顾游客在心理和生理上的感受，避免出现消耗精力过多的无意义行走，调节纾解旅行中的劳累感和无聊感；最后，景区设施不仅要考虑带给置身其中或进行使用的游客怎样的感受，也要考虑作为景区的组成部分，带给旁观者怎样的视觉感受。

二、媒介科技的创新融入

在空间建构的过程当中，服从于旅游体验主题的象征性元素具有重要的价值，但除了高度主题化的旅游场景，例如主题乐园——文化旅游空间的建设虽然追求体验性和沉浸式感受，却也需要掌握一定的边界，即维持拟像平衡，防止科技手段的过度使用，以免因为超现实的模拟和快餐式的高强度感官冲击带给人们虚假感和轻浮感。近年来，主题为"不朽的凡·高"的多媒体艺术展曾经引起过较高的关注，这一展览所采取的就是完全沉浸式的感官打造。2015年，朝阳大悦城引入该展览，在1500平方米的艺术空间中利用巨大的显示屏展示其艺术作品，画作的展现按照凡·高创作的时间历程为序，伴随着维瓦尔第的古典音乐，人们在漆黑的空间中欣赏由3000多幅凡·高作品制作成的动态影像，引来许多消费者拍照留念。尽管在展览中会利用微信平台为参观者提供实时语音导览服务，但从最后的社会反馈来看，多将其定位为"网红展"，因此出现了许多批评和质疑的声音。这一主题展览之所以会被质疑，主要原因就在于展览虽然使用多媒体技术对凡·高的艺术作品进行创造性的呈现，但是在其展览设计的过程中，过分注重感官刺激，在空间建构上只注重沉浸式体验的打造，缺少可以引起参观者注意的解说，其现实参与感差；在短时间内，动态艺术作品的高强度轰炸，没有给观众留出回味思考的空间；完全服务于拟像呈现的空间设计，使得大部分因为凡·高慕名看展的人，在大面积的视频影像包裹下，除了拍照打卡外甚至没有太多的深入欣赏了解画作的选择权。

随着体验经济的深入发展，滥用感官刺激和视听设备已经成了文化产业的新问题，在文化旅游的开发中更是如此。因此，为实现合理的文化旅游开发，打造真正能够为消费者认可和接纳的文化旅游产品，必须把握视听技术运用的边界，注意到拟像应当服务于旅游的总体目标，而非成为绝对的主体，以免失去观众的注意。

三、智慧管理的信息系统

在旅游空间的设计中，如果说大部分基础设施应当努力融入环境，实现一种不会被察觉到的引导，那么包括路标等在内的信息系统，就要主动与游客交流，抓住游客的关注点，引导游客有意识地"做一些事情"。因此，信息系统的开发有其自身的特点，需要在整体建设过程中得到特别关注。

信息系统最简单的形式是路标，提示游客当前所在区域的名称，提供的旅游服务，并配以适当的解释说明，例如，在说明旅游地点名称的同时介绍该地点名称的来历、曾经在这里生活过的重要历史人物和其给出的评价等。在此基础上，景区信息系统也可以对旅游景观进行主动点评，指导游客如何欣赏或互动。例如许多风景旅游地会指出游客当前所看到的景色最突出的特点是什么、从哪个角度欣赏和拍照能够取得最好的效果等。随着文化技术的不断发展，信息系统已经从传统静态的路标逐渐发展为多种多样的新形式。目前，我国文化旅游的信息系统设计存在以下问题。

1.旅游信息系统的作用缺失

随着时代的发展变化，尽管文化旅游目的地的服务意识在不断增强，但是旅游信息系统的设计仍然较为滞后，尤其是一些历史悠久的景区长时间未更新信息系统，这就导致我国文化旅游的信息系统仍然集中在交通导向上，对于景区文化历史的传达共享明显不足。

2. 系统设计缺少内在规范

信息系统作为文化旅游过程中游客关注到的主要信息源，其设计应当有清晰明确的体系架构，应当服务于文化旅游空间的整体构建。从字体、字号、颜色、大小规格、风格样式等方面，都需要考虑形成一定的内部规范，一方面应当清晰、易于辨认，以确保游客在第一时间获取要表达的信息；另一方面也需要根据所处景区的风格特征选择适合的主题。但在许多景区当中，选择使用的字体并不能实现这两点。许多文化旅游目的地为了国际化目标会配套英文翻译，但翻译质量参差不齐，有时候读起来令人觉得一头雾水，这都是在今后景区的发展中需要注意改善的地方。

3. 系统设置未考虑使用感受

信息系统在引起游客注意的同时，应当给予游客美的感受，这不仅仅涉及上一点所说的设计规范问题，也涉及摆放设置的过程中应当考虑到人的使用感受。标志牌总体的大小、摆放的高度、字体的大小等一系列参数，会共同决定游客在多远的位置能够看清标志牌，是否需要频繁走动才能获取完整信息，获得信息的过程中只需要平视还是需要抬头仰视或低头俯视才能看到信息等，这些因素会直接影响到游客的游览体验。然而在现实过程中，许多旅游目的地缺少这方面的仔细考量，一定程度上为游客带来了不便。

4. 信息化、智能化程度不足

随着相关技术的不断发展，一些旅游目的地已经有意识地引入了信息化、智能化的旅游信息系统，例如，利用手机 App 或专门的导览设备实现精准定位和实时同步讲解，利用景区大数据来提示各位置人流量等。然而，大部分景区仍然缺乏信息智能设备的应用构想，也缺少足够的资金技术去实现这一点，甚至在很多旅游场景还未能配套充分的电子资源。很多景区，游客除了实地游览获得信息之外，没有任何线上了解旅游资源的渠道。在当今社会，人们已经习惯了智能设备的多种应用场景，也习惯了通过云端提前了解信息，这就要求文化旅游开发必须跟随消费者生活的潮流与习惯，才能打造出符合消费者要求的文化旅游产品。

四、文旅产业的管理统筹

文化旅游空间的建构,人是参与的主体,同时也是空间的有机组成部分。对于每一个游客来说,其他游客、当地居民、旅游业从业者都是自己所身处的环境的一部分,都会对于游客最终获得的旅游体验产生或多或少的影响。因此,在服务提供者能力范围内,尽可能地进行人员统筹管理,也会促进良好旅游体验的产生。人员统筹的重点在于当地居民和旅游业从业者。对于游客而言,他们与当地民众的互动、接收到从业者提供的服务质量,确实会影响其对旅游目的地的印象。在旅游人员统筹方面,迪士尼一直以来都是业界称赞的榜样,解析其成功原因的文章数不胜数,大致来看可以总结为以下几点。

首先,应当树立起共同的使命愿景,并培养责任感。对于身处旅游空间的工作人员,通过进行企业文化、企业发展历史的讲解,能够让他们在工作时有更强的主动性。每一个员工必须清楚自己身上的职责是什么,并且努力思考为了实现更好的发展自己应当努力做到什么。

其次,从业人员需关注游客可能产生的需求。在分析迪士尼乐园成功之处的文章中,提及最多的就是迪士尼不仅仅会教授员工完成其岗位职责的必要技能,同时会立足于游客可能产生的需求,进行多种多样的能力培训。例如,了解园区整体布局、掌握多种摄影器材的使用方法、熟悉多种应急情况的处理方法等,都是为了满足游客可能产生的需求。

最后,提高员工的沟通交流能力,让员工将自己的一举一动视为旅游体验的组成部分。对于游客而言,周围人的情绪和态度能够对自己产生很大的影响,因此对于工作人员而言,必须时刻关注自己的举动是否会给游客带来负面的影响,这既包括主观上是否能够保持乐观向上的精神状态、能否与游客实现良好的沟通,也包括工作中的客观情况,例如,避免在游客身边扫地而扬起灰尘等。

在国内,随着全域旅游的不断推广和旅游观念的不断进步,旅游目的地的当地居民也日益成为人们旅游体验的重要影响因素。相关研究指出,社区居民是文化遗产的所有者和创造者,在当地文化旅游发展中发挥着重要作用。在一些文化旅游目的地,社区居民更承担了传承保护的重要使命。在影响社区居民参与旅游的各项因素中,较低的社区经济和旅游业发展水平会激发民众的参与热情,优势旅游资源会影响居民在具体参与上的倾向性,居民对旅游开发的认知、对政府的信任等会提高其积极性。由于民族传统习俗等造成的思想观念顾虑,则会降低其积极性。因此,为打造新型文化旅游体验,需要有公信力的政府进行大力宣传,让当地民众了解旅游开发对于经济发展和文化繁荣的总体意义及对于个人的益处。同时,要注重将传统生活方式与现代生活方式有机结合,思考传统文化元素融入的恰当方式,这样既能为游客提供富有特色的旅游体验,又不会对当地民众的生活带来过多干扰。

第四节　给抚州旅游体验价值升级的建议

江西抚州拥有悠久的历史文化,在文化旅游开发中拥有得天独厚的优势。其旅游宣传标语——"抚州,一个有梦有戏的地方",更使得抚州成为体验价值开发的绝佳旅游目的地——"梦与戏",原本就被人们视为打破现实局限、体验不同生活的重要方式。在抚州领略梦与戏的魅力,就应当通过多种多样的体验方式,使人们如同置身梦境和戏剧之中,满足美好的幻想。然而,由于开发理念和整体资源投入的局限,抚州当地的文化旅游开发仍然停滞在较为原始的阶段。

在国家推广全域旅游、强调文旅融合发展的趋势下,只有结合体验经济和原真性开发的最新理念,通过文化创新和科技创意全面提升体验价值,才能让抚州旅游文化获得市场竞争优势,为满足人们的物质文化需要和传统文化的继承发展做出应有的贡献。

一、打造多层次体验消费格局

在抚州文化旅游的建设过程中,为了顺应当今体验经济发展的最新态势,需要全方位开发涵盖各种类型的体验,从而全面提升抚州文旅品牌的竞争力。

除文化发掘部分所提到的一般策略外,抚州还可以根据自身的优势资源,进一步增强自身的独特竞争力。

(一)强化自然体验:以中药资源为特色

在抚州的自然体验开发中,基础资源是抚州秀美的生态风景和丰富的特产资源,千金陂、古樟林风景区、金竹飞瀑景区等在内的10个国家级、省级自然保护区和森林公园都拥有秀美的风景,数量众多的有机绿色食品也颇受欢迎。在充分调动开发这些自然资源的基础上,抚州应当利用好当地的中医药文化资源。盱江医学是我国著名的古代四大地方医学流派之一,历史上有百余位医药学家曾名列中国医学家词典。中医本身的用药方法,以及中医养生所贯穿的传统文化理念,都可以成为抚州自然体验的有机组成部分,并结合互动采摘体验、数字课堂教学等丰富的手段,将自然体验价值融入旅游当中。

同时,在旅游文化场景的设计中,抚州自身的戏剧文化禀赋也应当与自然体验紧密结合。长期以来,国内专门化的戏剧演出场所戏台,好多因年久失修而消逝。以至于中国戏剧有些还得在较为西式的大剧院中表演。但在苏州昆剧院内至今仍存有一处古戏台,往园林深处走,在山水园林间另有一处小戏台,这两处戏台或是在古色古香的木质厅堂中,或是在绿意盎然的木石掩映之下,带给观赏者极佳的视听体验。这种做法表明,在各类型体验的开发过程中,都应注重强化自然体验,在抚州数量众多的风景区开发建设过程当中,不妨在保护自然植被的前提下尽量结合戏剧主题进行设计,从而与抚州的传统文化传承创新相呼应,将人与自然和谐相处的意趣贯穿其中。

(二)提升原创体验:以民俗非遗为依托

在原创体验的开发过程中,抚州可以结合当地文化资源进行一系列的文游开发和探索。而其中最为基本的,应当是结合当地丰富的民俗文化资源进行探索。抚州拥有国家级非物质文化遗产7项、省级非物质文化遗产49项,以及以"三戏四舞"为代表的一大批特色非遗技艺,在国内外享有盛誉。

原创体验开发强调产品的独特性,面对数量众多的宝贵遗产,抚州首先要做好的应当是如何将这些非遗技艺与现代审美相结合,通过文化创意为这些非遗技艺提供新的故事蓝本、让非遗更加吸引年轻观众。与此同时,抚州也需要了解最新的技术展现手段,一方面记录非遗创作的宝贵资料,另一方面丰富拓展这些技艺与游客接触的机会，用技术手段弥补能力不足、帮助游客加入艺术创作之中。

同时，抚州的原创体验也要注重和自身的宣传特色及文化消费热点相结合，单独谈及某一非遗技艺，可能并不能引起消费者的广泛关注，但如果将这些技艺与文创产品开发的思路相结合，例如用乐安蛋雕展现牡丹亭的美好爱情故事，用临川篾编技艺还原游戏《江南百景图》的场景等，让非遗元素融入各类创意设计中，那么就会更好地推动这些民俗文化的传承和发展，为游客带来不同的文化旅游感悟。

（三）打造独特体验：以戏剧表演为重点

抚州的文化旅游宣传强调"临川四梦"和戏剧表演的影响，基于此，可以进行大量独特的体验设计。在全方位提升旅游服务质量的层面，应当紧抓戏剧元素，对抚州全域内戏剧文化资源与产品服务进行清晰的梳理，并根据游客预期游玩的时长、偏好及方式等梳理出不同的旅游线路，在不同景点、服务间实现有效联动，引导游客在不同景点间流动。在此技术上，应当注重开发相应的 AR 软件，提供富有创意的旅游观赏服务，例如在重要的旅游景点提供增强现实感的戏剧表演与故事解说，通过扫描门票可以看到相关联的景区与推荐的旅行方式等，让游客充分感受独特的体验。

此外，抚州的文旅产业设计应当紧紧抓住戏剧角色的不同爱好受众。例如同样是《牡丹亭》，有的人向往扮演杜丽娘的角色，有的人喜欢春香的聪明可爱，有的人欣赏柳梦梅的儒雅气质。在旅游线路设计等环节，可以根据游客喜欢的不同人物角色进行差异化设计，甚至设计出不同的人生，选择改写《牡丹亭》结局等，都能够让游客享有一定的自主选择权，更好地满足他们的偏好和旅游体验需求。

（四）扩展延伸体验：以名人文化为优势

在抚州丰富的文化资源中，历史名人无疑是最容易得到合法性认同的，如果能够将这些名人与自己所了解和掌握的文化知识相印证，游客就能产生更强的满足感。在当地旅游对涉及的名人典故进行充分介绍的基础上，抚州应当注重和其他地方形成联动，共同扩大文化影响力，打造品牌特色。例如，2016 年开展的纪念莎士比亚和汤显祖逝世 400 周年活动虽然已经落下帷幕，但是这种将中西方文学巨匠联结的方式是一种宝贵的文化资源，抚州应当以此为契机，结合多种主题开展中外交流活动，并推出相关的文创衍生品，以不断扩大影响，强化抚州的"主场"地位。

同时，王安石、曾巩等名人也与抚州有着千丝万缕的联系，可以成为抚州与其他地方合作开展活动的切入点。抚州可以借鉴2020年故宫的"千古风流人物——故宫博物院藏苏轼主题书画特展"。这一展览展出的苏轼真迹包括《新岁展庆帖》《人来得书帖》合卷、《治平帖》卷等78件/套文物精品，时代跨度从北宋至近现代，涵盖书画、碑帖、器物、古籍善本等，并通过"胜事传说夸友朋""苏子作诗如见画""我书意造本无法""人间有味是清欢"4个部分从不同角度展现苏轼的精神世界，为大家勾勒出生动而立体的苏轼形象。展览尽管以苏轼为主，却未将视野局限在对苏轼一人的展现上，对与苏轼密切相关的人物，包括老师欧阳修、弟子黄庭坚、友人米芾、政敌王安石等的书法绘画作品也多有收录。对于抚州当地而言，依托自身资源开展某一人物的历史文化展览或文化旅游设计可能存在困难，但如果能够和国内其他地区的知名博物馆等进行合作，实现历史名家的联动，就能够得到远超过自身影响力的宣传效果与展示效果。

（五）深化观念体验：以互动创新为基础

在体验消费主题的梳理中，抚州当地已经明确了进行文化旅游业开发可以着力的重点。在确定了价值观内核之后，在具体的体验设计上应当注重提高文化旅游项目的互动性，让消费者参与其中，在获得体验感的同时，也能提高自身的修养。例如，在戏曲文化的体验当中，常规模式是体验者模仿专业戏曲表演艺术家的动作，但这种方式其实很难调动体验者的主动性。近年来，一些教学舞蹈的软件通过设计科学完善的动作体系，引导使用者从易到难不断加深学习，并智能判定其姿势的合格程度且进行打分，在学习者中很受欢迎，这种方法值得推广借鉴。

在传统戏曲、红色文化等亟待增强对年轻群体吸引力的文化旅游开发中，需要紧密结合当下最热门的动漫、游戏等形式，注重各种相关话题，从而获得青睐。例如，针对当下许多青少年不愿意走入博物馆听取讲解，河南博物馆另辟蹊径，将时下最流行的盲盒潮玩与模拟考古的形式相结合，推出考古盲盒，让消费者使用模拟真实考古中用到的洛阳铲等工具进行挖掘，得到诸如青铜虎符、白陶蜗牛、玉鹗等宝贵文物的仿制品，集齐相关系列的盲盒还可获赠独特的礼品。自2020年12月产品推出以来，始终保持着上线即售罄的火爆态势，极大地调动了消费者了解文物知识的热情。这种创新的互动方式，值得抚州在推广传统文化的过程中借鉴和学习。

二、构建文化旅游产业新基建

基础设施建设是文化产业实现优质发展的基础，文化新基建的落实是文化旅游体验价值开发的物质依托。尽管文化新基建要求较高的科技和资金投入，但只有建构好文化旅游服务的基础空间，才会为优质的文化资源和新颖的文化创意提供良好的展示平台，也才能提高旅游目的地的游客承载能力和长期吸引力。

总体来看，立足于抚州的文旅品牌打造思路，抚州的文化旅游空间建构应当注重以下方面。

（一）投入基础建设，提升总体服务质量

目前，抚州当地的文化旅游基础设施水平不占据明显竞争优势，旅游景区等相关开发仍然停留在较为初级的阶段。在今后的文化旅游开发中，抚州应当重视旅游基础设施的建设，在合理规划线路的前提下，充分考虑到游客的各种需求，并以此为依据布置各类基础设施。同时应当尽可能提升基础设施的质量与水平，使游客收获更好的旅游体验。

在基础设施的落地过程中，在充分考虑实用价值的同时，要尽量注重通过艺术设计使设施和总体环境更加和谐。例如，可以与临川四梦等主题相结合，开发出造型新颖、反映古典戏曲文化的基础设施。通过精巧的文化创意，使得游客在旅程中总能于不经意间发现有趣之处，避免旅途可能带来的负面情绪。

（二）加强解读互动，满足深度文化需求

在打造基础文旅空间的过程中，抚州也需要认真思考如何以更好的方式引导人们了解抚州文化，切实弘扬优秀传统文化。为此，景区空间不仅需要用最新的技术手段展现出如梦如戏的优美意境，也需要注意平衡，留出足够的空间让游客进行深入思考。

在实际应用的过程中，除却常规的介绍说明手段以外，可以注重使用一些带有互动性的体验装置，结合最新的技术手段引导消费者。例如，抚州可以结合《牡丹亭》的主题，在园区内设置十二花神的互动装置，游客可以通过诗句解谜、知识问答等不同形式与装置互动并收集奖章，满足一定数量可以获得纪念品或其他旅游产品优惠等。通过这些方式，消费者可以实现身份转换，他们不仅是观看者，更是参与者，在思考与探索中了解抚州文化、提升精神境界。

（三）注重换位思考，打造舒适信息系统

为保证信息系统在文化旅游的过程中发挥更好的作用，抚州应当结合自身的文化旅游发展定位，推出完整的形象设计方案和视觉识别系统，不仅要对使用的字体、颜色、规格等方面进行详尽的规定，也要根据人体工程学原理，对景区提示牌等的安装进行规范指导。信息系统可以根据各景区的实际情况进行细节调整，但总体上应保持一致。不同于文化旅游资源，提示牌等不会因为风格一致而使得游客感到雷同，而会让游客感受到旅游服务的专业规范。

同时，信息系统应当充分考虑到游客的需要，在思考"我们要展示什么"的同时，也要思考"游客希望得到什么"。在抚州游览的过程中，人们肯定对于耳熟能详的典故和句子抱有强烈的好奇。例如，"黄粱一梦""南柯梦""不到园林怎知春色如许"等。在开发信息系统的过程中，不仅要告诉消费者这些典故与景点之间的关系，还可以提示游客最佳的拍照角度、值得深入了解的逸闻趣事等。同时，应当充分利用最新的智能化、信息化方式，为游客提供随时随地的导览讲解和互动空间，如开发出戏曲主题的 AR 互动游戏、填写著名词句的文化类游戏、回忆红色经典的革命情景再现等，让游客的好奇心和求知欲第一时间得到满足，以最舒适的姿态体验到更加丰富的文化底蕴。

（四）动员在地民众，改善全域文化氛围

在我国现阶段的旅游产业发展过程中，当地居民与文化旅游空间往往存在较大差别，在地居民参与意识不高，与文化旅游配套的周边生活服务有较大的疏离感。为抓住文化旅游的发展契机，抚州应当紧密结合自身的文化旅游发展定位，在全市范围内宣讲文化旅游的打造思路与预期成果，以最大限度地争取在地民众的支持。政府应当推出操作性较强的生活美学推广建议，让在地民众了解相应的文化元素符号，鼓励人们在生活中尝试古典美学元素的装扮，鼓励各类商铺根据抚州的文化旅游主题进行创意主题的设计，并投入资源对市容市貌进行有计划的改造和建设，从而营造出优雅古典的"有梦有戏"的氛围。

艺术文化主题的节庆会展是提高文化认同、提升审美认知的有效手段，抚州在今后的文化旅游发展中，应当积极结合各种重要的时间节点开展活动。例如，进一步打造已有的汤显祖国际戏剧节、广昌国际莲花节、南丰国际蜜橘节等节庆活动，加强其中的文化意蕴；再如，通过打造诸如"春日游园会""游园听梦"数字文创季等深度体验活动，带动在地民众和游客共同参与，不仅丰富游客所获得的文化体验，还切实提升在地民众的文化艺术素养，提高抚州的社会文化水平，真正实现传承和弘扬传统文化的宏大目标。

（五）提炼红色文化，优化数字体验效果

习近平总书记指出，共和国是红色的，不能淡化这个颜色。纵观红色文化发展的历史，红色文化精神内涵带有明显的时代痕迹和地域特色。抚州的红色革命纪念馆包括广昌县革命烈士纪念馆、康都毛泽东同志旧居、善和村朱德故居、康都会议旧址、高虎脑战役红军指挥部旧址、红一方面军司令部旧址、宜黄革命烈士纪念碑、金溪烈士陵园等。抚州临川保留了一批像黎川湖坊的闽浙赣苏维埃政府革命旧址、红军"第一号布告"和红军标语等大量珍贵的革命历史遗迹。抚州现存红色文物295处，其中战斗战役遗址36处、烈士墓及纪念设施25处、与重要历史事件有关的机构旧址105处、其他（含红军标语）129处。正是这些革命历史文化，使"临川文化"的内在精神升华到了更高的境界。抚州要结合文旅融合的重要指示精神，从宏观上把握红色文化的发展历史、精神形态和价值理念，发挥自有革命景区的独特性、历史性，深入挖掘红色馆藏资源，将零散在不同地区、不同类型、不同规模展馆的红色文化进行"云端"整合，以消减时间效度和地域差异对红色文化造成的理解隔阂，扩大红色文化的物质符号传播渠道，推动红色文旅融合高质量发展。

在AI、大数据及以5G为代表的新兴技术的赋能下，大众媒介逐渐实现了跨时空距离、跨主体身份、跨传播功效、破物理屏障的深层次融合。数字技术既增强了传播的密度、频度、强度，也使传播更具温度，为红色文化的表达和传播提供了得天独厚的条件。抚州要突破以往红色文化生产传播的同质化、表面化、形式化问题，积极将新技术运用到馆藏保护开发、陈列展览、教育活动之中，提高红色资源的保护、利用、开发、传播能力。同时，创新实现互动式、沉浸式、可视化的红色文化体验，拉近红色文化与受众的距离，提高受众的参与度。可创新性地研发打造各类音频产品，走出红色展馆，建立云上解说资源库。音频可融合旁白、音乐、音响、音效等声音元素，创造沉浸式听觉体验，表达形态类似的微型广播剧，依托移动扫码等形式满足游览引导、观览伴随、主题学习等需求，让红色文化随时可听可感。同时，要针对全媒体时代用户需求和使用习惯，采用线上线下媒介形态相结合的方式，将音频资源推广到抚州市中小学，并以"云上游"的形式呈现红色文化与党史故事，推动红色旅游的线上发展。

在智能融媒体的时代背景下，为使红色文化富有朝气和精神，就要充分利用各种媒介的传播优势，拓展多元传播渠道，打造立体化传播空间，创造意义丰满的符号环境。如中国传媒大学"全国一张网（一朵云）、地面百颗星"的"红色云展厅"项目，打造公益性党史党建的传播矩阵，以融媒体折页、二维码海报、掌上图书馆等多元红色文化产品，为线下红色场馆免费提供适配性更强且内容更为丰富的党史数字音频包、党史视频播放包、党史学习及党性教育音视频课等，并进行同步分发、推送。项目还整合"红色云展厅"资源，根据各地各馆在内容制作、智能审核、分发排播、数据存储及多终端、多平台呈现等方面的个性化需求，以多种形式协助红色景区，增强展播内容的感染力和视听效果。

主流媒体、科研院校和科技公司的联动互助，将促成产品公信力、理论性和科技感的有机融合，从而实现"红色云上旅游"的全新表达，更好地传承和弘扬红色文化。抚州可依托北京大学文化旅游研究的学术资源，与各类媒体机构和科技企业合作，汇集融媒体传播、技术和运营优势，通过学界与业界的协同联动，推动抚州红色旅游产业的迅速壮大。

第五章 文旅 IP 的建构与传播

近年来,数字技术的飞速发展带来了文化信息的媒介增殖,使旅游等社会活动日益深刻地与媒介传播活动相融合。在文旅融合的政策导向下,旅游产业中以文旅 IP 为概念进行开发和宣传的项目不胜枚举。不仅旅游景区在策划和推广文旅 IP,互联网内容平台中也自发生长出一系列"网红"文旅 IP。在抖音等平台爆款短视频的带动下,西安的大唐不夜城、永兴坊等文旅 IP 都是由"网红打卡地"转化而成的。第 46 次《中国互联网络发展状况统计报告》显示,截至 2020 年 6 月,我国网民规模达 9.40 亿,互联网普及率达到 67%,手机网民规模达 9.32 亿。移动传播在文旅 IP 的开发、培育、运营与管理等环节都创造了新的路径,使文旅 IP 项目融合了互联网内容产业和传统旅游开发项目的双重身份。因此,对于景区运营者来说,建构文旅 IP 需要进一步考察旅游地的文化特质、资源类型、产业基础、传播渠道、技术效用等多方面的因素,并发挥互联网的传播优势,推动文化创意带动旅游产业发展。在这个背景下,如何建立文旅 IP 的认知框架,并探索其作用机制和开发策略,成了亟待讨论的问题。

第一节 文旅 IP 的认知框架与类型

自 2014 年起,IP 成为中国文化产业领域中格外令人瞩目的热词,并且被学界和业界赋予了各种各样的定义,每一种定义都代表着 IP 的某种特点或定义者的某种需求。最原始的 IP 是"Intellectual Property"或"Intellectual Property Right"的缩写,可被译为"知识产权"。知识产权是文化资产的一种主要形式，在港、澳、台地区被称为智慧财产权，是权利者对智力劳动成果所享有的民事权利，属于无形资产的一种。一般而言，与文化资产紧密相关的知识产权多指版权（又称著作权，Copyright）、商标（Trade Mark）、专利（Patent）、设计权（Design Right）等。[1] 随着文化产业实践者对IP赋予了各种丰富的意涵，IP已不单纯是知识产权或版权的简写。在承载着形象、故事、情感的文化产品中，IP成为一种经过市场验证的情感载体。优质的作品只是IP的起点，它需要经历多领域的共生，才能真正形成超越具体平台和形式的IP价值，才能拥有无限延展的生命力。IP的成形与普及强调了文化产业语境下文化资源的商业价值，同时也规范了文化资本的处置原则。版权内容处于文化产业的核心位置，与文化产业的各个领域如电影电视、出版业、网络文学、网络视频、网络游戏、手机游戏、App应用、广播、演出、会展和广告业等均建立了广泛的联系，它们既是版权内容的发源地，又构成了文化价值生产和增值的结构系统。[2]

IP概念在进入旅游产业后，被赋予了新的意义。在旅游领域，学界对于"文旅IP"或"旅游IP"的研究方兴未艾。云南师大夏蜀提出，旅游IP是旅游知识产权在互联网时代背景下的一种新范式。文派界人士陈琼在专著《文旅IP——特色小镇IP运营策略与落地》中界定，文旅IP是与文化旅游有关的知识产品的概念或内容，是与旅游地的文化和创意相结合的外显形式。IP来源于"知识产权"（Intellectual Property）的英文缩写，但是在行业实践中，IP的内涵已经超越了知识产权，尤其是在旅游产业中，旅游文化产品与服务很难用是否具有知识产权来衡量，因此，文旅IP更大意义上是一种基于旅游文化资源的，串接起旅游空间设计、旅游品牌建设、旅游产品开发等产业链多环节的统一创意主题。

在文化产业中，IP代表了一种集价值观、形象、故事、多元演绎和商业变现等要素于一体的无形资产。不同于一般的文创IP系统，文旅IP的再现对象不仅是角色或故事，还包含某一个地区的旅游文化空间。因此，对文旅IP进行研究，需要看到空间与情感两个层面的逻辑特征。

[1] 向勇.文化产业导论[M].北京：北京大学出版社，2015.
[2] 刘琛.IP热背景下版权价值全媒体开发策略[J].中国出版，2015（18）：55-58.

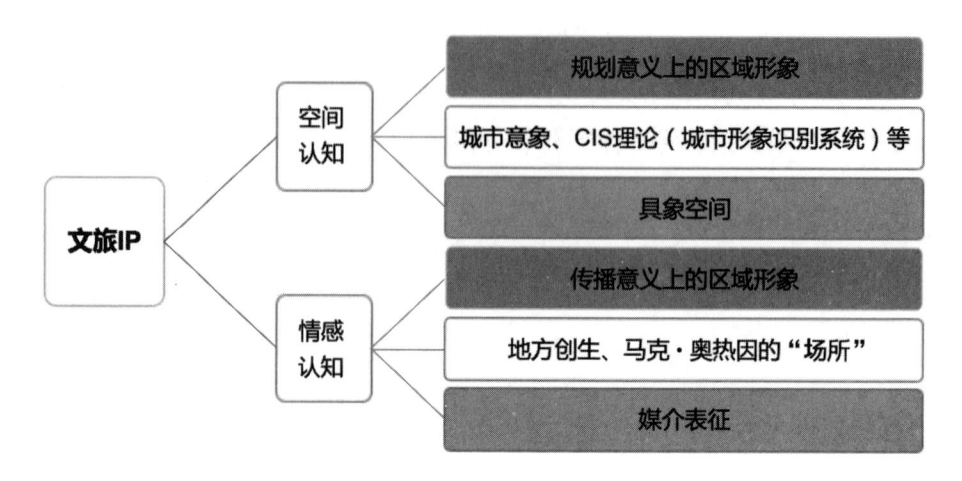

```
                ┌─────────────────────────────────────┐
         ┌──────┤       规划意义上的区域形象           │
         │空间  ├─────────────────────────────────────┤
         │认知  │ 城市意象、CIS理论（城市形象识别系统）等│
         │      ├─────────────────────────────────────┤
 文旅IP ──┤      │            具象空间                  │
         │      └─────────────────────────────────────┘
         │      ┌─────────────────────────────────────┐
         │情感  │       传播意义上的区域形象           │
         └──────┤─────────────────────────────────────┤
                │   地方创生、马克·奥热因的"场所"       │
                ├─────────────────────────────────────┤
                │            媒介表征                  │
                └─────────────────────────────────────┘
```

图 5-1　文旅 IP 的双重认知框架

文旅 IP 的开发既需要在具象空间中以整体性的符号系统激活旅游者的感官，同时也需要利用媒介的中介化作用，提炼、整合、附加、再造空间的意义，通过媒介表达，实现旅游者对旅游地的情感需求。文旅 IP 的建构起步于旅游文化的数字化呈现与创意化再造，目标是传播抽象的区域形象，建立旅游者与目的地之间的情感联结，优化文旅融合业态，从而为旅游者带来高质量、多层次的文化旅游体验。

文旅 IP 代表着一个景区的独特性与可识别性，IP 可源于当地的旅游文化资源，也可以由人为策划的内容为景区创生或嫁接新的形象，并以持续运营和营销创新为支撑点，激活目标市场，为文旅项目带来持久的生命力。根据文旅 IP 对文化资源的处理方式，其建构类型可被划分为以下三种。

一、空间资源型 IP

空间资源型 IP 通常依托景区空间的历史文化资源，如宗教旅游、文博旅游、文遗旅游等类型。旅游空间的文化资源可划分出显性层与隐性层，显性层即景区的建筑艺术、文物陈设、自然风光等，隐性层则包含宗教文化、民族习俗、历史故事等需要深度体验才能获取的文化资源。该类型 IP 通常需巧妙结合显性层资源，并对隐性层进行显性表达，进行创意转化和系统建构。如敦煌文化资源的显性层即敦煌壁画，而隐性层是传承并演变 2000 多年的佛教艺术史。IP 系统以飞天、九色鹿等形象作为主要符号元素，将佛教文化表达为具象的神话形象，使敦煌文化符号能够融入当代大众文化的符号系统中，从而对普通大众产生吸引力。又如环球影城、迪士尼等主题公园，其 IP 系统源于丰富的影视动漫文化资源，其丰富的角色群与故事群背后是隐性层的美国流行文化及价值观。对于空间资源型 IP 来说，文化资源的基础虽丰厚，但是 IP 的核心形象需要精选并提炼，只有用小故事体现大文化，才能打动消费者并强化 IP 的心理定位。

二、情感创生型 IP

情感创生型 IP 通常出现在以自然景观或远郊乡村为主的旅游景区，以创造一个独立的 IP 形象作为建构手段，通过角色、故事和形象等要素的打造，与旅游者建立情感联结，并通过旅游场景升级和 IP 形象授权等形式，提高景区的文化经济效益。如日本熊本县打造了人格化的熊本熊 IP，从 2010 年的"熊本熊失踪事件"线下活动，到 2020 年与手机游戏《阴阳师》合作，开设线上"平安京熊本熊特产店"，使熊本熊拥有自己的性格与故事，深受大众的喜爱。熊本熊的 IP 衍生产品涉及衣食住行娱等整个日常生活消费链，经济价值不断增值。又如云南省与腾讯合作推出省级 IP "云南云"，通过建立可爱亲民的 IP 核心角色，并在短视频等各类媒介文本中呈现，达到带动云南民族文化传播的目标。情感创生型 IP 将具象的自然生态空间封装在抽象的媒介形象表征之中，通过系列化的故事与活动，在旅游空间与旅游者之间建立情感对话的通路。

三、双维融合型 IP

双维融合型 IP 通常会将空间文化资源与艺术活动、文化创意等进行融合，充分利用特定消费群体对某类文化活动的热爱，使景区拥有超越自身资源的文化效益与经济效益。例如，以民俗类、文遗类旅游目的地作为载体，嫁接艺术节、大型会展等形式打造文旅IP，典型代表有乌镇戏剧节、西塘汉服文化周、日本的越后妻有大地艺术祭等。该类型IP需要巧妙融合旅游目的地与文化活动的风格定位，使两者发挥价值协同的作用，使会展、戏剧、装置艺术等与乡村古镇的地理风貌、人文风土有机结合，给予游客更加立体丰富的文化体验。再如，腾讯新文创大赛和阅文集团联合发起"世界文化遗产新文创计划"，为峨眉山、颐和园、兵马俑等旅游景区征集微小说创作，激发网民参与旅游地媒介文本的书写，注入自己的认知与理解，生成独有的情感联结，催生出富有人情味的、能够打动更多人的文旅IP。双维融合型IP不仅推动形成了特色鲜明、难以复制的文化旅游地，同时还能将具有相同趣味的人群聚集起来，发挥社交动机对于旅游业发展的驱动作用。

第二节　文旅IP的作用机制

文化体验是文化旅游的核心，文旅IP的建构过程则主要通过拓展和优化旅游者的体验维度等方式，强化旅游目的地的吸引力。总的来说，文旅IP的作用机制主要分为以下三个方面。

一、以象征吸引催生体验期待

媒介再现的空间拟像构成了游客对旅游目的地的初步想象，人们在文字、图片、视频的内容中获得空间的象征意义，并选择是否将地点作为旅游目的地。康德曾分析审美过程中人们对审美对象的期待心理，指出"事物的形式符合我们的认识功能，即想象力与知解力，它们具有某种形式，才便于我们认识到它们的形象并且感到愉快"。文旅IP对旅游者的吸引力可以分为两种类型。一种是符合想象力，即营造具有特定故事、角色的空间意象，为游客带来日常生活经验以外的文化奇观。如以文学作品、电影、电视为IP的旅游目的地，艺术作品只提供了文字描述或局部影像，旅游目的地能够符合并拓展旅游者的想象，由此使受众生发出期待。另一种是符合知解力，也就是让人们将旅游目的地视为熟悉的"记忆储藏之地"。很多文遗旅游、文博旅游的IP体系都属于此类，如乌镇对于戏剧爱好者所产生的吸引力，就是乌镇戏剧节的 IP 在高度符合旅游者知解力的基础上，使该地成为个体日常文化经验的空间延伸。文旅 IP 的建构可以兼顾上述两种形态，如福建土楼 IP 的走红，就是由电影《大鱼海棠》带火的，在快时尚的风潮后，又通过和谐族居文化、世界遗产等概念的推广，使土楼的 IP 形象与中华民族的家族文化根脉相连，成为经典文旅 IP，从而能够常年对不同旅游者形成吸引力。对于大量新兴旅游地来说，就更加需要文旅 IP 的建构和传播，实现对旅游者想象力或知解力的迎合或调动，使旅游者产生旅行的体验期待。

二、以文化景深拓展体验层次

英国体验经济学学者克拉尔·勒雷德尔（Claire Roederer）提出，体验是主体与被消费客体之间的一种互动关系。他将体验划分为四个维度，分别如下：愉悦（pleasure），即消费者对于消费环境的一种感官反应；社会文化修辞（sociocultural-Rhetoric），即消费者体验所承载的文化符号系统；时间关系（duration of time），即消费者愿意投入的体验时间；消费者行为（action of the subject），即消费者在体验过程中所做出的主动行为。在这四个维度中，体验构成了一个动态的循环。通常自然景区能够给人以第一维度的愉悦的感官反应，文遗旅游或文博旅游等能够实现第二维度的社会文化修辞，而优质的文旅 IP 致力于通过整合空间和情感，在第三、四维度上增加游客在体验中投入的时间，并激发消费者的主动行为，通过建立独特的情感关系，促进他们的文化参与和价值共创。韩国京畿道景区以韩剧流行文化作为 IP 的内核，成为《来自星星的你》《太阳的后裔》等韩剧的拍摄地。其中的建筑陈设、自然风光与影视作品联动，生发出超越一般异国小镇、创意街区的文化原真性，剧集中某桥段的拍摄现场、演员使用过的道具等，使旅游者的代入感增强，有意愿在景区中投入更多的时间，并且乐于主动地进行探索与发现。京畿道中的小法兰西村以"小王子"为主题，不仅设立了作者圣埃克苏佩里的纪念馆，还仿建了法国南部地中海沿岸村落的样貌，从小范围的地理区域展示了法国的建筑艺术，从法式取景地向法式文化进行了一定的延伸。文旅 IP 的巧妙建构能够打破符号简单挪用仿制的局限性，拓展旅游空间的文化景深，使游客的旅游体验层次更加丰富。

三、以社交动力激发体验共享

在媒介融合时代，旅游者是旅游空间实现意义释放的最主要角色。文旅IP不仅能够被运营者策划并创造，还能够通过普通旅游者的表演性媒介实践而建构。运营者提供了局内人（insider）的视角，其出发点是资源分配和商业利润，而旅游者提供了局外人（outsider）的视角，其看待景区基于个人化的主观感受，且更加容易获得其他旅游者的认同。近年来，移动互联网及短视频平台的普及，促使旅游者的媒介实践能够创造并形塑文旅IP。"网红目的地"就是一种通过UGC（用户生产内容）构建IP形象，并借助微博、抖音等移动媒体平台的宣传推广刺激游客参观的旅游空间。游客还能通过影像传播激发更多的游客参与IP叙事，前往实际地点旅行，并借助移动设备拍摄照片或视频上传"打卡"，以实现体验满足。西安"网红"景区永兴坊通过"摔碗酒"短视频成为热门旅游地，视频影像展现出浓郁的侠气，与西安的盛唐文化气氛形成互文，建构了一种桥接古今、雅俗共赏的文旅IP。IP意义的共创可以跨越媒介表征与物理空间的边界，使意义的创造、消费、体验、再创形成一种动态回路。数字媒体所创造的"网红"IP不仅有利于旅游地管理者获取旅游者的反馈信息，还能够帮助官方运营者校正区域形象策划，借势大众文化的形塑力与支持力，发挥共创IP对区域文化旅游发展的带动作用。

第三节 文旅IP的体验置景策略

文旅IP的开发不仅要考虑景区物理空间的建设，还要考虑数字媒体对景区空间的情感表达，为旅游者创造虚实结合的消费体验。体验经济领域的学者曾借用戈夫曼的拟剧理论，对"体验置景"（experience staging）的逻辑层次进行探索。在拟剧理论中，表演者只有置身于特定的舞台设置（setting）中才会开始他们的表演，相应地，旅游者只有处于运营者所设立的特定的体验置景中，才会形成独特的旅游体验。法国经济学学者马克·菲尔瑟（Morc Filser）将体验置景分成三个层次：装饰（décor），指提取环境中用于形象呈现的各种元素，包含人物形象、视觉符号、装饰风格等，可以呈现于具象空间的规划设计中，也可以作为媒介呈现的素材集合；策划（intrigue），指的是基于装饰元素（décor）布局而展开的关系建设，既包含从空间上进行的装饰布局，也包含从时间上进行的叙事编排；行为（action），是连接旅游者与装饰元素布局的一系列互动方式，既包含物理空间的感官互动，也包含数字媒介中的文化产品针对旅游者而进行的交互设计。

从体验置景的思路出发，景区运营者通过挖掘旅游文化资源，创作旅游文化产品，激发旅游者的价值共创，能够从5个层面建构起景区的文旅IP系统（图5-2）。

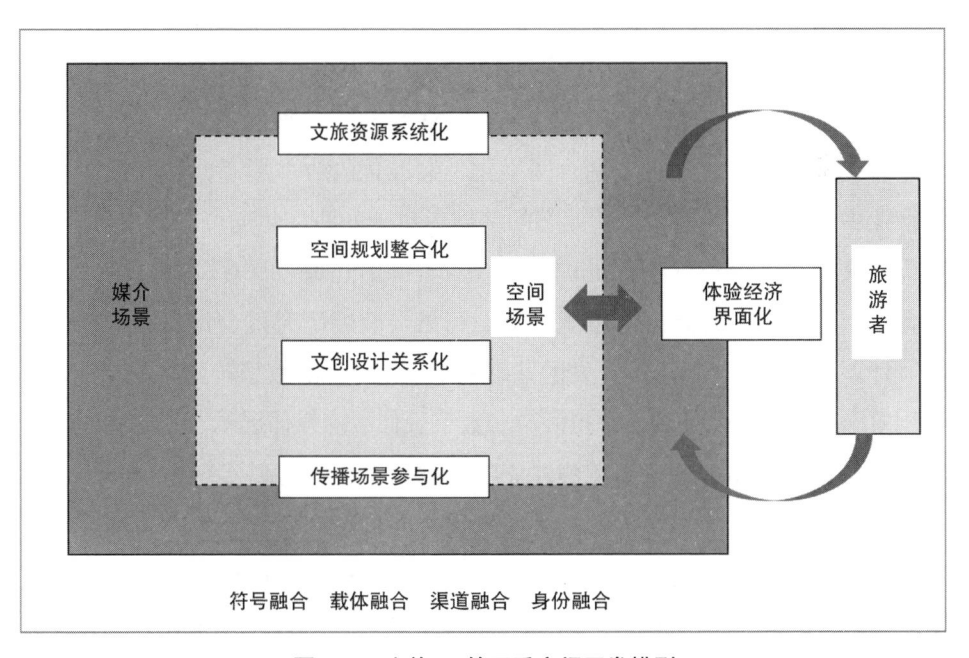

图 5-2 文旅IP的双重空间开发模型

一、文旅资源系统化

在景区丰富的文化资源中，空间规划应当对视觉风格、符号类型进行相对聚焦的视觉呈现，才能够脱离杂乱的文化符号呈现，使旅游空间整体成为特定文化类型的象征物。旅游空间的符号载体包含博物馆、历史遗迹、民俗村落等，对于城市来说，还包含街道、写字楼、霓虹灯等现代化的建筑与陈设。文旅 IP 需要重点突出旅游空间中某一面位的形象，也就是聚焦于典型化和标志化的空间符号。对于城市等广域景区，从业者需要在大量景观或文化资源中进行甄选，选择出能够契合时代热点并具有一定代表性的形象符号，如在西安集中推广"大唐不夜城"和"兵马俑"等，或者在成都推广宽窄巷子和春熙路。对于窄域景区，如博物馆、主题公园、纪念馆等，则需要以少量的角色人物、历史故事，以小见大，凸显旅游地的定位与风格。在文化消费中，助长大众想象力的不是事实本身，而是它们发生的途径及引起注意的方式，这离不开生产者的符码制造术。聚焦的符号系统能够快速给消费者留下可记忆的印象，但是聚焦就意味着取舍，不准确的符号聚焦可能会引发旅游者对整体空间的认知偏差，因此，符号要对文化有凝聚作用，且具有可识别的鲜明文化气质，以保证文旅 IP 既具有吸引力，同时能够兼顾形象传达的准确性。

将文化资源转化成可复制、网络化、标准化的数字形态，是发掘文化旅游产业中新产品、新模式、新业态的基础。对于一些文化遗产旅游项目来说，只有将文化遗产进行数字化处理，实现对资源的还原、保存、整合等，才能在此基础上进行创意整合与形式创新。腾讯与敦煌研究院合作发起"数字丝路"计划，其各类交互产品开发的基础就是文化资源的数字转化。敦煌研究院运用摄影采集、图像处理、虚拟漫游、数字录像、多媒体展示、三维重建等技术，为每一幅壁画、每一座雕塑建立唯一的数字档案，以实现永续利用。在媒体叙事中，区域的呈现依赖的是对真实空间的拟像，数字化的文化资源构成可以进行重组拼合的符码系统，文字、图片、视频等通过调用符码，能够呈现旅游目的地的象征意义。文化资源的数字化为下一步创作文化产品和开展营销活动提供了素材库，为关系整合环节提供了保障。此外，数字化的文化资源能够为产业链不同环节的从业者搭建"桥梁"，打通数字化成果的利用与转化，推动创意设计、影视创作、信息普及等方面的资源共享，有效对接文化资源开发的供给与需求，促进数字文化资源成为 IP 建构的拓展链。同时，文旅项目对 IP 的建构及 IP 模式的推广，也能够反向促进数字文化资源的进一步开发。

二、空间规划整合化

文旅 IP 要对景区的景观、建筑、道路、基础设施等进行整合,以达成统一视觉系统的目标,强化旅游景区的文化形象定位。景区在进行空间规划时,应选择影响力较大的民俗、名人、传说、神话等资源,厘清关系脉络,进行串联、整合、提升、凝练,梳理出一条文化主线。如英国的斯特拉福德小镇,因为有莎士比亚故居,整个小镇的建筑景观展现了莎士比亚从出生、读书、生活到归隐、逝世的整个生活历程,游客还可前往皇家莎士比亚剧团观看高水准的莎翁戏剧。在景区建设过程中,旅游空间通过系统化的资源整合,勾勒出文艺复兴时期的戏剧文化精神。又如西班牙堂·吉诃德风车小镇,依托小说中的虚拟人物,以中世纪风格的风车和古堡作为主要景观,再现了小说中"堂·吉诃德大战风车"的场景。古堡中有演员对城堡中的生活进行还原式表演,其戏服和道具高度还原历史,小镇广场还开设了考古博物馆,陈列当时的文物,全方位实现视觉统一,拓展人们对中世纪骑士生活的想象。此外,景区可以通过设计创意地图来连接不同的地理空间。地图即指引,地图术(mapping)能够在旅客的心中将无序的景区空间有序化,将具象的景观抽象化。创意地图能够将景区中文化故事与建筑景观的关系予以呈现,指引游客的体验路径,并通过图形印象加深旅游者对景区的认知与记忆。

在旅游文化的传播中,从业者要同步考虑数字媒介与实体产品的双重呈现效果,因此,文旅 IP 的角色形象应具有一定跨媒介和实体化的潜力。如桥合动漫与陕西历史博物馆联合打造的"唐妞 IP",以陕博的馆藏文物"彩绘女立俑"作为原型,以卡通萌的胖美人形象重塑了唐代历史人物,在风格上结合动漫元素与水墨美感,推出了《唐妞驾到》连载漫画、表情包等系列数字创意产品。该漫画以现代化语态讲述唐朝生活与文化,同时博物馆还通过实体店和网店的形式出售唐妞系列文创产品,"唐妞 IP"的高知名度在一定程度上提升了陕西历史博物馆的客流量。又如拉萨市大力支持《文成公主》实景演出,该剧将人工舞台与自然山水结合,通过现代科技呈现文化遗产。演出本身不仅实现了旅游文化的在地传播，还衍生出了京剧和藏文化符号相融合的系列文创产品。这些文创产品脱胎于"文成公主 IP"，并进一步发展成文化载体，在海内外各类文化博览会中展出和销售，推广和宣传西藏文化。创意符号在不同媒介的联动要超越简单的符号复制，要形成互补和互动关系，强化对游客的全感官刺激和记忆唤起，使旅游者能够对景区文化产生向往与认同。

三、文创设计关系化

旅游文创产品在人地关系中发挥着连接作用，文创产品通过对旅游地的文化资源进行转化，以抽象、微观的形式再现旅游地的文化风情，而陈设的文创产品又构成了旅游空间的一部分，可以说，"人—旅游纪念品—地方"的三维互动框架可以概括其参与地方性表征与建构的文化生产过程与机制。旅游文创产品对于旅游地的符号呈现需围绕 IP 的核心原则，突出旅游文创产品文化生产的地方性情境。其中，可提炼出 4 种对旅游空间的转化模式。第一是"传统"的地方性，如对民族文化符号进行提炼，强调地方对文化原真性的凸显；第二是"现代"的地方性，如将现代化建筑的外形作为文创 IP 的核心形象，能够强化旅游者在景区空间的现代化情景感；第三是"嵌入"的地方性，利用外来文化符号塑造本地文化特色，如对于一些文化资源存量不高的乡村景区来讲，通过嵌入原创的文化符号，能够打造一种嵌入式的文化特色，使外来符号与在地符号构成一种识别度较高的符号系统；第四是"重构"的地方性，强调旅游地传承文化记忆，并重构文化的内容与形式，将传统文化符号与现代审美偏好相结合，拉近传统文化与当代大众之间的距离。这些形式也适用于从文化资源中提炼 IP，有助于大众提高对文创产品和旅游地之间亲缘关系的认可度，建立富有意趣的三方联动关系。

IP 系列文创产品要注重和用户建立关系，如通过网络形象和相关故事文本，调动用户对于 IP 的记忆认知，然后提供销售渠道，提高用户的购买意愿和持续关注度。又如在设计阶段就和用户建立联系，让用户感知自身与产品的独特关联，强化个人体验，提升 IP 的生命力与感染力。敦煌研究院与洛可可文创设计中心、羿唐丝绸合作，孵化了"敦煌诗巾"App，供消费者自行设计并定制丝巾。开发团队在莫高窟洞窟中提取了 200 多个壁画细节，建立了丝巾设计元素的图片数据库，用户通过对其中的设计纹样与配色进行选择，就能够自行定制独特的旅游文创丝巾。在互联网平台中，文旅 IP 系统中的文创产品可以利用数字化技术，给旅游者带来全息式、多维度的文化体验方式，以拓展文创产品在传播过程中的互动性和参与感。同时，文旅 IP 的文创产品之间可以通过角色和故事产生关联，用户在购买某一款产品之后，会追踪故事中的其他角色，并产生对相应产品的收集需求，进而推动产品序列的可持续销售。

四、传播场景参与化

文旅 IP 的建构目标是实现旅游者对于地方价值的认同与分享，因此，旅游场景需要提供空间、时间、审美等维度的可供性（affordance），将有情感流动的故事充填汇入旅游场景，形塑旅游者的体验，生成独特的情感联结。通过以地方为"舞台"，以文化旅游产品和服务为"载体"，从业者可为旅游者创造独特的感官体验和精神体验，提升其对文旅 IP 的文化认同。2020 年，北京南锣鼓巷推出了"文化东城"戏剧表演，演员们的表演融入街区，打破了剧场的固有模式，将城市空间作为舞台，旅游者可以穿梭于演员之中，获得沉浸式的参与体验。在数字化技术的赋能下，运营者还可以利用交互技术，使旅游者参与到旅游商品生产的流程之中，成为旅游文化产品的设计者乃至制造者。

IP 官方文本要充分发挥当前移动互联网的智能化、小屏化、碎片化的传播特点，有机地把旅游文化融入以流行文化、"网红"文化、"草根"文化为主导的网络平台之中，促使受众主动地了解旅游文化，并自发地进行接力传播。正如《第一届文物戏精大会》短视频，将馆藏文物进行数字建模并设置动画，使文物具有了角色属性，幽默风趣，随乐起舞，激发了大量网民的转发与热议，为参与的七大博物馆带来了可观的关注度与客流量。除了官方发布的媒介产品，旅游从业者还可以利用内容平台中自生长出的 UGC（用户生产内容）文本，如 vlog、自拍、游记等，借势建构文旅 IP 并进行推广。如抖音中稻城亚丁、宽窄巷子的短视频等，通过爆款的影像表达与算法的标签提炼，自发地生成了一系列文旅 IP 的雏形，且 UGC（用户生产内容）大多灌注了个体情绪与自我表达，是去官方化的话语表达，能够推动口碑传播和群体认同。在此基础上，运营者可以对 IP 雏形进行遴选，建立爆款助推机制，通过采用提炼文化标签、贴近热门话题、借势算法识别、寻求平台助力等手段，使 IP 文本能够进一步在网络中迁移与推广，并在空间建设和媒介表达上对"网红"IP 进行收编和系统化处理。如景区可采取相应的配合策略，优化景区设施，为游客提供打卡地标识，策划主题活动，推动"打卡"对旅游地客流量的带动作用。又如，可以打造一系列拓展性的媒介文本，用精良的故事体现"网红"景点的文化内涵，促进文旅 IP 的生命力延长。通过借势"网红"文旅 IP，运营者能够避免试错，利用旅游地和旅游者之间已经建立的情感记忆，使价值共生贯穿于 IP 开发的整个价值链中。

从根本上讲，文旅 IP 的开发策略就是要在空间规划与媒介表征的两个维度上，通过挖掘和转化旅游文化资源的多重价值，创造旅游景区空间和旅游文化产品的持久生命力，使文旅 IP 能够带动旅游产业的整体发展。通过采用体验置景的 IP 开发策略，旅游运营者能够在互联网和信息技术的助力下，探索文旅融合模式的新理念与新方法。体验置景的策略试图从宏观层面入手，提供 3 个层次的思路来进行文旅 IP 的建构，但是也存在对文旅项目组织管理模式等研究的局限性，需要进一步从其他理论视角来解决微观问题。

五、体验经济界面化

短视频和直播的普及，降低了内容创作的门槛，高清竖屏的画面使旅游地风格能够得到较好的呈现。在抖音上，田间地头的当地产业能够与风景名胜融入同一画面。再小的乡村古厝，也能够通过短视频来展现当地的风土人情与民族文化，打响乡村文旅的知名度，通过视听化的内容创新，降低文旅产业的增收难度。在疫情防控期间，河南省发起了"云台山汉服花朝节"等抖音挑战赛，多位抖音达人通过实地体验和拍摄视频，展现当地的宋都皇城、嵖岈山、太行大峡谷等特色旅游景点，相关视频的总播放量突破 7.1 亿次。2020 年端午期间，河南省旅游市场位居全国前列，全省共接待 575.96 万人次，恢复至 2019 年接待游客总量的 61%，比全国平均水平高 10%。短视频和直播电商催生了一种"V经济形态",包括visualization、volume和vitalization三个方面,对应着前台、中台和后台三个环节,形成了一种全新的线上经济生态体系。当前,越来越多的企业认识到自主品牌或文旅IP的重要性,纷纷从幕后走到台前,打造自主品牌。本土商家能够通过短视频的内容制作,立体、直接地打造IP形象,激发消费者对商品的消费兴趣,并通过直播带货、电商等功能拓展销售渠道。

短视频、直播的普及,为内容的生产、消费两端提供了新的"界面",打破了时间、空间的限制,促进了双方之间信息的流动。不论是种植中药的农户,还是民俗非遗的手工艺人,都可以直接面向消费者进行产品的展示和销售。旅游地的商家可以突破中间商对销售渠道的垄断地位,使"渠道为王"的传统经济成为过去式。短视频和直播加速了信息沟通和商品交换的效率,使买卖双方能够直接对接,突破了前店与后厂的物理边界,消费者可以越过过去的一道道中间环节,深入了解产品的生产和加工流程。抖音平台的"云南小花"因为拍摄"油炸玫瑰花"而走红,随后,她开启了"短视频+直播"的云南民族特产的IP打造之路,3年之后,她成为拥有747万粉丝的带货达人。视频和直播打造了一种全新的"界面经济",促进信息的流动,提升生产、消费两端的对接效率,推动"网红"IP的塑造,有利于建立消费者对商家的认知度和信赖度。

第四节 文旅IP的融合场景建制

随着现代经济的发展,越来越多商品的文化价值、审美价值逐渐超过商品的使用价值,开始成为主导价值[①]。然而,文化价值难以用统一的标准进行衡量,消费者的文化背景差异使其感知的文化价值也千差万别。场景的意义就在于强化消费者所感知到的文化价值,通过图像美感、视听刺激、故事讲述等形式,强化文化体验,以提升消费者对文化价值的理解与认可,推动更多文化消费的达成。

---

① 叶朗.美在意象[M].北京:北京大学出版社,2010:335.

在传播学中，美国学者罗伯特·斯考伯和谢尔·伊斯雷尔提出的场景概念译于context一词，主要指移动互联网时代信息内容与媒介技术所创造的语境或氛围；而在文化社会学中，美国新芝加哥学派的特里·克拉克和加拿大学者丹尼尔·亚伦·西尔提出了Scenescapes这一概念，同样被翻译成场景，用以强调实体空间对于社会发展的影响。尽管不同的场景理论有其自身的逻辑脉络，但在互联网时代媒介融合发展的趋势中，都可以在文创产品的意义传授与价值流通过程中发挥重要作用。

芝加哥学派的文化社会学研究认为，由美学知觉和由欲望转化而来的活动和舒适物，能够转化成文化与价值观的外化符号，形成具有鲜明特征的场景，这些场景能够被人们识别、区分，并对人们的行为产生影响。[①]场景理论认为城市具有一种空间美学意义，其中的要素包含景观、体验、消费、符号和价值观等。近年来，文化街区[②]、文化遗产[③]、博物馆[④]、创意街区[⑤]等旅游空间的场景建设引起了学者的广泛关注。已有研究强调场景是一个空间概念，具有特定功能性，能够传递相应的文化与价值观，同时还具备刺激文化消费的功能。

在文化旅游业的发展中，文化创意产品已经成为文旅场景不可或缺的重要组成部分。同时，场景也形成了新的品类创造方法，通过创造个性、情感联接、创造需求、激活社群等形式，形成了一套以建立联接为核心的场景造物逻辑。[⑥]尽管文化创意产品往往指向具体的微观产品，但是在空间建构中却能够发挥独特的作用——旅游文创产品是物质载体和艺术文化的创意结合，脱胎于旅游空间中最具代表性的文化元素，是对文化旅游空间特征的提炼与再

---

① ［加］丹尼尔·亚伦·西尔，［美］特里·克拉克.场景：空间品质如何塑造社会生活［M］.祁述裕，吴军等，译.北京：社会科学文献出版社，2019：1-3，6.
② 李林，李舒薇，燕宜芳.场景理论视阈下城市历史文化街区的保护与更新［J］.上海城市管理，2019（1）：7-13.
③ 金元浦.场景理论与文化艺术遗产的传承与创新：金元浦对话劳伦斯教授［J］.北京联合大学学报（人文社会科学版），2020，18（1）：25-29.
④ 黄鸿宇，祝忠杰.基于场景理论的衍生品研发与博物馆展览互构关系研究［J］.艺术品鉴，2020（18）：126-127.
⑤ 陈波，吴云梦汝.场景理论视角下的城市创意社区发展研究［J］.深圳大学学报（人文社会科学版），2017，34（6）：40-46.
⑥ 吴声.场景革命：重构人与商业的连接［M］.北京：机械工业出版社，2019：8-16.

现。劳伦斯认为，场景理论的舒适物蕴含了社会生活的实际功能、相关城市或社区的文化与传统、社群的价值观，并在传播过程中逐渐形成特色，这些舒适物会在生活中形成抽象的文化符号，从而影响个体行为。[①] 在旅游空间的建设中，旅游文创产品正是这种抽象文化符号的凝结，亦即一种理想的舒适物——在提供特定功能的同时带有鲜明的文化特征，能够进而反哺场景的独特性。

美国学者罗伯特·斯考伯和谢尔·伊斯雷尔在《即将到来的场景时代》中提出，移动设备、社交媒体、大数据、传感器及定位系统五种技术力量带来了场景时代[②]，这些技术在虚拟空间实现了信息的智能匹配，搭建了沉浸式环境，使得消费者在网络空间可以获得丰富的生活体验。移动传播的本质是基于场景的服务，即对场景（情境）的感知及信息（服务）的适配。在移动互联网的内容、关系和服务领域，场景成了新的核心要素。如果说空间场景理论偏重客观存在的实体场景，那么媒介场景理论就更加强调主观体验的虚拟场景。传播学界研究者基于若干次移动媒体用户的调研问卷提出，空间与环境、用户实时状态、用户生活惯性和社交氛围是场景的四个基本要素[③]。场景方法论提出者吴声根据丰富的业界案例，重点考察了移动互联网时代的营销逻辑和商业模式，更加关注产品的审美价值和体验价值，在《场景革命》一书中界定了4种支撑场景的核心要素，即体验美学、空间连结、社群和数据[④]。这4大要素可以作为考察文创产品及其场景的主要参照系。

移动互联网的普及促进了空间与媒介场景的虚实融合，数字技术使旅游空间和媒介影像合二为一，旅游已经形成了融合实体空间和虚拟空间的双重体验，旅游文创产品的符号意义也开始浮出实物载体，融入数字媒介中，旅游文创产品的价值呈现出流动的属性。移动互联网通过将空间场景转化为媒介场景，拓展了旅游文创产品的价值面向。跨媒介的传播内容使得互联网构造场景

---

① 金元浦.场景理论与文化艺术遗产的传承与创新：金元浦对话劳伦斯教授[J].北京联合大学学报（人文社会科学版），2020，18（1）：25-29.
② ［美］罗伯特·斯考伯，谢尔·伊斯雷尔.即将到来的场景时代[J].赵乾坤，周宝曜译.北京：北京联合出版公司，2014：20-27.
③ 彭兰.场景：移动时代媒体的新要素[J].新闻记者，2015（3）：20-27.
④ 吴声.场景革命：重构人与商业的连接[M].北京：机械工业出版社，2019：66-67.

的能力逐渐增强，媒介形象也在对现实空间进行重构。媒介传播通过激活视觉、听觉、触觉等，可以激发消费者的复合认知，影像符码与日常生活交融渗透，为旅游者创造了多维、流动、混合的体验。

一、文旅 IP 场景的双重性

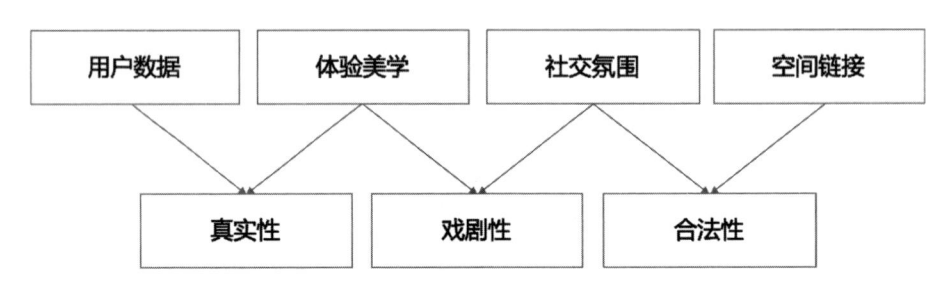

图 5-3　文创传播的场景融合机制

在媒介融合与文旅融合的发展趋势下，旅游产业从业者的文化传播意识已经觉醒，新媒体开始被广泛运用于文创产品的展示和销售环节。文化旅游地在线下实体空间的建设往往会受到物理环境、经费支持等多方面的限制，而媒介场景可以在网络赋权和技术赋能下，突破这些限制因素，创造实时更新的"无限场景"。因此，以融合场景建构的思路考察文创产品的价值拓展问题，就能够创造出更为多元的展示方案和营销策略。结合真实性、戏剧性、合法性三项空间场景要素，以及用户数据、体验美学、社交氛围和空间链接四项媒介场景要素，可以将网络文创传播的场景特征概括为以下三方面。

（一）引导个性审美体验，创造真实性环境

文旅 IP 的融合场景需要以用户的感官体验作为支撑，实现真实性环境的塑造。人们总是习惯通过感官经验来获取对于外在世界的认知。康德认为，人是在"经验"中理解真实世界的，人对世界的认知局限于现象界，也就是人类感性直观形式可以把握到的、五官所经验的世界。[①] 交互式、体验式的空间环境设计，总是能够最大限度地调动用户感官，创造文化意境，凸显文化价值。

---

① ［德］康德.康德著作全集：纯粹理性批判［M］.李秋零，译.北京：中国人民大学出版社，2004：26-28.

在疫情防控期间创建的美国圣巴巴拉的感官和运动博物馆,展示的艺术品多为远距离互动设计,可通过热能技术和投影技术描绘游客的形象或声音。如游客的语音能被可视化为霓虹灯的色彩样式;其身体轮廓可以被条纹化显示在屏幕上,并可通过建立双人影像的连接流动,打造社交体验。通过感官的还原,人造的空间场景也能够为体验者带来具有原真性的体验形式,真实性能够促进旅游者对场景中的符号产生认同,进一步提升旅游者对衍生产品的留存与购买欲望。因此,文创产品的空间场景既可以通过搭建交互装置、运用屏幕媒介,也可以通过游戏化的机制设置,提高游客在游览中的感觉代入和情感融入,从而使游客获得更为立体多元的体验。

大数据来源于对内容产品和用户偏好进行真实的记录和分析,创造了客观的真实性环境,即感官难以把握的那一部分世界。短视频平台所创造的媒介场景,包含基于大数据和深度学习技术所实现的精准内容推送,也包含内容平台中大量的购买数据、播放数据、评论数据及排行榜数据等。在互联网平台中,文创产品的展示一方面需要算法的识别和推送,另一方面也依托客观的销量、好评量等,带给用户真实的数据冲击,并进一步带动销量。淘宝、天猫等平台的文创商店常常需要在建立初期"刷销量",以奠定钻石店铺或皇冠店铺的基础,并阶段性配合平台购物节开展促销活动,这都是顺应平台规则、打造数据场景的体现。文创产品虽具备更多的隐形文化价值,但是在"从众"化心理蔓延的互联网空间中,同样需要数据群组打造理性的媒介场景,以引发用户对于产品客观价值的肯定,进而促成消费行为。

(二)强化互动社交体验,策划戏剧性活动

戏剧性通常指假定情境中人物情感、心理活动的外在呈现。戏剧性活动的目标是让消费者获得超越日常生活的体验——通过设施和活动的组合,产生特定的文化意义,并创造出相应的美学趣味。空间场景的互动活动应提供更多的奇观性,为消费者的感官带来新奇的体验,并激发用户的传播欲。湖北省博物馆推出在线 VR 试穿汉服,可以通过高清画面和沉浸式互动,让观众 360°领略到汉服的真实风貌,使其置身于戏剧性的交互游戏之中,调动游客感官上更深入的体验欲望。曾侯乙编钟被中外专家称为"稀世珍宝",不可触碰,但湖北省博物馆推出了 VR 敲击"曾侯乙编钟"活动,观众可以在虚拟呈现的场景中观察其高超的铸造技术、感受其良好的音乐性能,体验古代中国艺术的魅力。互动性的戏剧性活动能够在文物与消费者之间建立体验桥梁,将消费者从旁观者转化成参与者,生成独特的个人化体验,更在获得附加体验价值的同时增强传播动机,有利于空间场景的媒介传播。通过感官还原的戏剧活动,旅游者可以沉浸在实验式、定制式的空间场景中,而媒介的双重映象又会强化旅游者的体验记忆,提高旅游者对场景的消费、留念、收藏意愿。

通过社交氛围的打造,可进一步强化戏剧性场景对于用户的影响作用。拟剧理论将社交行为与戏剧活动相连接,认为人们在社会生活中以不同的角色进行不同场次的表演。在短视频和直播等平台,个体通过"台前"表演和观看、点赞来赚取自身的"社交货币",强化与表现对"自我"的认知并塑造自身的形象定位。从2020年开始,故宫与明星化妆师毛戈平联手推出故宫彩妆,借势名人的话题性和"国货之光"IP的热点,各类"网红"博主和素人用户借势推出美妆视频,在粉丝社群中引发热议。在网络社区的戏剧表达、情感认同过程中,文创品牌彰显了故宫文创新的价值指向,即传统文化的亲民活化与高标准的品质重铸。戏剧性的媒介场景建制能够叠加产品的文化娱乐价值,对大众产生难以抵御的吸引力。文创产品媒介场景的营造,可充分利用互联网的社交氛围,为用户提供更多的感性动机,满足其娱乐和审美诉求。

(三)印证日常生活体验,寻求合法性认同

空间环境的连接重塑,能够提高用户对于文创产品的合法性认同。在旅游景区,文创产品如果能够贴合旅游景区的文化风貌,那么就能轻而易举地实现合法性认同。对于零售商店的文创展示空间,店面装饰要呈现出特定的文化特性或地域风貌,使产品调性、空间风格与当地文化形成互文互动。河南博物院打造"考古盲盒"IP,模拟考古的未知性,将青铜器、元宝、铜佛、铜鉴、银牌等"微缩文物"藏进土中,消费者必须拿起道具挖去土壤、扫去浮尘,才能看到文创产品的全貌。用户使用"洛阳铲"进行探查,能够确定"文物"的埋藏位置与对应年代,进而进行仔细挖掘。通过"盲盒"属性与考古空间场景的打造,文创产品的历史合法性得到了强化,也将考古场景进行了活化,层层叠加了文创产品的经典性、故事性与体验性。盲盒设计被打造成一次历史探索或文化探秘,将历史空间与现实空间相连,能够使消费者高度认可产品的文化价值，也拉近了文化遗产与日常生活的距离。在这个过程中，消费者购买的是整套文化体验，而非独立存在的文创产品，空间链接形成了更加丰富的价值层次。

社交氛围也能够提高用户对于合法性的认同。互联网内容平台中的社交分享、"网红"认证等，也有利于消费者快速接纳文创品牌信息，并做出购买决策。在传统电商平台，用户的评价反馈能够让消费者感受到文创产品在社会中获得的认可程度，这种文本社区是媒介场景的扁平化缩影。随着直播带货模式的兴起，"网红"作为社群意见领袖，常常能够发挥作为品牌背书的作用，提高品牌影响力。社会科学文献出版社打造了"文献君"IP，联动社内甲骨文、索恩等图书品牌，在淘宝平台开展了"文献君的每周新书"直播活动。在2020年9月一场历时3.5小时的直播中，其销售额超过10万元。通过面对面的对话推荐，促进了消费者与产品的信息交互，唤醒了消费者的情绪感知，弥补了传统电商相对平面的消费展现形式。通过流媒体的实时传输与互动，直播带货也消弭了消费者与商品在生活使用场景上的距离。

二、融合机制：双重场景的价值流动

数字技术的发展加速了空间场景与媒介场景的融合，融合场景时代的到来使媒介不再是"真实的再现"或"中立的工具"，而是能够组建现实，成为现实的一部分。媒介联结了线上与线下的双重场景，媒介场景是信息流、关系流和服务流的新入口，文旅IP的价值也具备了贯穿时空的流动能力，通过融合不同维度的要素属性，更大程度上实现价值存量的激活和价值增量的拓展。

（一）文旅资源符号融合

旅游文化符号在旅游空间场景中发挥着装饰空间、营造氛围、显现文化内涵等作用。在旅游空间中，文创产品是构成空间场景物理元素的一部分，是旅游文化符号抽象化、艺术化的载体。通过短视频、图文的媒介转化，文创产品的图像和影像成为被繁衍的符号系统，其传播力和影响力也获得了大幅拓展。2021年5月，三星堆博物馆青铜面具文创雪糕走红，雪糕将三星堆青铜面具的文物形象转化为创意符号，而网络中的图片多以雪糕和博物馆景观共同拍摄上传，实现了符号融合，以点带面打造青铜面具 IP，由极其微观的文创产品带动了三星堆博物馆的知名度和客流量。人总是通过符号传播来了解自我，超越日常生活经验的符号总是能够吸引人的注意力，促使人们对世界进行感知与思考。对于旅游从业者来说，要充分发挥特殊文化创意符号的场景贯通作用，开发文创产品不仅是为了经济创收，更是为了推动旅游景区品牌的塑造或转型，通过互联网的场景传播力，建设"空间符号—文化价值—媒介符号—经济价值"的价值转化链条，以文创产品辐射整个旅游景区的发展。

（二）文旅 IP 的载体融合

在数字化技术的推动下，互联网正在向万物互联的阶段发展，新媒体内容与技术相互驱动、融合，传播场景的终端形态日益丰富，传播模式更加多样。在此背景下，文创产品的衍生性被消解，文创产品成为文化创意的一种高效传播载体，实现了一种以图像为主、形态为辅，兼容视觉、听觉、触觉、味觉等接收渠道的媒介传播形态。中国传媒大学电视学院策划开展的"数字文化"时尚风韵手机壳设计项目，采用"有里有面"的创意方案，以手机壳外侧为载体，将西安的历史文化资源进行创意化的视觉设计，同时将对文化元素的文字阐述置于手机壳的内侧，充分发挥产品对传统文化的阐释和传播功能。手机壳作为日常生活中的伴随式用品，能够在生活场景中成为装饰点缀和社交话题，"有里有面"手机壳还匹配了短视频、图文推文等跨媒介产品的传播，能够创造传播场景，匹配媒介形象，实现沉浸式体验。旅游文创产品应充分发挥其作为文化创意元素的媒介功能，成为实用功能、旅游文化和传播媒介的多重载体。

（三）文旅传播渠道融合

文创产品包含创意和功能双重属性，也为营销渠道提供了更丰富的素材和灵感。渠道融合包含传统的零售渠道和新兴的互联网营销渠道，如电商平台、直播带货、网络公关活动等。传统零售渠道主要依托旅游地的空间场景，要求文创产品销售从地理位置、合理定价、销售服务等方面发挥渠道优势，而互联网渠道可以依托大数据与智能算法的精准推送功能，为消费者量身打造推荐页面的商品组合。文创产品的标签包含文化元素、功能类型和消费群体等，智能算法通过小样本学习，提取文创产品和消费者的特征标签，对文创产品进行精准推送。在抖音、小红书等渠道形态中，带动旅游文创产品销售的影响力来源于视频创意、直播氛围和平台推送等，这种综合影响力是媒介场景的主要特征之一。在互联网中，消费者购买的不是文创产品本身，而是一种量身定做的融合场景，场景力为消费者提供了更为多维的消费动机。因此，文创产品营销要创造更多的渠道融合，打造"旅游文创+短视频""旅游文创+直播""实体销售+电商销售"等线上线下混合式场景，建立更为定制化的关联性渠道，让旅游文创产品贴近消费者的日常生活，提高文创产品价值的拓展能力。

（四）多重主体身份融合

消费者对符号的主动阐释是符号意义生成的必要条件，也是文创产品营销的重要力量之一。场景通过重建社会关系，开启新型赋权模式，在互联网扁平化的传播格局中，用户生产内容（UGC）具备了营销软文、用户评价、创意素材等多元化的功能，交互程序、短视频和直播带货的盛行，使双重场景叠加的效果更加鲜明。在电商平台上，用户消费数据和评价文本发挥营销作用；在美妆直播中，博主选择旅游文创口红作为推介商品；在"网红"地打卡的短视频中，旅游者的自拍影像和体验经历，影响着潜在旅游者的行程意向；在定制化的文创交互程序中，文创产品的纹饰花样可由用户进行定制式选择和下单生产。在"互联网+"时代，场景化是物、人和数据之间的交互传递，主体、他者、身份和经验等围绕人的语境要素取代了物质的单一价值，人的生命力被注入了物的机理。旅游者、体验者、生产者、营销者和消费者可以聚集在同一个人身上，身份融合成为线上线下场景融合中的重要属性。因此，旅游传播从业者应发挥平台的聚合与联动效应，从受众接受的层面努力构建传播的扩容力，激发受众的参与感和关注度，进而将受众短暂的注意力转化为品牌长久的影响力。

空间场景和媒介场景的融合发展为旅游文创产品的开发提供了值得参考和可行的路径，通过充分利用大数据和现代数字手段，产品能够更好地适应用户需求，获得用户认可。面对纷繁复杂的文化产业市场竞争，通过立体化的场景打造来获得用户的青睐是旅游文创产品得以立足和延续的重要手段。但是，旅游文创的价值创造不能一味跟从消费者的趣味和认知，而是需要立足于文化资源的本真面貌进行解读创新。在满足用户个性审美体验、互动社交体验、日常生活体验的过程中，文创生产者要牢记自己的文化使命，既要满足既有期望，又要引导观念转变。移动互联网时代为旅游文创提出了新的契机与挑战，融合场景的建构是为了适应时代趋势，更是为了实现现代文化消费趣味与经典文化价值观念的融合，从而促成文化价值的不断循环再造，为社会经济和文化的共同发展贡献不竭动力。

第五节 给抚州文旅 IP 建构的建议

一、明确特色化文旅 IP

文化旅游业的发展需要良好的市场口碑作为支撑，打造具有特色的品牌是获得市场竞争力的关键。正如构建观念体验中所提到的，对于一地文化旅游资源的开发，需要依据当地的文化资源禀赋明确基本的价值观主张，打造影响消费者日常生活的美学范式，从而让消费者在获得感官体验和情感体验的基础上收获精神体验，产生生活方式和思想观念的积极转变，为个人成长、产业发展、社会文化带来正向作用。

（一）临川四梦，花好月圆

戏曲文化资源无疑是抚州文化资源中最具知名度也最具体验价值开发潜质的。抚州俗称戏曲之乡，汤显祖的代表作"临川四梦"是我国戏剧创作的重要里程碑，具有很强的国际影响力。

深入分析"临川四梦"的精神内核可以发现，"临川四梦"中梦意象可以归纳为两种类型——一类是爱情婚姻梦意象，以爱情婚姻为中心，追求"有情人终成眷属"的爱情婚姻理想，如《紫钗记》中的"晓窗圆梦"，《牡丹亭》中的"惊梦""寻梦"；另一类是功名利禄梦意象，以仕途为中心，追求功名利禄，如《邯郸记》中的"黄粱梦"及《南柯记》中的"南柯梦"。可以说，"临川四梦"所暗含的是对美好爱情的向往和对建功立业的渴望。

因此，在抚州文化旅游体验价值打造的过程中，首先要重视挖掘"临川四梦"的宝贵文化内涵，尤其是《牡丹亭》中所描绘的浪漫主义爱情悲剧，在国内外享有极高的声誉，值得进一步开发。在此过程中，既要重视其本身的戏剧载体和故事风貌，又不应受到传统的限制，这样才能进行形式多样的演绎。例如，近年来获得极好市场反响的游戏《江南百景图》，作为一款模拟经营类游戏，俨然是结合中式绘画风格打造古风古韵的明代生活画卷。而在游戏当中，为玩家所津津乐道的探险模式，其第一个故事就是演绎自《牡丹亭》的虚构剧情。游戏虚构了一段丽娘和汤显祖的爱情悲剧，尽管在推出后引起了关于改写虚构历史的极大争议，但是其引起的影响是巨大的，也证明了通过新的艺术形式展现经典故事的可行性。无论是沉浸式体验的故事设定，还是徜徉于园林中的造景设计，以及精致便携的文创产品设计，都可以基于《牡丹亭》富有浪漫主义色彩的故事进行创作，为游客提供在美妙山水间寻觅爱情的幸福体验。

此外，对于建功立业的渴望也可以成为体验式开发的切入口，实际上在网络文学市场，这一类"爽文"一直拥有很好的市场基础。对于宫廷文化的向往，某种程度上也是渴望建功立业的体现。既然抚州以"戏、梦"为旅游品牌，就不妨为游客构建济世安民的虚拟背景，让游客有机会体验南柯太守的政务生活，了解中国古代社会的封官晋爵及出将入相的日常生活。

（二）才子豪情，泼墨写意

在长期历史发展中，抚州可谓英才辈出，素有"才子之乡"的美誉，位列唐宋八大家的王安石、曾巩，诗词大家晏殊、晏几道，与莎士比亚齐名的戏曲大师汤显祖等都出生于此。此外，王羲之、谢灵运、颜真卿、陆游等文学巨匠也都曾在此为官。这些才子的生平故事，也可以成为抚州文化旅游开发体验价值的依托。

在这些历史名人的故事挖掘中，区别于"临川四梦"中建功立业的美好幻想，艺术创作所追寻的是精神自由的境界，那种庄子笔下逍遥游的精神豁达与尼采所说的酒神精神都能够得到很好的体现。中国绘画本身就以写意为长，诗词写作也强调意境的塑造，在唯美的山水园林中，引导游客去感受古代才子创作的姿态，甚至鼓励游客进行新创作，是一种独一无二的体验价值。通过虚拟互动或者真实体验文房四宝的用法、学习不同名家流派的毛笔书法，都可以让人们对传统文化有更深的了解，而对于词牌创作、戏剧创作的一些规则讲解和创作鼓励，则能够进一步让人们体验那份"昔年有狂客，号尔谪仙人。笔落惊风雨，诗成泣鬼神"的豪情。近年来，训练人工智能进行中国画创作已经成为行业热点，人们只需要设想画面的基本布局和物件陈设，并选择画作的年代，就可以由 AI 自动完成古风古韵的艺术作品，比如已经司空见惯的 AI 创作诗词。这些体验手段无法代替真正的艺术创作，却能够弥补体验者在自身书法绘画功力上的不足，拉近人们与传统艺术创作的距离，让人们真正感受传统文人的写意生活，去感受那种苦思求索精妙词句的欲罢不能。

（三）耕读传家，归园田居

文化旅游资源的开发，需要重视不同地区间资源的充分调动。抚州以临川区为最具特色的核心区，但周边丰富的古村落资源也值得成为体验价值开发的重点。在金溪、黎川、乐安、宜黄等县，保存着大量以"仕、商、儒、耕"为内涵特征的明清古村落群，对研究中国传统儒耕文化和临川文化具有历史和文化价值，包括被誉为"千古第一村"的流坑古村，以及金溪竹桥古村、金溪浒湾古镇、黎川古城、黎川同胜九曲东黎、驿前古镇、棠阴古镇和新月畲族村。

抚州古村落分布广、数量多，绝大多数从宋代沿革至今，格局保留完好，无论是村落整体，还是单体民居，无论是在聚落构成、建筑形制上，还是在价值观念、生活习俗上，都集中体现了赣东地区的地域特性，展现了鲜明的地方风格，彰显出浓郁的地方色彩。在开发过程中，应当以中国传统的耕读传家为精神内核，让人们体验陶渊明笔下归园田居般的和谐生活。同时，这种生活方式其实暗含着中国人空灵的审美传统，"采菊东篱下，悠然见南山"，消费者在体验耕种、读书的惬意生活的同时，可以去思考一些更加高深绝妙的永恒命题，领悟人生乃至宇宙的意义。近年来，许多地方流行的体验式农庄，就是允许消费者承包一些农地，在闲暇时可以来参与播种，平时则由当地的农户代为管理；待到秋收时节，消费者可以采摘果实并进行精致的包装，再搭配以消费者亲自毛笔写就的祝福，就能成为赠送亲朋好友的别具一格的礼物。这种体验模式可以应用到抚州村落的价值开发中。此外，将赣东地区的民俗和美好的自然环境与相关文人体悟人生哲理的诗句相结合，也能够让游客获得一种澄澈空明的领悟，获得精神上的满足。

（四）红色底蕴，峥嵘岁月

红色文化是在优秀传统文化基础上丰富和发展起来的，它的价值不仅在于其经济性、消费性，更在于其先进性、激励性和导向性。只有内容根植于传统文化深处，满足新时代人民的精神需求和视野期待，才能打破传播壁垒，走进用户心里。因此，在强调融媒体技术支撑的同时，必须始终坚持"内容为王"，打造王牌内容。通过集约化生产，实现内容增值，在内容的特色化与多媒体展示上不断进行新探索。要突出价值引领，追求专业权威的品质，深度挖掘红色文化的思想内涵和史实资源，发挥传统媒体信息采集、核实、分析、解读的优势，打造内容鲜活、有较高传播价值的融媒产品，扩大传播影响力。要关注融媒体时代用户深度需求，注重不同受众分众化需求，强化传统主流媒体的互联网思维，精准制作针对不同用户的内容产品，发展快捷、简洁、精准的内容传播。只有用多终端传播满足受众的多种精神追求和体验需求，才能做好红色文化的传播，充分发挥其价值。

2020年，抚州市宣传部提出：要进一步推进红色文化遗产活化利用工作，促进红色文化"活化、物化、深化、衍化"，实现抚州红色文化建设发展常态化、品牌化；要进一步扩大红色旅游、文学作品、展览展示领域成果，加大宣传推介力度，进一步展示抚州红色文化底蕴，擦亮抚州红色文化名片。现代信息技术推动大众文化审美趋于视像化、听觉化，文字表意空间受到打压。当前，我国进行红色文化传播主要是借助物质、语言、管理、活动等传统载体，虽然也凭借互联网媒介，但是多集中于景点简介与相关新闻报道的文字注释，传播效果有限。运用数字技术采集信息、复原再现、优化重组，视觉听觉化展现红色文化资源，以及物化于红色文化资源的红色精神还有所欠缺。为了优化旅游者的体验效果，红色文化资源的开发要进一步提升优化红色文化生产的视听技术路径，以数字技术助力传播红色文化，展示蕴含其中的深度内涵和思想精髓，扩大红色文化的影响力。

红色文化传播力的强弱归根结底取决于内容生产能力，在内容为王的时代，只有推动红色文化内涵的创造性转化，才能让红色文化重新融入人们的物质和精神生活。对于红色文化体验的开发，既要尊重红色文化资源本身的政治性、严肃性，又要结合当代民众的精神需求不断创新内容供给，注重将严肃、宏大的理论转化为生动的故事，转化为受众可理解、可想象的具体形象。在受众体验上反推红色文化的差异化发展，要深化红色文化与不同地域地理、人文深度融合,在文化互动中挖掘红色文化的差异性,打破同质化、套路化的叙事,彰显红色文化的独特魅力。

在抚州丰富的文化资源中,光辉的革命历史是不可或缺的重要组成部分,包括革命老区、红色根据地、伟人故居、战争遗址等在内的丰富红色文化资源,是当代中国人宝贵的精神财富。围绕革命故事展开体验设计,让人们牢记不屈不挠的斗争精神和奉献精神,珍惜当今的美好生活,是抚州文化旅游开发必须承担的重要使命。在此方面,抚州要特别注重将红色文化传递给年轻一代。抚州可以借鉴已经有的成功例子。以第一届上海红色文化创意大赛获奖作品"'红色之旅'桌游"为例,游戏脱胎于儿童喜欢的大富翁游戏,贯穿"知识就是财富"及"了解党的历史"的理念,将玩家可以占领的资源点设定为上海红色历史文化的重要节点,并通过一系列历史事件和趣味事件,在轻松的游戏氛围中调动玩家了解上海红色历史文化的意愿。抚州的红色文化体验设计,应当注重结合动漫、游戏等青少年喜欢的形式展开,鼓励青少年将自己"代入"红军形象中,通过AR、VR等技术"加持"下的比如射击体验等趣味活动,引导青少年了解抚州的革命战斗历史。

二、抚州文旅的 IP 升级路径

在疫情防控常态化形势下,进一步推动抚州文旅品牌塑造和传播的思路包括:开辟自有新媒体阵地,构建移动互联网传播体系;运用新媒体营销,形成网民打卡参与传播热潮;以防疫为"契机",推动旅游产业数字化升级;拓展线上业务,促进文化和旅游深度融合;重视舆情监测与舆情回应,维护景区网络形象;保证景区质量,适当营造饥渴效应。[①]

随着疫情形势整体好转,国内旅游业正逐步重启。在新媒体传播趋势下,融合文化和旅游特色资源,聚焦打造深受年轻消费群体青睐的"网红打卡地"成为抚州旅游业复苏的优选之路。人们往往会基于他人的旅游体验记录,对所去之处预设美好的心理预期。而当真的去了,人们可能会发现那些地方并没有

---

① 新景点、新旅游、新赋能——《全国文旅"网红打卡地"TOP20 价值推荐榜》发布. http://travel.people.com.cn/n1/2020/0901/c41570-31844884.html,2021-02-10.

那么美好，这使"打卡过程"变成了虚拟空间幻象的破灭过程，不利于场景的继续传播。因此，如何挖掘当地文化，塑造"名副其实"的，让现实空间与情感预设达到平衡，成为地方文化旅游地品牌塑造与传播的重要课题。在"网红打卡地"的先行效果下，可以开发系列化IP，将"网红"的短期效应进行可跨媒介产品的延展，促进"网红"地形象塑造精致化，叠加更多元的形象和故事，促进旅游文化资源的可持续性开发。

江西是我国戏剧文化大省，在戏曲文学符号的提炼与传播上拥有独一无二的丰厚资源。临川作为我国古代明清时期的戏剧文化中心之一，除汤显祖外，不乏其他文人曲家。郑之文与其所著《旗亭记》，谢廷谅与其代表作《纨扇记》，均为明清传奇中的不俗之笔。明清传奇自身所带的强烈的历史朝代标识和时代特征，在临川文化符号中，逐渐分化为独特的戏曲符号景观。其中又以"汤显祖"和"明清传奇"两个符号最为典型，成为展现儒家文化与民间爱情观、映射浪漫梦境与现实参与的临川戏曲符号代表。

通过社交媒体的赋能与视频媒体的重塑，以明清传奇为代表的中国优秀传统文化拥有更为广阔的传播舞台和更为广泛的文化认同。传统戏曲文化的跨时代文化认同，同时也体现出临川文化符号中最具表现性和历史感的传播镜像。与此同时，借由主流新媒体的推动与商业性媒体的建构，让"才子佳人"的民间叙事与古典戏曲的表演场景在临川文化的符号集群中实现标志性的跨时代重构；通过新兴媒体平台的传播和再造，让戏曲符号与地缘特色结成更为紧密的勾连。在为传统戏曲符号提供更年轻化、更都市感的注解的同时，突出"汤翁故里，才子之乡"的文化坐标，打造梦回千古、古韵倾城的"网红打卡地"，从业者应进一步挖掘可持续传播的汤翁与戏剧文化符号，以鲜明的形象吸引旅游者，推动景区线上线下文化场创意的联动传播。

（一）丰富抚州文化产品供给链

文化产品是有文化附加值和文化创意性的产品。抚州文化源远流长、特色鲜明，通过将实用创意与历史文化有机结合，可以让地域文化创意产品具有持久的市场生命力。因此，建议将抚州文物元素和非遗元素的IP系列文化产品作为重点开发对象，兼顾实用价值与文化创意，为传统文化元素注入现代审美，激发主流消费人群的消费内动力。此外，在宣传推介方面，建议充分发挥政府引导作用，线上借助官方微博、微信、网络直播等互联网平台进行宣推，线下结合当地假日经济与夜间经济"双轮驱动"，开展特色文创活动，逐步打造抚州文化IP，形成抚州文旅名片。

在文化产品的生产过程中，量的增加不是目的，品质的提升才是确保产业快速有序发展的关键。如何使小众文旅IP成为受全国关注的爆款景区，还需要从文化产品的内容品质上寻求策略。河南卫视在国内属于二三流电视媒体，生存空间非常狭窄，但是凭借优质的文化电视节目，河南卫视在2021年初开始在网络上爆红。《唐宫夜宴》登上河南卫视春晚舞台后，短短三天时间，在抖音上的播放量高达4亿多次，并且很快冲上微博热搜榜第二位。播出5天之后，河南春晚的相关话题阅读、视频观看量超27亿次。节目以唐三彩乐俑为原点，将河南的妇好鸮尊、莲鹤方壶、贾湖骨笛等文物融于场景，借助VR增强现实等先进的数字技术"让传统文化'潮'起来"，再现了大唐文化之美。在优质内容的基础上，河南卫视在传播上也开始创新。2020年，河南广播电视台全媒体营销策划中心成立，在节目播出的同时，在快手发起直播，并联络微博大V转发，在各个短视频平台逐渐走火，连《人民日报》、新华社等主流媒体也开始跟踪报告。对于内容的传播，河南卫视针对不同的平台，对节目进行拆条，用户可以看到最突出核心的高燃版、精简版，以及高清的完整版等多个版本，并推出了一系列周边花絮短视频，充分运用移动优先战略，实现多屏互动，推动优质内容的营销传播。对于媒体来说，传播带来的是关注与流量，营收的方式是广告等形式；而对于文旅产业来说，将实景演出、景区活动进行借鉴式传播，营收的方式则是客流量的提升和衍生文创产品的销售。因此，抚州文化产品的拓展应适应当前网络传播和短视频平台流行的趋势，丰富更多元的产品链条，实现发展破圈。

在各类文化产品之中，旅游文创产品或旅游纪念品是旅游经济营收的重要抓手，是抚州需要重点开发的产品形态之一。文创产品是依靠创意人的智慧、技能和天赋，借助于现代科技手段，对文化资源、文化用品进行创造与提升，通过知识产权的开发和运用而产出的高附加值产品。随着我国经济的快速发展，居民消费结构升级，从以"物质消费"为主转向以"精神文化消费"为主，文化服务消费人次稳步增长，实物产品消费背后的文化体验诉求比重明显提高，产品蕴藏的文化和价值认同成为影响消费决策的重要因素，这极大地刺激了文旅产业的快速发展。

基于抚州当地文化的"数字创意+产品"模式，以数字创意激活文化元素，可以通过对文化符号的挖掘、提炼和升华，丰富文化产品供给。在阿里平台联合发布的《2019博物馆文创产品市场数据报告》中，2019年博物馆文创产品的整体规模比2017年增长了3倍，2019年实际购买的消费者数量已近900万。虽然增长相对较快，但相较于美、日、欧盟等发达国家和地区而言，目前国内的文创产业仍处于发展阶段，拥有较大的发展空间。以用户为核心，打造具有抚州特色的文化创意IP，推出系列化的文化创意产品，从线上和线下两个维度助推旅游文化资源的营销传播与价值升值，或成为文化创意产业发展的重中之重。

（二）打造抚州IP的数字角色群

旅游文化符号在旅游空间场景中发挥着装饰空间、营造氛围、显现文化内涵等作用。在旅游空间，文旅IP是构成空间场景物理元素的一部分，是旅游文化符号抽象化、艺术化的载体。抚州可以在特色化的IP主题中提取具有鲜明特征的形象符号，以"有戏有梦"作为主线IP，将汤显祖戏剧中的人物作为IP体系下的角色，为抚州市的文旅宣传发挥作用。相比"戏宝梦娃"的吉祥物形象，戏剧角色能够连接旅游品牌和其背后的文化资源类型。IP角色通常比吉祥物包含的内涵更加丰富，可以充分发挥文化创意符号的场景贯通作用。

IP主题下的角色群需要有较为统一风格的设计，且形象需在还原历史情景和现代化风格的基础上进行融合。如通过创意设计比赛等形式，设计《牡丹亭》中的杜丽娘形象、《西厢记》中的崔莺莺等形象，以二次元的现代化形象和传统国风进行结合，将选定好的形象设计进行相对稳定的传播，加深受众和游客对形象的认知和记忆。通过将汤显祖戏剧中的人物转化成角色群，可以将角色设定为数字化导游形象，将"有戏有梦"这一IP主题深入旅游景区发展的具体实践之中。如在抚州市内部交通线路的平面视觉、壁挂屏幕上，分别安排负责各主线的各戏曲角色进行讲解或介绍，让意趣贯通于抚州旅游的整个体验中。开发IP和系列IP产品不仅是为了经济创收，更是为了推动旅游景区品牌的塑造或转型，通过互联网的场景传播力，通过媒介的传播力，建设价值转化链条，以IP系统辐射整个旅游景区的发展。

在数字化技术的推动下，新媒体内容与技术相互驱动、融合，传播场景的终端形态日益丰富，传播模式更加多样。围绕相应的IP形象，抚州可以开发各类媒介产品和文创产品，同时将IP形象在景区内部的现实空间及网络虚拟空间中进行传播。围绕确定的IP主题和角色群，应在互联网中发布一系列融合型的视听产品，充分利用抚州现有的创意资源，并形成联动关系。如在线上发布以汤显祖和其代表性戏剧为主题的系列短视频，讲述人为吉祥物"戏宝梦娃"，而在介绍抚州文旅景区的系列短视频中，讲述者则由具有戏曲文化代表身份的杜丽娘等设计版角色担任。通过这种角色联动方式，将抚州的文化板块进行桥接，给受众留下更加深刻的形象认知。

（三）基于抚州资源的数据库建设

在文创产品的设计方面，抚州文创产品可以建立文化符号数字资源库，对与戏曲相关的戏服纹样、头面样式等进行提取，以矢量化的方式进行数字转化，推动这些纹样成为设计的基础元素素材库，用于定制式设计丝巾、帆布包等易于生产的产品。文创产品可以借助数字化的资源，借助定制化的交互程序，为用户提供自选服务，通过将产品根据不同位置和区域进行划分，用户可以在限定的构图中，通过简单的选择按钮，在边角、中心、轴线、背景等各个位置选择纹样，搭配出自己喜欢的款式。下单后，产品就可以进行生产，并远程寄送给消费者。在定制化文创服务中，产品类别要选择制作手段相对简单的、产品功能相对实用的产品，避免定制产品对生产成本造成过大的负担。反向来看，为了提供定制化的服务，创新文创产品的消费体验方式，抚州要对各个IP主题中的文化符号进行挖掘、筛选和提炼，建设多个系列的设计元素数据库，针对不同的IP类型，数据库可以支撑戏曲IP、才子IP、古镇IP等多系统中的文化符号元素，利用拍摄、扫描的方式将实物进行数字转化，并运用创意手段对数字化的图片、影像进行重构设计，进而将数据库升级为风格化、创意化的素材库。数据库视觉素材不仅可以作为文创设计的支撑系统，还能够在抚州的各类景区活动中使用，以打造空间视觉系统的整合统一，为消费者带来深刻的印象。

在传播的维度上,定制服务、数据库文旅建设本身也可以作为营销传播的亮点,激发游客对这种全新的数据库文创、定制文创的产业模式产生兴趣,也有利于抚州文化旅游产业实现长期可持续的发展。同时,整体化的视觉风格有利于对抚州某一主题 IP 进行风格统一的传播,这些视觉元素可以用于短视频编创、推文设计、直播视觉等多个领域,使抚州文旅 IP 的形象实现线上和线下相呼应,提高可识别度。这种方式看似重复度较高,但是在互联网的海量内容中,所有的网络文本都在争抢用户的注意力,只有进行重复性、系统性的出现,才能够提高内容被记忆和认同的可能。文旅产业依托疆域较广的空间发展,其资源的丰富度既是优势,也是屏障,新事物很难以大体量的状态被消费者认同和记忆。旅游从业者也可以转化思维方式,尝试使用系列化、统一化的 IP 产品系统,吸引用户的注意力,实现线上引流,拓展文旅产业发展新的可能性。

(四)升级抚州 IP 网络传播策略

近年来,抚州正在丰富文旅体验活动的类别与形态,并取得了一些显著的成果。2020 年 10 月,"2020 首届抚州数字文创季"在抚州市梦湖梦岛开幕,活动形式多样,共分为秀、展、市、论、宴、风、访、说 8 大内容板块,包括宋梦追卿记·新媒体沉浸式演出、游园听梦·新媒体沉浸式艺术展、宋梦市集、"传统文化的当代转化与创新"学术论坛、文会雅集、宋代文化体验、宋代非遗体验工坊、"北大抚州文化讲堂"系列讲座等。此次活动探索出一套用艺术创意与数字科技为文化资源赋能的新模式,以数字文创方式助推抚州数字生态新业态,促进了抚州文化旅游产业的创新发展。活动之一的"宋梦市集"还原了《东京梦华录》中繁华的汴京市集,市集上展示了诸多富有抚州文化气韵和宋代文化元素的产品,包括茶、茶点、花、香、酒、傩面具、花灯、汉服、古扇、油纸伞、金工艺、木工艺、布艺(扎染)、传统家具现代设计、玩具(传统文化类潮玩)等。① 可惜的是,随着活动的结束,"宋梦市集"未能长期开展,线上未对活动进行有组织、有创意的传播。传播的结果不仅是吸引网络用户注意,寻找潜在游客,同时也对活动进行了凝固,使活动能够以影像的

---

① 首届抚州数字文创季开幕 谱写科技赋能文化新篇章. 人民网. http://jx.people.com.cn/n2/2020/1027/c186330-34376522.html,2021-02-26.

方式在互联网上留痕,这样才能在后续的传播活动中形成内容体系,促进联动传播。传播活动还能够将活动中的亮点打造成爆款短视频或爆款图文推文,不仅作为新闻稿进行报道,而且将线上传播活动也作为文旅产业发展的一个关键环节,将线上的文旅IP产品与线下活动紧密结合,借助互联网的"裂变"式传播和精准推动,推广到全国更广泛的人群中。总的来说,尽管抚州过去几年的线下活动质量优秀,但融媒创新的概念稍显滞后,对传播力促进旅游产业发展的意识不足,使得文旅IP的商业价值没有得到充分开发。

在网络传播中,应充分发挥网络内容平台的推送机制,将文旅IP和算法可识别的标签进行匹配,让算法能够将短视频的内容推送给对旅游、戏曲、文化创意都有兴趣的群体,而非仅仅以抚州为主题进行信息发布。算法很难识别其更广泛的潜在受众群体,因此也就无法发挥内容的宣推作用。在抖音、小红书等渠道形态中,文旅短视频可以将标签融入已有的垂直类别中,如旅游、美妆、"网红"打卡等,并将抚州文化资源中能够进入垂直类别的内容都进行突出呈现,且设置标签,便于被算法识别,精准推送给更广泛的用户。如介绍抚州中医药文化的短视频可以强化养生、瘦身等标签,并非从文化资源本身进行主题划分或分集,而是根据平台中较为成熟的内容类型进行划分,使视频一发布就被推入长期对养生或瘦身感兴趣的用户流量池中。当然,网络文本既要契合平台传播机制,又要突出自身的特点,同时还不能具有太强的"蹭热点"痕迹。因此,地方文旅宣传人员要在提高软文的创意性、增加软文信息中的科普干货、降低用户的抵触情绪的前提下,使文旅宣推信息有效地被用户所接受,并使用户对景区的服务或产品产生兴趣。

在互联网扁平化的传播格局中,用户生产内容(UGC)具备了营销软文、用户评价、创意素材等多元化的功能,交互程序、短视频和直播带货的盛行,使双重场景叠加的效果更加鲜明。抚州可以鼓励居民通过直播带货等形式发展个体经济,同时为了宣传抚州旅游文化,区域"网红"可以进行视觉上的设计联动,并充分运用IP形象符号,提高抚州文旅商品的可识别性。抚州还可以与平台合作,发起各类平台互动活动,如与抖音、美图秀秀等合作,将IP形象系统中的戏曲人物形象、戏妆、戏服等元素进行创意化、时尚化的改造设计后,制作成App中的视频或拍照模板,并发起自拍挑战赛等。比赛可以"抚州几日游"作为比赛奖品,视频流量最高的作品可以获得免费游抚州的机会,以此类网络活动助推抚州文旅 IP 的网络传播。

除了线上视听内容的推广,网络营销还可以将以主题 IP 为设计元素的文创产品作为主体进行营销。这些文创产品不仅可在实体商店进行售卖,还要充分发挥电商平台的作用,积极配合平台的营销活动,在电商平台开设店铺,选定一定款式的产品进入平台商店,以核心 IP 爆款产品带动店铺的销售流水,后续根据营业情况少量持续加入新的系列产品,并在这个过程中检验 IP 的市场接受情况,对形象进行优化和调整。同时,文创产品本身也可以成为"网红"形象,发挥对景区旅游的引流作用。因此,可充分发挥角色文创产品的创意形象作用,将 IP 系列形象设计在文创产品之上,结合特别的功能或场景,或以戏剧名角作为盲盒的内容,将文创产品打造成网络热点,发挥 IP 形象对产品和景区的双重宣传作用。

在"互联网+"时代,场景化是物、人和数据之间的交互传递,主体、他者、身份和经验等围绕人的语境要素取代了物质的单一价值,人的生命力被注入了物的机制。旅游者、体验者、生产者、营销者和消费者可以聚集在同一个人身上,身份融合成为线上线下场景融合中的重要属性。因此,文旅 IP 的传播应该调动网络用户的能动性,推动用户自主传播内容,以参与式的活动吸引用户关注抚州。如在文创产品的定制程序中,增加分享转发后的优惠力度,借鉴拼多多等产品的社交电商属性,在电商平台设立用户推荐或拼单板块,助力旅游文创产品的销售。在内容平台上,可调动用户游览自拍、上传网络的兴趣,或者鼓励用户在体验文创产品后进行分享等传播行为,但是也要避免转发传播方式引起用户的反感,降低其传播意愿。营销策划者应把握好利用用户宣推和鼓励用户资源分享之间的尺度,强化内容的创意性与趣味性,如借鉴网易云音乐的"性格色彩测试",或者快手十周年之际推出的 H5 页面《你的十年,是一部怎样的电影》等创意方式进行宣推,发挥平台的聚合与联动效应,从受众接受的层面努力构建传播的扩容力,激发受众的参与感和关注度,进而将受众短暂的注意力转化为文旅 IP 长久的影响力。

总　　结

回归本研究所要探讨的问题，即文旅融合发展趋势下，如何通过融合传播策略，充分发挥区域文化资源对旅游发展的带动作用。建构跨媒介旅行的文旅研究新范式，创新旅游文化的立体传播模式，拓宽文化旅游的线上线下体验维度，既响应了国家政策顶层设计下文旅融合发展的外在要求，也构建了国民经济和媒介技术发展新阶段下旅游业转型发展的内在逻辑。

对于这一问题，第一，研究从媒介融合、文旅融合、文旅 IP 等相关的概念入手，提出融合传播对文化旅游发展的推动作用；第二，从资源维度，分析了各类景区近几年在旅游传播发展道路上的文化资源转化策略；第三，从载体维度，深入探讨在媒体融合时代，旅游景区的营销与传播策略；第四，从用户维度，探讨在地传播与对外传播链条中用户的体验，并反推体验价值建构策略；第五，在前四章研究的基础上，以文旅 IP 的概念，将价值链条中的各环节进行了整合与总结思考，提炼了文旅 IP 的体验置景策略，有效结合了媒介空间与现实空间的文旅融合发展路径。本研究建构了融合传播赋能文化旅游发展的创新模式，旅游景区应充分利用媒体融合时代媒介文本的传播带动作用，推动文旅 IP 建构，优化文化旅游的线上和线下体验，以文化创意的附加价值，带动当地旅游产业经济增长与影响力的提升。

一、以线上线下的双重维度，推动文旅产业发展模式转型

随着移动互联网与数字技术进步，互联网已成为人类生活中不可或缺的重要组成部分。网络已逐渐成为人们获取信息、表达观点，且对现实产生重

要影响的社交空间，越来越多的游客以文本、图片等形式在微博、小红书等网络社交空间中发布网络游记。借助互联网的春风，旅游产业也能够通过网络传播，以"网红打卡地"等形式，通过互联网的广泛传播带动其旅游的发展。旅游景区可以通过充分利用"网红"的流量资源，提高旅游吸引力。美食、风景名胜、文化遗产、文创产品和艺术活动都可以通过成为"网红"热点，吸引更多的年轻人。通过线上的形象传播，文旅产业能够在广泛的产品与服务的幅面上，促进当地旅游产业的全域发展。因此，利用现有"网红"产品、加强宣传和推广、提高服务质量，是实现旅游高质量发展的有效路径。

同时，在地旅游经济发展还面临内部竞争问题。互联网内容平台上的竞逐，统一造成当地各商家和景区的"零和博弈"。面对内部竞争问题，当地政府应当完善整体战略设计，以整体的形象设计和主线整合，打造全域的知名度和美誉度，呈现出整体的地域特色。因此，区域整体战略应当注重不同景点或区县的"竞合"关系，把"切蛋糕"的思维转化成"做大蛋糕"的思维，使旅游者在对某一景点感兴趣的同时，不会减损对另一个景点的关注，使区域旅游经济的整体吸引力得到全面提升。通过打造主线，可以将主题相似的景点"串联"成线，主线内部的景点各有特色，而非相互模仿，并以地理位置相近为第一准则，为旅游者带来整合的旅游体验。但是，主线思维与互联网的扁平化、点状式传播形态有一定的差别，网红产品往往以单一形象或产品出现，很难以系列化的形态持续形成爆款。因此，线上传播应发挥入口效应，在获得用户的注意力之后，形成后续的连锁服务，以场景化的传播方式，提供系列化传播链接，并直接添加游览预定方案，以便旅游景区形成线上线下的协同效应。

线下景区建设应该紧密围绕网络热点，创新营销手段，开发、传播和推广相应的产品与服务，使本地居民和其他利益相关者都能够协同建设景区环境。政府应在政策上做好整体设计，优化基础设施和营商环境，建设相对宽松包容的监管环节，居民也可发挥个体优势，推出原产地精品特色服务和商品，在主线规划下进行商业活动。这种线上线下的协同发展是一种数字产业化的创新模式，随后，这种数字文旅经济的融合趋势会日益凸显，使区域治理、旅游文化和乡村经济实现融合发展，加快全域旅游的全方位协同发展。数字文旅经济的发展红利，将会转化为旅游经济发展的多元持续动力。

二、加强文旅资源数字转化，拓展资源的传播与推广渠道

旅游景区应充分挖掘文化资源，优化文化旅游品质，并推动资源的数字转化。对于景区丰富的历史文化资源，包括历史名人、建筑、历史事件和非物质文化遗产等，景区发展规划应按照主题进行规划和分类。如在戏曲方面，虽然景区的戏剧类型丰富多元，但是在景区总体发展的规划上应化繁为简，化零为整，以相对明确的风格定位，对戏剧文化资源进行梳理与整合，打造文化体系，再从时间或空间上将文化内容系"串联"起来。比如，在时间上可以通过打造百年历史长廊，让游客感受当地戏剧文化的历史变迁；在空间上可以将建筑、人物及事件联系起来，避免割裂地、单方面地看待问题，通过三者的相互作用使区域戏剧文化的历史更立体化、故事化，加深游客对该景区历史文化的感受和理解。

景区还需整合周边资源，促进旅游产业升级。如围绕特定的文化旅游品牌建设的主战略，以市中心或特定商圈为圆心，建设主题旅游线路起点，并联合区域交通系统，以商圈辐射多条旅游主线，推动商、旅、文、体的融合发展，充分发挥商圈的区位优势。区域规划方案应以路线为轴推动旅游景区的文化资源挖掘，设立形象统一的文创形象、雕塑或交互创意装置，将文化资源以统一的IP形象予以统筹，以便旅游者按照相应的主线进行游览，并推动"网红"地打卡、自拍等传播活动的开展。以文化形象建设辐射型的游览线路，能够使旅游者有的放矢地安排旅游行程，选择旅游路线，以点带面推进区域产业的转型升级。总的来说，景区空间应将文化资源进行数字化和创意化整合，在空间内部充分展示，与周边形成联动，通过打造旅游文化的特定主题和区域形象，带动旅游消费升级，构造新的旅游生态系统。

同时，文化资源的转化要结合科技创新，拓展文化资源的开发与传播潜力。就旅游提供者而言，传统的文化旅游在植入科技元素时，一方面能够通过大数据分析消费者的消费偏好，改善当前的服务质量；另一方面，对于一些容易受到破坏的文化古迹等景点来说，能够在保护文物的同时全方位地拓展文物的价值。景区可以引进AI、智能识别等智慧技术，以屏幕、互动设施为基础，

为旅游者提供便利的咨询、规划、预订服务，推动区域的数字化建设。科技创新同样能够推动历史文化资源向"网红"旅游产品转型，比如短视频、微纪录片、数字文创产品等文旅产品的研发，打造景区独有的数字化文化标识，能够成为推动景区高质量发展的重要抓手。文旅融合势必促进科技、文化和旅游产业边界的深度渗透，强化数字建设在文化旅游发展中的赋能作用。在项目的开发建设和运营管理过程中，要树立利益共赢共享的理念，以促进形成融合发展的利好格局为重，积极消除融合的边界壁垒，以旅游景区的形象建设与旅客服务为导向，实现数字文旅产业的良性可持续发展。

三、紧贴网络传播创新趋势，充分发挥界面经济驱动作用

文旅产业的数字化转型，帮助县域景区朝着创新、特色、融合和可持续的方向实现高质量发展。随着移动互联网和5G技术的普及，短视频、直播等传播形式将会进一步释放对旅游经济的助推作用。在文旅融合的发展趋势中，旅游产业中文化资源的挖掘，有利于创造出更多的文化符号并实现视听转化。网络内容平台通过短视频、直播的方式，提升了县域生产集聚程度，视觉化的界面减少了销售中的梗阻，能够提高城乡生产消费的对接效率，推动县域文旅经济的品牌化崛起。在文化旅游领域，县域经济的崛起有助于当地民众助推文化旅游产业的发展。一方面，通过在地稳定生产UGC（用户生产内容）文本，"草根网红"能够向外输出旅游地文化创意内容，形成对外部游客的吸引力；另一方面，直播带货等商业行为能够带动文旅产业在特色产品层面的创收，产品的类别不仅包括当地农特产、特色美食等，还包含旅游文创产品和相关的纪念商品，与旅游地形象形成呼应，助力旅游产品的销售能够延续到游客返程之后持续进行购买。

除了网络视频的传播形态，旅游景区还应当充分发挥其他网络文本的传播优势，发挥跨媒介文本传播的互补优势，打造"网红打卡地"。根据网络热点，调整系列化宣推方法的着力点和时间段，助推景区以互联网创意内容为圆心，推出多样化的线上和线下体验活动。尤其是在后疫情时代，应该推动云旅游小程序、网页云游的普及，并以景区丰富的表演艺术、音乐艺术形态，打造

线上特色文化体验场景，突破物理空间旅游的局限，拓展无限的网络云空间，让游客足不出户也可以感受当地旅游文化艺术的魅力。因此，旅游地政府和从业者应当将一定的经济预算投放到云上旅游空间的建设中，以线上的衍生文创产品购买等形式，推出免费服务、付费商量的融合型产品与服务，开拓文旅融合云上发展空间，打造全程全息的文旅融合发展模式。

在数字化文化旅游产品的研发上，景区应该开发"实景演出＋文创产品""创意视频＋直播带货""文艺展览＋体验服务""参观游览＋参与互动""系列微视频＋文创电商"等组合式产品，让游客获得对旅游地文化的原真性认同，使特殊的文化价值附加到旅游空间和文化产品之上，以提升文化旅游产品的无形价值，进而提高产品售价和服务营收。在文创产品的开发上，应拓展系列化、配套化的文创产品方案，推动旅游者以组合形式进行购买，同时将文创产品看作文化传播的载体之一，使线上的文化符号与线下的文创产品形成互动，旅游则既可通过线上认知提升购买欲望，也可通过线下购买体验文创产品，进而关注网络文化创意文本的系列化播出。在组合式营销策略的推动下，数字文化旅游不再是第一次的打卡消费，而是可持续传播、可延伸体验的文化创意旅程。

四、从旅游者体验价值着手，反推景区的建设与传播方案

对于国内的很多景区，自身的资源难以实现唯一性，因此，如果只聚焦在商品和服务自身，旅游产业将不可避免地陷入同质化的竞争。结合景区空间的自然文化资源，创造独特情境，提升感官体验，能够让旅游者在旅游消费中获得更多的满足感和愉悦感，进而使景区在行业竞争中获得优势。面对景区丰富的资源类型，体验场景的设置应该针对不同资源的特点，在空间布局的设计中整合自然物，尽可能地保留长期以来的地理样貌、植被等自然因素，呈现区域的自然原貌，使景区的自然景观区别于城市中的绿化样貌。对于文化资源的场景设置，要通过高还原度、高独特性的方式，提升区域文化的可识别性，让旅游者获得新奇的体验，避免人造感和雷同感。在服务的角度上，体验场景应调动旅游者的多维感官，从购物、饮食、住宿、交通等方面提升服务细节，打

造具有特色的服务项目。在微观的项目设计上，要推动手段创新，打造旅游服务的个性定制，以短视频拍摄、线上打卡等形式，让旅游者将个人情感和旅游景区相连接。

在空间的建设上，景区应充分结合当代游客的审美偏好与娱乐需求，将自身的建筑、景观等进行重构，形成深层次的文化赋能。如在沿街道路体系整治、环境景观重塑、沿线建筑外立面的调整等方面，均应在保存历史文化价值的同时，创新性地让其更适应当下的城市发展节奏。景区需朝着文创、设计与艺术方向改造，在功能上提供舒适便利的服务体验，在审美上还原当地的文化原真性，既顺应当代旅游者，尤其是年轻人的体验需求，又符合历史文化街区特有的文艺特质。空间是旅游产业发展的基础，没有空间的创新建设，难以发挥媒体传播的力量，更不能带动旅游产业的全域发展。因此，从业者需以空间体验作为发展基石，打造融合型、现代化、高概念的旅游体验空间，并以此为基础，拓展线上赛博空间的进一步建设。

五、创新文旅传播的 IP 化，建设文旅 IP 营销传播矩阵

文旅传播融合化，首先要从资源融合入手，要将文化历史、非遗资源、医药资源、农林特产等以旅游资源的形式融入旅游业。尤其是针对优质资源不足和旅游需求日益多元化的矛盾，不同类型的旅游资源可以根据不同的 IP 主题融入旅游行业的发展。旅游资源引入文化要素可以增加其吸引力，不同类型的文化资源可以利用其原真性、独占性特点，形成具有鲜明特征的 IP 主题，并渗入不同区域、不同文化背景的市场人群，可以使旅游资源和旅游服务产品的外延和内涵得以不断拓展。景区需充分开发 IP 化的文化资源，通过实景演出、文化展览、民俗园、饮食街等形式，将系列化 IP 项目常态化，推动不同的景区空间实现视觉一体化、服务特色化、商品品牌化等，增强游客对 IP 的深度体验与认同，推动形成 IP 文化资源与旅游产业相互融合的发展格局。

在媒介传播的线上环节，文旅 IP 要充分利用信息技术的赋能效应，在项目开发、市场拓展、营销模式等方面运用大数据、5G 和智能技术，打通线上和线下的融合渠道，打造服务体验的闭环。旅游产业可以建设大数据生态链，

推动"IP+旅游+科技"新兴文旅业态的形成。将高新技术植入旅游产业，能够丰富数字旅游的创意与供给，使 IP 旅游的产品和服务链更加完整丰富。如"舞蹈展演+VR 体验""实景参观+立体视频""音乐展出+音频推送"等传播方式，能够将线下的旅游体验延展到线上，从而推动 IP 价值链延伸到旅游空间之外，使网络用户都能够体验到文旅资源的独特性。但是，线上产品需要结合互联网传播的特性，运用具有创意的策划和故事讲述的方式，推动 IP 主题在海量的网络文本中脱颖而出。且网络营销需要与短视频等平台合力策划，利用平台的公域流量，突破内容冷启动的低流量问题，将文旅 IP 系列短视频、漫画、创意小程序等推广给更多的用户，打造线上 IP 文旅传播矩阵。

文旅 IP 的建构还应当与当地居民的生活相结合，表现为依托旅游创意产业园区、特色小镇等，以特色文旅资源带动文创、旅游、演艺、会展等领域的融合发展，构建"文、旅、商、产"一体化跨界生活圈，形成完善的产业链，让居民生活与当地旅游产业的发展相互促进。在以乡镇为载体的旅游产业类型中，文旅服务的各个方面都需要当地居民在生产、服务和营销的环节予以支撑，因此，当地旅游产业发展应积极调动居民的能动性。一方面，可以将居民的生活打造为旅游体验的重要一环，鼓励居民建设民宿、饮食、手工艺等特色产业，同时提供高水准的服务。另一方面，鼓励居民运用移动互联网的技术优势，以直播带货、"草根网红"的形式，带动文旅 IP 的传播力与影响力。为了提高当地居民的服务水平和发展理念，鼓励建设第三方培训机构，培养居民的文旅融合发展意识，在旅游产业的线上和线下产业链条中享受价值收获。同时，地方政府需组织新媒体营销配套机构，关注新生的"网红"IP，对整体的宣传营销活动进行一定的引导、规范、管理和统筹，实现协同治理，使区域的文旅 IP 传播具有可持续的发展潜力。

在文旅融合的国家战略部署之下，未来的旅游产业应该是一个融合型综合体，是传播行业与实体经济的结合，是体验经济渗透进旅游产业各环节的协同发展模式。旅游产业也在逐渐由单纯注重旅游产品化发展到注重旅游的品牌化、IP 化经营，以媒体传播带动全域旅游发展。文旅传播力是旅游景区的独特标志和核心竞争力，也是一个旅游景区能保持恒久的内在凝聚力和彰显自身特色的基础。在日益激烈的旅游市场竞争中，只有利用旅游文化资源优势，结

>> 总　　结 <<

合当前文旅融合发展趋势，创造特色文化旅游产品，实施融合传播发展战略，一个景区才能够从周边的旅游景区中脱颖而出。景区可在保护旅游资源的前提下，充分挖掘和利用其历史文化遗存，凸显特色文化，并与自然风光、民俗文化相结合，打造具有区域特色的文化旅游品牌。

根据现在产业融合发展趋势和旅游消费需求分析，景区在未来的发展规划中需要结合自身文化资源、自然资源优势和周边的乡村生态、民俗旅游资源，加强旅游与其他产业之间的融合，尤其是与文化产业的融合；要由以观光游为主逐渐转为观光、文化体验、休闲度假游并重，要发展新兴旅游产品，如"网红"打卡、云上旅游、跟拍游等，要结合全域旅游的要求，扩大旅游规划范围，从线下和线上双重维度发力，构建区域范围内的健全的旅游产业要素体系，实现现实空间与网络空间一体化、全面化，满足旅游消费者在新时期的体验需求。

参考文献

1.［法］让·鲍德里亚.消费社会［M］.刘成富，全志钢，译.南京：南京大学出版社，2006.

2.［法］居伊·德波.景观社会［M］.张新木，译.南京：南京大学出版社，2006.

3.［英］迈克·费瑟斯通.消费文化与后现代主义［M］.刘精明，译.南京：译林出版社，2000.

4.［美］约瑟夫·派恩，詹姆斯·吉尔摩.体验经济［M］.夏业良，鲁炜等，译.北京：机械工业出版社，2002.

5.［挪］诺伯舒兹.场所精神——迈向建筑现象学［M］.施植明，译.武汉：华中科技大学出版社，2010.

6.［美］凯文·林奇.城市意象［M］.方益萍，何晓军，译.北京：华夏出版社，2001.

7.［加］哈罗德·伊尼斯.传播的偏向［M］.何道宽，译.北京：中国传媒大学出版社，2015.

8.［加］马歇尔·麦克卢汉.理解媒介：论人的延伸［M］.何道宽，译.北京：商务印书馆，2000.

9.［美］尼尔·波兹曼.技术垄断［M］.何道宽，译.北京：北京大学出版社，2007.

10.［美］约书亚·梅罗维茨.消失的地域：电子媒介对社会行为的影响［M］.肖志军，译.北京：清华大学出版社，2002.

11.陈刚，沈虹，马澈，等.创意传播管理［M］.北京：机械工业出版社，

2012.

12. ［美］罗伯特·斯考伯，谢尔·伊斯雷尔.即将到来的场景时代［M］.赵乾坤，周宝曜，译.北京：北京联合出版公司，2014.

13. ［美］唐纳德·诺曼.情感化设计［M］.付秋芳，程进三，译.北京：电子工业出版社，2005.

14. ［德］马克斯·韦伯.学术与政治［M］.钱永祥，译.桂林：广西师范大学出版社，2004.

15. ［法］麦茨.想象的能指.王志敏，译.北京：中国广播电视出版社，2006.

16. 何佳讯.品牌形象策划：透视品牌经营［M］.上海：复旦大学出版社，2000.

17. 向勇.文化产业导论［M］.北京：北京大学出版社，2015.

18. 吴声.场景革命：重构人与商业的连接［M］.北京：机械工业出版社，2019.

19. ［德］康德.康德著作全集：纯粹理性批判［M］.北京：中国人民大学出版社，2004.

20. 叶朗.美在意象［M］.北京：北京大学出版社，2010.

21. ［加］丹尼尔·亚伦·西尔，［美］特里·克拉克.场景：空间品质如何塑造社会生活［M］.祁述裕，吴军，等，译.北京：社会科学文献出版社，2019.

22. ［德］鲁道夫·阿恩海姆·视觉思维［M］.滕守尧，译.成都：四川人民出版社，2019.

23. 龙容.文化类综艺节目《遇见天坛》的古文化传播研究［D］.塔里木大学，2020.

24. 谢晓敏.内蒙古红色文化景观叙事与景观意义提升研究［D］.内蒙古师范大学，2020.

25. 徐宇玲.以用户为中心的数字媒体互动叙事研究［D］.江西师范大学，2017.

26. 彭紫薇.基于用户体验的庐山景区旅游App设计［D］.浙江工业大学，

2020.

27. 拓倩. 智慧景区二维码解说效果研究: 以龙门石窟为例 [D]. 北京交通大学, 2018.

28. 王玉珏. 跨媒介叙事在国内主题公园品牌主题传播中的应用分析 [D]. 辽宁大学, 2020.

29. 赵一静. 2020 中国夜间经济发展报告 [R]. 中国旅游研究院, 2020.

30. 国家旅游局. 全域旅游发展报告 2017 [R]. 国家旅游局, 2017.

31. 马蜂窝旅游. 2020 年全球自由行报告 [R]. 马蜂窝旅游, 2021.

32. 覃峭, 张林, 李丹枫. 利用品牌延伸整合旅游产业链的模式研究 [J]. 人文地理, 2009, 24 (1): 98–101.

33. 何建民. 奥运与旅游相互促进的功能及方式: 基于常规旅游价值链与全面营销导向的研究 [J]. 旅游科学, 2007 (3): 7–10.

34. 吴声. 场景革命: 重构人与商业的连接 [J]. 中国房地产, 2015 (26): 76.

35. 吴军. 城市社会学研究前沿: 场景理论述评 [J]. 社会学评论, 2014 (2): 90–95.

36. 夏杰长, 贺少军, 徐金海. 数字化: 文旅产业融合发展的新方向 [J]. 黑龙江社会科学, 2020 (2): 51–55, 159.

37. 刘洋, 肖远平. 数字文旅产业的逻辑与转型——来自贵州的经验与启示 [J]. 理论月刊, 2020 (4): 104–110.

38. 赵迎芳. 中国博物馆文化创意产品开发的理论与实践 [J]. 山东社会科学, 2020 (4): 169–176.

39. 沈壮娟. 交互·沉浸·拟人——网络文艺审美体验范式的三重特性 [J]. 中国高校社会科学, 2020 (1): 135–143, 159.

40. 赵星, 冯家红, 董帮应. 博物馆价值网络拓展路径探析——以南京中国科举博物馆为例 [J]. 文化产业研究, 2020 (2): 269–284.

41. 薛可, 李柔. 非物质文化遗产数字信息对受众城市认同的影响: 基于新浪微博的实证研究 [J]. 现代传播 (中国传媒大学学报), 2020, 42 (11): 19–26.

42. 严思敏，汪可欣，高子萱，等．基于 Kano 模型的博物馆文创产品顾客需求分析［J］．现代商贸工业，2020，41（5）：64-66．

43. 林绮祈．基于"互联网+"背景下博物馆文创品牌塑造——以陕西历史博物馆为例［J］．艺术品鉴，2021（2）：143-144．

44. 韩旭．文旅融合背景下博物馆功能游戏开发探析——以国家典籍博物馆"古籍保卫局"之"山海社的宝藏"为例［J］．科学教育与博物馆，2020，6（4）：292-295．

45. 蒋晓丽，郭旭东．媒体朝圣与空间芭蕾："网红目的地"的文化形成［J］．现代传播（中国传媒大学学报），2020，42（10）：12-17．

46. 于丽娜，钟蕾．IP 时代下的文创旅游产品设计研究［J］．包装工程，2020，41（18）：306-312．

47. 鲁睿．文创产品的数字化呈现与品牌传播推广浅析［J］．出版广角，2020（13）：92-94．

48. 曹锦阳．全媒体时代旅游文化传播模式的转化与重塑［J］．社会科学家，2020（8）：64-69．

49. 金凤．主流媒体加强创新，构建网络舆论阵地［J］．中国出版，2016（4）：22．

50. 陈先红，宋发枝．跨媒体叙事的互文机理研究［J］．新闻界，2019（5）：35-41．

51. 谢蔡蔓．媒介融合时代的跨媒体叙事生态分析［J］．新闻传播，2020（20）：35-36．

52. 杨春梅，汤良，仇红露．"中国文化"视阈下黑龙江省冰雪旅游项目开发与传播研究［J］．商业经济，2021（1）：7-9．

53. 陈兵．数字叙事中的用户参与行为研究［J］．出版科学，2018，26（2）：92-95．

54. 曹锦阳．全媒体时代旅游文化传播模式的转化与重塑［J］．社会科学家，2020（8）：64-69．

55. 鲁法云．鱼龙布依古寨旅游文化资源及其开发策略［J］．中国经贸导刊（中），2021（1）：139-141．

56. 张丽. AR-VR融合技术在博物馆陈列展览中的应用探析［J］. 文物鉴定与鉴赏，2020（4）：138-139.

57. 刘韦. 沉浸到间离：竖屏影像的叙事特征、审美改变及观影平权［J］. 电影新作，2020（3）：36-40.

58. 李艺. 贵州省非物质文化遗产博览馆解说系统研究［J］. 兴义民族师范学院学报，2020（6）：50-55.

59. 李青珉，陈益能，林梅，等. 面向智慧旅游的智能解说系统研究与设计［J］. 物联网技术，2017，7（5）：80-81，84.

60. 吴丽云. 文化和旅游全产业链融合模式研究［J］. 中国旅游评论，2018（4）：149-154.

61. 彭兰. 视频化生存：移动时代日常生活的媒介化［J］. 中国编辑，2020（4）：34-40，53.

62. 吴晓美. 湄洲岛妈祖文化旅游场域的三维构造——一个人类学的视角［J］. 旅游科学，2013，27（2）：83-94.

63. 王红，刘素仁. 沉浸与叙事：新媒体影像技术下的博物馆文化沉浸式体验设计研究［J］. 艺术百家，2018（4）：161-169.

64. 李沁，熊澄宇. 沉浸传播与"第三媒介时代"［J］. 新闻与传播研究，2013，20（2）：34-43，126-127.

65. 彭波. 互联网下半场新媒体演进趋势分析［J］. 现代出版，2019（6）：9-14.

66. 李翔，宗祖盼. 数字文化产业：一种乡村经济振兴的产业模式与路径［J］. 深圳大学学报（人文社会科学版），2020，37（2）：74-81.

67. 喻国明，杨颖兮. 横竖屏视频传播感知效果的检测模型——从理论原理到分析框架与指标体系［J］. 新闻界，2019（5）：11-19.

68. 陈燕侠，王萌萌. 中国故事"数字意味"的创意表达与全景叙事［J］. 中国编辑，2019（10）：76-80.

69. 高峰，焦阳. 基于人工智能的辅助创意设计［J］. 装饰，2019（11）：34-37.

70. 佐斌，温芳芳. 当代中国人的文化认同［J］. 中国科学院院刊，2017，

32（2）：175–187.

71. 卞敏.城市文化与地域文化［J］.阅江学刊，2011，3（2）：39–44.

72. 刘文俭，马秀贞.城市文化解析［J］.中共杭州市委党校学报，2005（2）：8–13.

73. 魏三强.VR/AR/MR技术在景区中的应用与前瞻［J］.吉林师范大学学报（自然科学版），2017，38（4）：129–135.

74. 周况，方田红.虚拟现实技术在主题公园中的应用［J］.设计，2018（2）：142–143.

75. 李昀芸，宋蓓蓓.VR技术在合肥旅游产业链中的研究与应用初探［J］.电脑编程技巧与维护，2017（23）：37–39.

76. 彭兰.场景：移动时代媒体的新要素［J］.新闻记者，2015（3）：20–27.

77. 刘琛.IP热背景下版权价值全媒体开发策略［J］.中国出版，2015（18）：55–58.

78. 李林，李舒薇，燕宜芳.场景理论视阈下城市历史文化街区的保护与更新［J］.上海城市管理，2019，28（1）：7–13.

79. 金元浦.场景理论与文化艺术遗产的传承与创新：金元浦对话劳伦斯教授［J］.北京联合大学学报（人文社会科学版），2020，18（1）：25–29.

80. 黄鸿宇，祝忠杰.基于场景理论的衍生品研发与博物馆展览互构关系研究［J］.艺术品鉴，2020（18）：126–127.

81. 陈波，吴云梦汝.场景理论视角下的城市创意社区发展研究［J］.深圳大学学报（人文社会科学版），2017，34（6）：40–46.

82. 文化和旅游部财务司.2020年国内旅游数据情况［EB/OL］.2021［2021–05–20］.http：//zwgk.mct.gov.cn/zfxxgkml/tjxx/202102/t20210218_921658.html.

83. 文化部.文化部关于推动数字文化产业创新发展的指导意见［EB/OL］.2017［2021–05–20］.http：//zwgk.mct.gov.cn/zfxxgkml/zcfg/gfxwj/202012/t20201204_906313.html.

84. 国务院办公厅.国务院办公厅关于进一步激发文化和旅游消费潜力的意见［EB/OL］.http：//www.gov.cn/zhengce/content/2019–08/23/content_5423809.

htm.

85. Csikszentmihalyi M, Bennett S. An exploratory model of play [J]. *American Anthropologist*, 1971, 73 (1): 45–58.

86. Gilmore J H, Pine B J. Authenticity. *What Consumers Really Want* [M]. Harvard Business Review Press, 2007: 49–50.

87. Graham M. S. Dann. The Language of Tourism: A Sociolinguistic Perspective. [J]. *Journal of the Royal Anthropological Institute*, 1998, 4 (3): 562–563.

88. Nakamura J, Csikszentmihalyi M. *The concept of flow. Oxford handbook of positive psychology* [M]. Oxford University Press, 2009: 89–105.

89. Jenkins H. Transmedia Storytelling Moving characters from books to films to video games can make them stronger and more compelling [J]. Technology Review, 2003.

90. Jenkins H. (2006). *Convergence Culture: Where Old and New Media Collide* [M]. New York: New York University Press.

91. Jones D, Smith K. Middle-earth Meets New Zealand: Authenticity and Location in the Making of "The Lord of the Rings" [J]. *Journal of Management Studies*, 2005, 42 (5): 923–945.

92. Peirce, C.S. (1992). The Essential Peirce: Selected philosophical writings (Vol.1). Bloomington and Indianapolis: Indiana University Press.

93. P. Bourdieu. The Field of Cultural Production: Essays on Art and Literature [J]. *Polity Press*, 1993: p46.

94. Tapper R, Font X. Tourism supply chains [J]. *Report of a Desk Research Project for the Travel Foundation*, 2004.

95. Y. Yilmaz, U.S. Bititci. Performance measurement in tourism: a value chain model [J]. *International Journal of Contemporary Hospitality Management*, 2006, 18 (4): 341–349.

96. Xinyan Zhang, Haiyan Song, George Q. Huang. Tourism supply chain management: A new research agenda [J]. *Tourism Management*, 2008, 30 (3): 345–358.

后　　记

在融合传播赋能下，文化旅游正在从主要依托物理空间发展，转向了线上线下的协同联动发展。在物理空间与数字空间的创意联动下，文旅产品和服务形成跨媒介矩阵，文旅项目的资源开发、创意转化和传播推广等流程融入了多主体的共创价值。政府、媒体、旅游项目开发者、用户不断丰富地方意象，通过重构多元主体认同的文旅空间，塑造出了超越物理意义上的跨媒介旅行。跨媒介旅行包含三重含义，第一是用户通过消费线上文旅产品和服务，在实时分享与界面互动中获得了一种突破时空限制的地方感；第二是在物理空间的旅行者通过网络分享和社交互动，拓展了旅行在数字媒介中的空间层次；第三是用户通过浏览直播、短视频、影视作品、游记等旅游地的跨媒介内容系统，实现了对旅游地的空间想象建构，这种媒介空间的综合体验，形成了一种跨媒介旅行的新形态。本书首次提出跨媒介旅行的概念，并将在后续的研究中不断拓展该概念的内涵与外延，为文化旅游深度融合、文化产业数字化发展提供对策参考。

在 2020 年北京大学文化传承与创新研究院（抚州）课题的支持下，本书著者依托成果报告《媒介融合背景下文化创意赋能全域旅游发展模式研究》的研究结构和理论框架，参照学术专著注重理论、方法和独创性的要求，从文化产业学、传播学、社会学的跨学科视角，重新规划了专著的理论体系和章节内容。

本书著者根据原课题的研究报告著成本书，若出现不当之处，敬请方家批评指正。感谢原课题组成员北京大学艺术学院张艺璇博士、中国人民大学新闻学院姜俣博士、中国传媒大学电视学院蔡雨与李怡滢博士、中国传媒大学电视学院讲师李尽沙博士为课题研究所做出的贡献。